市町村制正解

附 理由

【明治21年 第4版】

片貝正晉 註釈

地方自治法研究
復刊大系〔第二四四巻〕

市町村制正解

〔明治二十一年 第四版〕

附理由

日本立法資料全集 別巻
1054

信山社

地方制度取調委員内務次官芳川顯正君　序文
獨逸法學博士法制局參事官山脇玄君
法制局書記官水野遵君　校訂

市町村制正解
附理由

片貝正晉註釋

博聞社藏版

地方制度取調委員内務次官芳川顯正君序文

獨逸法學博士法制局參事官山脇玄君
法制局書記官水野遵君
校訂

市町村制正解

附理由

片貝正晉註釋

博聞社藏版

正誤

百九十六丁七行	償ヲ賠ハ	賠償ヲノ誤
理由十九丁十行	足レリノ下	トスヲ脱ス

語曰河海湊於涓滴泰山積於土壤乃知國家之大亦成於市町村之小矣是以為國家之治者不得不發端於市町村猶究山河之理者不

得不密情於涓滴与土壤也
若夫不明其源流之所以相
屬与本末之所以相關倒行
逆施以為得則其不敗國害
民者蓋鮮矣然而世之觀風

於泰西者動輒曰不設國會則自治之基不建焉不建自治之基則自由之心不振焉殊不知其有國會之設因其國夙有自治之基而其有自

治之基由其民固有自由之習也可謂謬已今我政府之所以先布市町邨制者豈有所深慮於此者歟頃者斤貝某与學士某之相謀著市町

邦制匠解余閲之亦似能解
其本末源流之関係者其稗
補世人豈鮮少哉余因某請
欣然題数言於巻端云爾
明治廿一年五月

阿波　芳川顯正撰

近江　巖谷脩書

木邨楊堂刀

緒言

今般法律第一號ヲ以テ發令アリシ市町村制ハ地方自治ノ基礎タル一大盛典ナルニヨリ我公民タル者ハ熟讀玩味其ノ意義ヲ詳悉シ昭代ノ朝旨ニ違フナキヲ期スヘキナリ但法文理由書ノミニテハ意義深遠ニシテ了解シ難キ者ナキ能ハス若シ或ハ其意義ヲ誤ルアラハ官民共ニ其弊ヲ受ケン是レ解釋書ノ已ム可カラサル所以ナリ當社夙ニ法律政治書ノ出版ヲ以テ業ト爲スニ因リ本法註釋書出版ノ囑託ヲ受クルモノ尠ナカラス然レトモ其解釋概ネ當社ノ意ニ充タサリシニ幸ニ本書ヲ得テ之ヲ發行スルニ決セリ此書タル片貝君數名ノ學士ト謀リ覃思研精平易ノ文章ヲ以テ註釋ヲ加ヘ黽メテ法意ノ明瞭ヲ主トシ且每條獨、英、澳、佛ノ類例ヲ插入シ以テ彼我ノ參照ニ便セラレタリ抑モ地方制度ハ夙ニ英國ニ行ハレ延テ各國ニ及ヒ獨逸ヲ以テ最良ト稱セリ本法又或ハ則ヲ茲ニ採ラレシナラン因テ獨逸法學博士タル法制局參事官山脇玄君及ヒ英國地方制度ノ著譯アリシ同局書記官水野遵君ニ懇請シ精密ナル校訂ヲ得正解ノ稱ニ背カサランコトヲ庶幾セリ此書ヲ讀ミ尚ホ疑問アラハ本社著者ニ請テ回答ノ勞ヲ辭セサルヘク且本書ノ如キハ尤モ普及ヲ要スルヲ以テ一時ニ數万部ヲ印刷シ極メテ其價ヲ低廉ニシ聊カ本社愛顧諸君平素ノ厚意

ニ報セントス

明治二十一年五月

博聞社主　長尾景弼謹識

凡例

一本書ハ市制町村制ノ意義ヲ平易ニ解釋シ且實施上疑義ノ生スヘキ點ニハ一々其例ヲ擧ケ以テ看客ノ便ニ供フ

一獨、英、佛、澳四國ノ市町村制度ノ成條ヲ類纂シ之ヲ毎條解釋ノ末尾ニ插入シ以テ彼我制度ノ參看對照ニ資ス

一本書ニ引用スル各國法律ノ概目ハ左ノ如シ

一　孛國町村法　千八百五十年三月十一日公布
二　孛國市治章程　千八百五十三年五月三十日公布
三　孛國村章程　千八百五十六年四月十四日公布
四　孛國東六州村法　千八百五十六年四月十四日公布
五　孛國郡治章程　千八百七十二年十二月十三日公布
六　英國濟貧法條例　千六百一年乃至千八百七十六年
七　英國市治條例　千八百八十二年八月十八日公布
八　佛國邑會組織及職制　千八百八十四年四月五日公布
九　澳國町村憲法　千八百六十二年三月五日公布

一本書ハ何人ニモ解シ易キヲ主トシテ編述シタルニヨリ文詞或ハ工穩簡

浄ナラサル所アラン看客幸ニ焉ヲ諒セヨ

明治二十一年五月

著者謹識

朕地方共同ノ利益ヲ發達セシメ衆庶臣民ノ幸福ヲ增進スルコトヲ欲シ隣保團結ノ舊慣ヲ存重シテ益之ヲ擴張シ更ニ法律ヲ以テ都市及町村ノ權義ヲ保護スルノ必要ヲ認メ玆ニ市制及町村制ヲ裁可シテ之ヲ公布セシム

御名　御璽

明治二十一年四月十七日

内閣總理大臣伯爵伊藤博文
内務大臣伯爵山縣有朋

法律第一號

市制

市町村制正解 附理由

山脇玄校訂
水野遵校訂
片貝正晋註釋

市制

市制は東京京都大阪横濱等の如き都市名邑の人民團結し共同の利益を增進し分權の制に據り自治の舊慣を存重擴張するに付ての法典なり又市と町村とは其性質同一なるに之に拘はらす此回制定の第一號法律に於ては之を市制と町村制の二制に分たれたるは蓋し都市と町村とは自ら其習慣風俗に差あり又其區域人口に小大の別あるを以てなり

第一章 總則

總則とは此法律の全體に涉る規則にして其第一欵に揭けたるは市制を施行する市街地及其區域幷性質の事其第二欵に揭けたるは市の人民を住民と公民との二種に區別するの要及住民と公民との權利義務の事其第三欵に揭けたるは市は法律の範圍内に於て市條例を設くる自主權を付與せらるゝの事なり以上三欵の事項は皆此法律の根基なり抑ゝ自治團結は素是土地と人民との二者湊合して初めて其成立を見るものに

して此二者其一を缺くときは自治體を爲すに足らさるなり又此法律に於ては市に付與せらるゝ自主の權あり故に土地人民及自主權の三者を市の基礎とす此基礎を具へたる市を眞の自治體と謂ふへし

第一欵　市及其區域

此欵には自治體成立の根基たる疆域及其性質の事を掲く

第一條　此法律ハ市街地ニシテ郡ノ區域ニ屬セス別ニ市ト爲スノ地ニ施行スルモノトス

此市制は都會又は人民輻湊の土地にして行政上郡の管轄を受けす又郡の區域より分離せしめ地方制度上別に市と爲す場所に行ふ法律なり

市町村は均しく國の最下級の自治體なりと雖も都會の地は村邑と大に人情風俗を異にし又經濟も其地の都鄙に依て全く差別あり故に立法上市を町村と分離し別に制度を立て市民の便益を圖るは必要なり但市制の大體は現行の區制を襲用したるものなり例へは市制施行の上は東京の如きは現行の區を廢して全市を一自治體となすを以て人口百萬の市となるなり又人口二萬五六千を有する小都邑にして現今郡の管轄に屬するものも其管轄を離れて市となるへし故に大市は人口百萬にして小市には僅に人口二萬有餘のものあるに至るへし

〔參照〕　市治章程ハ從前プロイセン、ブランデムブルヒ、ポムメルン、シユレージエン、ポーゼン及ザクセンノ六州內都市タル資格ヲ以テ代議人ヲ州會ニ發遣セシ各都市ニ（中略）行フモノトス（孛國市治章程第一條）

第二條　市ハ法律上一個人ト均ク權利ヲ有シ義務ヲ負擔シ凡市ノ公共事務ハ官ノ監督ヲ受ケテ自ラ之ヲ處理スルモノトス

自治體たる市は公法及民法上に於て一個人民と同樣に權利を有し義務を盡すの責任を負ふ又市內公共の事務は市會及市參事會の議政及行政の兩機關を以て自ら之を處理するものなりと雖も官廳の監督を受くるものとす

此條は市は法人なりと定め自治の精神を明にせり法人とは法律上一個人と看做す者の義にして英語に之を「モラル、ペルソン」又は「リガル、ペルソン」と云ふ凡て法律に依り團結したる銀行、會社、都邑等を指稱するなり故に其實は人にあらさるも人と均しく財產を所有し之を賣買授受し他人と契約を結ひ訴訟を起す等の權利を有し租稅を納め負債を辨償する等の義務を負擔するものなり又市內の事務は市民自ら統治し官の干涉を受くへき謂れなきか如しと雖も原來其區域は國の一部分にして國に屬するものなれは此法律の範圍內に於て國は市を監督するの權あり市は其監督を受くるの義務あり

現今本邦に於ては區町村は稍々自治の體を存すと雖も自治の制あるなし現行區町村會法の如きも會議の概則に過きす又金穀の公借等區町村會の議決を經へき制規なきにしもあ

らされとも之を以て地方人民の權利を保護し國基を鞏固になすに完全の制と謂ふを得す因て此條にて市は法人なりと確定し其權利を確保し義務負擔の分界を明にするを得たり

〔參照〕都市組合ハ一團結ノ會社ナリ宜シク本章程ノ細則ニ依テ自治ノ權ヲ有スヘシ（孛國市治章程第九條）
○邑ハ一個ノ人タルノ權利ヲ有スルノ性質アルヲ以テ亦一已私有ノ財產ヲ有シ出納豫算ヲ設ケ他人ト契約ヲ結ヒ又ハ財產ヲ賣買シ物件ヲ保有シ訴訟ヲ爲スコトヲ得（佛國邑法）

第三條　凡市ハ從來ノ區域ヲ存シテ之ヲ變更セス但將來其變更ヲ要スルコトアルトキハ此法律ニ準據ス可シ

市と爲す土地の區域は在來の儘にて變更せさるものとすれとも此法律施行以後變更を必要とするときには此法律の明文に從ふへし例へは橫濱は橫濱市內を直に市の區域と爲すの類なり

本邦の市街村邑は往古より自治團結の實を存せしも維新政變の爲め一時其組織を更改し自治の區畫を錯亂せしこと少しとせす然るに明治十一年第十七號布告郡區町村編制法第二條にて郡町村の區域名稱は總て舊に依ると定められし以來政府に於て町村境界の事は頗る愼重を加へ漫りに之か變更を許されさりき此條は全く其精神に基き制定せられたるものなるへし但市の境界は之を變更せさるを原則となすと雖も時勢の變遷土地の盛衰の爲め其變更なきを期すへからされは其際には第四條の明文に據るへしと定め實地活用の餘地を存せり

〔參照〕各都市ノ地域ハ從來各其屬シタル地所ヲ以テ境界トス（孛國市治章程第二條抄出）
○附錄甲號ニ記載ノ市ノ區域ハ從前ノ通タルヘク其他ノ市ノ區域ハ國會議院ノ議決ヲ以テ變更スルマテハ從前ノ通トス（英國市治條例第七條抄出）

第四條　市ノ境界ヲ變更シ又ハ町村ヲ市ニ合併シ及市ノ區域ヲ分割スルコトアルトキハ町村制第四條ヲ適用ス

前條但書に依り境界の變更合併分割を要するときは町村制第四條に定めたる制規に傚ふへし

市に町村を合し又市を割きて一の町村となすの權は府縣參事會に在りと雖も其關係ある市會町村會及郡參事會の意見を聞き議會に不同意なきときは上級の監督官廳なる內務大臣の許可を受け之を實行すると定めたるは蓋し町村の存廢等に係る事は其利害の及ふ所大にして若し一旦其措置を誤まらは回復の期なきを以て容易に之を爲すへきものにあらされはなり然れとも市の境界の小變更は府縣參事會其關係ある地主と其市會及隣接町村會の意見を聞き之を專決實行するものは市界の變更たる合併分割とは自ら輕重の別あるを以てなり詳細は町村制第四條の部に就て見るへし

〔參照〕從來未タ何レノ市邑又ハ獨立私領區ニモ屬セサル地所ハ關係者雙方ヲ推問シ且郡會ノ意見ヲ聞キタル上內務卿ノ許可ヲ得テ都市ニ合併スルヲ得
一邑村又ハ一獨立私領區ヲ以テ一都市ニ合併スルハ該邑村ノ代理者又ハ該私領主ノ承諾ヲ得郡會ノ意見ヲ聞キタル上朕カ允准ヲ得ルニ非サレハ之ヲ行フヲ得ス

一市街内ノ地所ヲ分割シ之ヲ比隣接壤ノ市邑又ハ獨立私領區ニ合併シ又ハ從來他ノ一市邑又ハ一獨立私領區ニ屬シタル地所ヲ分割シ之ヲ比隣接壤ノ一都市ニ合併スルハ該市邑代理者又ハ該私領主ノ外各地所有主モ亦承諾ノ上郡會ノ意見ヲ聞タル後内務卿ノ許可ヲ以テ之ヲ行フヲ得若シ其關係者承諾セザルトキモ公衆ノ利益ニ於テ已ヲ得サルモノハ關係者ヲ推問シ且郡會ノ意見ヲ聞タル上朕カ允准ヲ得テ之ヲ行フヲ得

以上ノ場合ニ於テ郡會ノ決議ハ内務卿ノ許可若クハ朕カ允准ヲ請フノ前先ツ關係者ニ告知スヘシ（孛國市治章程第二條抄出）

○邑ノ區域變更其他二個或ハ數個ノ邑ノ廢合又ハ新ニ首府ヲ定ムルコトハ左ノ手續ニ依ルヘキモノトス

變更按ニシテ縣區邑ノ區域ヲ變更スルノ場合ニハ縣會及參事院ノ議ヲ經テ法律ヲ以テ之ヲ定メ其他ノ場合ニ於テハ縣會ノ決議ニ依リ參事院ノ議ヲ經テ布告ヲ以テ之ヲ定ム

邑或ハ邑ノ區分同縣内ノ變更ニシテ變更按及手續トモ邑會及關係ノ調査委員同意ノ場合ニ於テ縣會之ヲ可トスルトキハ縣會之ヲ決行スルコトヲ得（佛國邑會組織及職制第六條）

第五條　市ノ境界ニ關スル爭論ハ府縣參事會之ヲ裁決ス其府縣參事會ノ裁決ニ不服アル者ハ行政裁判所ニ出訴スルコトヲ得

市の境界に關して隣接の町村と爭の起りしときは其裁決は府縣參事會之を爲すなり其裁決に服せさるときは行政裁判所に訴へ出るを得へし

原來市町村の境界の爭は自治區域の關係にして所有權の爭と異なれは公法上の裁判に屬する一事件にして民事裁判に屬すへきにあらす故に境界論は行政裁判所に提出するを許して司法裁判に訴ふるを許さゝるなり

例へは市にて隣接の町村より境界を侵され其爭論決せさるときは其隣接の町村長を被告

として市長より府縣參事會に申出裁決を受く若し其裁決に不服なるときは裁決書を交付せられ又は告知を受けたる日より二十一日以内に行政裁判所に出訴すへし右期限内に出訴せさるときは其裁決を確定となすなり

（參照）境界變更ニ當リ關係者ノ示談ヲ要スルトキハ行政上ノ手續ニ依テ之ヲ行フヘシ關係者ノ示談調和スルトキハ縣廳ノ許可ヲ受クルヲ以テ足レリトス若シ調和セサルトキハ内務大臣之ヲ裁決ス（孛國自治章程第二條抄出）

第二欵　市住民及其權利義務

此欵には自治體成立の根基たる市民及市民の其市に對する權利義務の事を掲く

第六條　凡市内ニ住居ヲ占ムル者ハ總テ其市住民トス

凡市住民タル者ハ此法律ニ從ヒ公共ノ營造物並市有財産ヲ共用スルノ權利ヲ有シ及市ノ負擔ヲ分任スルノ義務ヲ有スルモノトス但特ニ民法上ノ權利及義務ヲ有スル者アルトキハ此限ニ在ラス

凡市内に住居する者は現今の如く本籍寄留を論せす又男女老幼を問はす總て市籍に編入し市住民と稱するなり

市住民は此市制の定規に從ひ其市に屬する營造物（學校、病院、水道、瓦斯局の類即英語の「イスタブリシメント」なり）並に市有の財産を其市の住民と相共に使用するの權利あり及市の負擔即ち市の費用を各自に支出するの義務あり但民法上の契約等にて市有物件を一個人にて使用する權利及之に屬する費用を支出するの義務を有する場合に於ては市住民と雖も之を共用するの權利なく又其費用を分擔するの義務なし

抑も市住民は自治團結體の一分子たれは其義務を分擔し權利を共有するは當然なり例へは東京市民は市立學校又は水道を共用するの權利あるを以て其敎育費及水道金を支出すへき義務あるの類なり現今の區町村人民も公共營造物を共用し費用を分擔するの慣習は右に異ならされとも法律に明文を揭け之を規定したるは此條を始とす但書を揭けたるは此法律發布後は從前一個人に貸渡しある土地家屋等は其所有權の市に屬するの故を以て民法上の契約如何に拘はらす之を共用し得るやの誤解を來すの恐あるか爲なり本邦に民法の制定なき間は此但書の如きは最も必要なり

〔參照〕 成法ニ從ヒ市內ニ本住ヲ有スト視ルヘキ者ハ皆其住民トス(孛國自治章程第三條抄出)

○都市ノ住民ハ皆都市ノ營造物ヲ使用スルノ權ヲ有シ且本章程ノ條規ニ依リ都市ノ稅役ヲ負擔スルノ義務ヲ有スルモノトス(同上第四條抄出)

○市有ノ財產ハ其市民之ヲ共用スルモノトス(英國市治條例第二條抄出)

第七條　凡帝國臣民ニシテ公權ヲ有スル獨立ノ男子二年以來(一)市ノ住民トナリ(二)其市ノ負擔ヲ分任シ及(三)其市內ニ於テ地租ヲ納メ若クハ直接國稅年額二圓以上ヲ納ムル者ハ其市公民トス其公費ヲ以テ救助ヲ

受ケタル後二年ヲ經サル者ハ此限ニ在ラス但場合ニ依リ市會ノ議決ヲ以テ本條ニ定ムル二ケ年ノ制限ヲ特免スルコトヲ得

此法律ニ於テ獨立ト稱スルハ滿二十五歳以上ニシテ一戸ヲ構ヘ且治産ノ禁ヲ受ケサル者ヲ云フ

市住民中公務に參與するの權あり又義務ある者は別に其資格を定めて公民と稱するなり元來其公民たる資格の要件は各其市の自主權に任せ實際の民度風俗に據り地方の狀況を斟酌して便宜之を定めしむる方然るへきに似たり然れとも右の如くするときは同しく市の住民にして公民たるの權利甲市と乙市と其資格を殊にし甲市にて公民たるの權利ある者も乙市にては之を有することを得す各地方區々にして人民の權利上に均平を得さるの弊なき能はさるなり故に此法律に於ては本邦の民度を測り各國の制度を參酌して畫一の制を定められたるものと知るへし

前條に云ふ市住民中内國人にして刑法上公權を剝奪又は停止(刑法第三十一條乃至第三十四條)せられ居らさる獨立の男子其市内に居を定めてより以來二年以上を過き其市費を納め且其市内にて地租を納むるか若くは直接國稅(現今の所得稅の類)二圓以上を每年納むる者を公民と云ふ又其所屬の市の公金より救助を受け未た二年を過きさるときは公

民權を回復するを得すと定めたりと雖も本條總て二年の制限を減縮するは市會の議決に任せり

此市制中に獨立とある文字の定義は滿二十五歳以上の者にして一家の戸主たる上に刑法上自ら財産を治むることを禁せられさる者(刑法第三十五條)を云ふなり

〔參看〕

刑法

第三十一條　剝奪公權ハ左ノ權ヲ剝奪ス

一　國民ノ特權

二　官吏ト爲ルノ權

三　勳章、年金、位記、貴號、恩給ヲ有スルノ權

四　外國勳章ヲ佩用スルノ權

五　兵籍ニ入ルノ權

六　裁判所ニ於テ證人ト爲ルノ權但單ニ事實ヲ陳述スルハ此限ニ在ラス

七　後見人ト爲ルノ權但親屬ノ許可ヲ得テ子孫ノ爲メニスルハ此限ニ在ラス

八　分散者ノ管財人ト爲リ又ハ會社及ヒ共有財産ヲ管理スルノ權

九　學校長及ヒ教師、學監ト爲ルノ權

第三十二條　重罪ノ刑ニ處セラレタル者ハ別ニ宣告ヲ用ヒス終身公權ヲ剝奪ス

第三十三條　禁錮ニ處セラレタル者ハ別ニ宣告ヲ用ヒス現任ノ官職ヲ失ヒ及ヒ其刑期間公權ヲ行フヿヲ停止ス

第三十四條　輕罪ノ刑ニ於テ監視ニ付シタル者ハ別ニ宣告ヲ用ヒス監視ノ期限間公權ヲ行フヿヲ停止ス

主刑ヲ免シテ止タ監視ニ付シタル者亦同シ

第三十五條　重罪ノ刑ニ處セラレタル者ハ別ニ宣告ヲ用ヒス其主刑ノ終ルマテ自カラ財産ヲ治ムルヿヲ禁ス

市公民たるの資格を細別せは身體上の要件及資産上の要件となること左の如し

一　日本人に限る事

二　公權を剝奪停止せられさる事

三　年齢二十五歳以上たるへき事

四　獨立の男子たる事

五　二ヶ年以來其市に住居を占めて住民となりたる事

以上身體上の要件

六　二ヶ年以來市費の負擔を分任し市税を納むる事

七　二ヶ年以來市内に於て地租を納め(其額を論せす)又は直接國税年額二圓以上を納むる事

以上資産上の要件

右の如く一より七迄の箇條に合格する者は公民と云ふへきなれとも若し公けの救助を受くる者あるときは其人は公民と云ふを得す又現に救助を受け居らさるも嚮に救助を受けたることある者は救助の止みたる日より二年間は公民とせさるなり尤も公費の救助とあれは親族又は縁故ある者又は慈善者より私の恩惠を受くるは此の内に入らさるものと知るへし

又二ヶ年の制限を特免するとは其人市住民となりてより二ヶ年に滿たす又は市税を納め地租又は二圓以上の國税を納むることヽ又は救助を受けさることになりしより二ヶ年に至らすとも其人に依りては市會の議決を以て公民の仲間に加ふることを許すなり

〔參照〕 獨立ノ孛漏生國民ニシテ左ノ件々ニ適合スル者ハ市民權ヲ有スルモノトス

第一 一ヶ年來市內ニ住居シ且都市住民ニ屬スル事（第三條）

第二 公費ヨリ救助ヲ受ケサル事

第三 市税ヲ納ムル事

第四 左ノ四件中ノ一ヲ有スル事

イ 市內ニ一住家ヲ有スル事（第十六條）

ロ 生計ノ本資源トシテ獨立ニ定居營業ヲ爲ス事又人口一萬以上ノ都市ニ於テハ助手二名以上ヲ置キ獨立ニ營業スル事

ハ 分等收入税ノ賦課ヲ受クル事

ニ 分等財産税トシテ四「ターレル」以上ノ年額ヲ納ムル事但殺肉税ヲ納ムル都市ニ在テハ市廳ニ於テ右ノ年額ヲ改メ財産税賦課法ノ主義ニ基テ更ニ其住民ノ品等ヲ定ムヘシ即チ各市廳其財産税四「ターレル」以上ノ進率ヲ改メ更ニ一年ノ收入ヲ以テ其品等ヲ定ムルヲ得其額左ノ如シ

人口一萬以下ノ都市ニ於テハ歳收二百「ターレル」

同一萬乃至五萬ノ都市ニ於テハ二百五十「ターレル」

同五萬以上ノ都市ニ於テハ三百「ターレル」

有夫ノ婦ノ納税收入所有家屋所有地ハ其夫ニ屬スルモノト視做シ未成丁若クハ父ノ養育ヲ受クル子女ノ納税收入所有家屋所有地ハ其父ニ屬スルモノト視做ス

遺物相續ニ依テ一家屋ノ他人ノ所有ニ歸スル場合ニ於テ其住居一年ノ期ヲ通算スルトキハ其遺留人ノ所有時日ヲ

以テ相續人ノ所有時日ニ算入スヘシ(孛國市治章程第五條抄出)

○市民即チ選擧人タルノ資格ハ其市内ノ家屋占有者市ヲ距ル七哩以内ノ居住者及濟貧税并市税ノ負擔者トス

何人タリトモ贈貽又ハ購買ニヨリテ市民權ヲ得ルコトヲ得ス(英國市治條例第三條抄出)

○總テ佛蘭西人ニシテ滿二十歲以上法律ニ依リ不合格タルヘキ者ニアラサル者ハ選擧人トス

選擧人名簿ハ左ノ者ヲ包有ス

第一　總テ選擧人ニシテ邑內ニ本籍ヲ有スル者或ハ邑ニ少クモ六ケ月以上居住スル者

第二　邑內ニ於テ四種ノ直接名簿ニ記入ノ者或ハ夫役名簿ニ記入ノ者若シ邑內ニ居住セサルモ邑內ニテ選擧ノ權ヲ施行シタキ旨ヲ申立タル者

第二項ニ依リ夫役ヲ帶ヒタルノ選擧人ノ家族(其家族自ラ夫役ニ當ラサル者)邑ノ居住人ニシテ其年疾病ノ爲メ夫役ヲ受ケサル者モ皆選擧名簿ニ載ス

第三　千八百七十三年五月十日ノ條約第二條ニ依リ佛蘭西國民タルヲ望ミ千八百七十一年六月十九日法律ニ依リ邑內ニ居住ヲ望ムコトヲ申立テタル者

第四　政府ノ認可シタル僧若クハ官吏ノ資格ヲ以テ邑內ニ居住スヘキ義務ヲ負フタル者

國民ニシテ選擧名簿調整ノ時ニ當テ年齡居住ノ資格ヲ備ヘストモ本調整ノ締切以前ニ其資格ヲ得ルモノハ均シク選擧名簿ニ載ス(佛國邑會組織及職制第十四條抄出)

第八條　凡市公民ハ市ノ選擧ニ參與シ市ノ名譽職ニ選擧セラルヽノ權利アリ又其名譽職ヲ擔任スルハ市公民ノ義務ナリトス

左ノ理由アルニ非サレハ名譽職ヲ拒辭シ又ハ任期中退職スルコトヲ得ス

一　疾病ニ罹リ公務ニ堪ヘサル者

二　營業ノ爲メニ常ニ其市内ニ居ルコトヲ得サル者
三　年齡滿六十歲以上ノ者
四　官職ノ爲メニ市ノ公務ヲ執ルコトヲ得サル者
五　四年間無給ニシテ市吏員ノ職ニ任シ爾後四年ヲ經過セサル者及六年間市會議員ノ職ニ居リ爾後六年ヲ經過セサル者
六　其他市會ノ議決ニ於テ正當ノ理由アリト認ムル者

前項ノ理由ナクシテ名譽職ヲ拒辭シ又ハ任期中退職シ若クハ無任期ノ職務ヲ少クモ三年間擔當セス又ハ其職務ヲ實際ニ執行セサル者ハ市會ノ議決ヲ以テ三年以上六年以下其市公民タルノ權ヲ停止シ且同年期間其負擔スヘキ市費ノ八分一乃至四分一ヲ增課スルコトヲ得

前項市會ノ議決ニ不服アル者ハ府縣參事會ニ訴願シ其府縣參事會ノ裁決ニ不服アル者ハ行政裁判所ニ出訴スルコトヲ得

市の公民たる者は市會議員を選擧し又市の名譽職とて其市の爲め無給にて務むる職即ち參事會員區長委員及議員に選擧せらるゝの權利あり又市の公選にて名譽職に擧けられた

るときは必す義務として之を勤むへきものとす

公民たる者か名譽職とて無給料にて公務に任するの義務あるは其任の甚重きか如くなれとも權利ある者は義務も從て重きは當然の事にして此義務に任するにあらされは自治の事は遂に擧かるへきにあらす此事は自治制の本義に於て誠に緊要なる點と知るへし

然れとも職務を執り能はさる程の重病に罹る者、旅商等にて常に在宅せさる者、六十歳以上の老人、劇職を奉する官吏にして市の公務を處理するに餘暇なき者、四年間名譽職參事會員區長及委員の職を務め退職後未た四年を經過せさる者、議員の一任期六年間議員の職を勤め退職後未た六年を經過せさる者、其外市會にて正當の理由ありと認められたる者は假令當選するも之を辭し又一旦奉職の後と雖も退職するは其人の隨意なり併し謂れなく名譽職を辭して當選に應せす又任期中に其職を退き若くは區長委員の如き定任期なき職を三年間勤續せす又は實際其職務を打捨て置く者は市會に於て其懲罰の爲め三年以上六年以下の範圍内に於て第八條の公民權を停止し且公民權停止中其怠慢者の負擔する市費の年額に八分一乃至四分一の割增をなすを得るなり

右公民權の停止又は市費の增課に對し市會の議決を不當となす者は府縣參事會に訴願し裁決を請ひ猶ほ其裁決に服せさる者は行政裁判所の裁決を受くることを得るなり

本條第一項は市公民の權利義務を示し第二項は其義務免除の要件を示し第三項は義務を

盡さゝる者に對する懲罰權の市會に在ることを示したり又第四項に於て第三項の市會の議決に對して行政裁判所まて出訴するを許したるは被罰者の權利を保護し枉屈伸暢の途を啓き置くの旨趣なるへし

〔參照〕 市民權ハ選擧ニ參與シ都市行政ノ無給職ヲ務メ又市民代議人タルヲ得ルニ在リ(孛國市治章程第五條抄出)

凡ソ參決權アル各市民ハ都市行政及代議ノ無給職ニ任シ少クモ三ケ年間之ヲ擔當スヘキ義務ヲ負フ

其職務ヲ拒辭シ又ハ任期中退職スルハ左ノ原因アル者ニ非サレハ之ヲ許サス

第一 長病

第二 營業ノ爲メ繁忙又ハ久シク旅行スル者

第三 齢六十歳以上ノ者

第四 既ニ無給職ヲ務メ了リテ未タ三年ヲ過キサル者

第五 他ノ職務ニ任スル者

第六 内外科開業醫

第七 其他市會ニ於テ至當ノ理由アリト視做サレタル者

右列記中ノ一原因モナクシテ都市行政又ハ代議ノ無給職ニ任スルヲ拒ミ又ハ現任中未タ三年ニ滿スシテ之ヲ辭シ又ハ任期中現ニ執務セサル者ハ市會ノ決議ニ依テ三年乃至六年間市民權ノ施行ヲ停止シ且市税ヲ八分一乃至四分一増課スルヲ得但此決議ハ監督官廳(第七十六條)ノ認可ヲ受クルヲ要ス(同上第七十四條)

○市長助役議員檢査員收税員ニ當選シタル者ハ左ノ理由アルニ非スシテ其職ヲ拒辭スルトキハ市長ハ百磅以下其他ノ吏員ハ五十磅以下ノ範圍内ニ於テ市會ノ議決スル所ニ從ヒ科料トシテ市ノ基金中ニ納金スヘシ

一 瘋癲白痴盲啞其他不治ノ病ニ罹ル者

二 齢六十五歳以上ノ者

三 市長助役等ノ職ヲ務メ了リ又ハ科料ヲ納メタル後未タ五ケ年ヲ經サル者ニシテ當選ノ告知ヲ受ケタル日ヨ

リ五日以内ニ辭退ノ旨ヲ申出タル者

四　陸海軍現役者官立造船場兵營等ニ在テ服務シ又ハ居住スル官吏若クハ人民（英國市治條例第五十一條抄出）

第九條　市公民タル者第七條ニ掲載スル要件ノ一ヲ失フトキハ其公民タルノ權ヲ失フモノトス

市公民タル者身代限處分中又ハ公權ノ剝奪若クハ停止ヲ附加ス可キ重輕罪ノ爲メ裁判上ノ訊問若クハ勾留中又ハ租稅滯納處分中ハ其公民タルノ權ヲ停止ス

陸海軍ノ現役ニ服スル者ハ市ノ公務ニ參與セサルモノトス

市公民タル者ニ限リテ任スヘキ職務ニ在ル者本條ノ場合ニ當ルトキハ其職務ヲ解ク可キモノトス

本條は公民權を失ふ場合を示したるものにして第七條に揭けたる七個の要件中其一を缺き公民たるの資格具備せさるときは公民權を失ふへし

又公民中身代限の處分を受け其財產公賣を終る迄（府縣會議員の身代限の處分を受け負債の辨償を終る迄被選舉權を失ふの現行法と異なり處分中の文字を誤て負債辨償迄の義と解する勿れ）刑法上公權を剝奪又は停止せらるへき程の重罪輕罪に該る罪を犯し被告

人となり裁判所にて訊問を始めたる後又は監獄に勾留中又は國稅地方稅市稅滯納の爲め公賣處分中（現今は明治十年第七十九號布告に依る）其人の公民權を停止するは右の處分又は訊問中或は公法上の權利を行ふことを得るやの疑なきにあらす依て此法律に於ては斷然之を停止せり

參看 明治十年十一月二十一日布告第七十九號

租稅未納ノ者ハ從來怠納金ヲ徵シ本人身代限ヲ以テ取立ル等ノ處分モ有之處自今右處分ヲ廢止シ更ニ左ノ通區別相立處分致スヘシ此旨布告候事

第一條　徵收期限（每期ヲ云）後三十日ヲ過テ尚國稅ヲ上納セサル時ハ之ヲ賦課シタル財產ヲ公賣シテ徵收スヘシ若シ其財產他人ヘ賣與讓與シタル時ハ之ヲ買受讓受タル者ヨリ完納セシムヘシ

但書入質入（地所質入書入規則ニ從フ）ハ其ノ財產ニ未納稅アル時其債主ニ於テ辨納スヘシト申立ル者ハ其意ニ任セ公賣ヲ行ハス

第二條　營業稅ヲ上納セサル時ハ其營業ヲ停止ス其製造品アル者ハ之ヲ公賣シ次ニ其器物ニ及ホスヘシ

但釀造稅モ本條ニ據テ處分スヘシ

第三條　府縣稅民費モ此規則ニ準シテ處分スヘシ

但各別ニ財產ヲ指定メテ賦課セサル民費徵收ニ付テハ土地家屋ヲ除キ他ノ財產ニ付先取特權アリトス

第四條　凡租稅不納ニ付財產ヲ公賣セントスル時ハ地方官ニ於テ處分シ先ツ公賣ニ關スル入費ヲ引去リ而後國稅府縣稅民費ヲ徵シ剩餘アル時ハ之ヲ本人ニ還付ス若シ不足アル時國稅府縣稅ハ官ノ損失ニ歸シ民費ハ該區ノ損失ニ歸ス

但該財產ニ付テ區戶長役所ノ帳簿ニ記載セル債主アル時ハ其殘金ヲ順次其債主ニ給付ス

附則

此布告ニ矛盾スル布告布達ハ廢止トス

市公民に限りて任すへき職務とは名譽職參事會員區長委員を云ふなり右の職に在る者本

條の場合即ち公民權を失ひ又は停止せられ又は陸海軍の現役に服したるときは其職を解除するは當然なり

〔參照〕有效判決ヲ經テ公權ヲ剝奪サレタル者（刑法第十二條）ハ亦隨テ市民權ヲ失ヒ復ヒ永ク之ヲ享受スルヲ得ス有效判決ヲ經テ公權施行ヲ停止サレタル者ハ宣告狀中所掲ノ期限內亦市民權ヲ施行スルヲ得ス

凡ソ重罪ノ科ニ依テ判事ニ公訴セラルヽカ或ハ公權ノ施行ヲ停止セラルヘキ輕罪ノ科ニ依リテ刑事裁判所ニ回送セラルヽカ或ハ裁判所ニ拘留セラルヽ者ハ其糺問ノ落着ニ至ルマテ既有ノ市民權ヲ施行スルヲ得ス

其既ニ市民權ヲ有スル者此權ヲ得ルカ爲メノ要件ノ一ヲ失ヘハ其全權ヲ失フモノトス

市民身代限ノ處分ヲ受クルトキハ其市民權ヲ失フ本人其債主ニ負債ノ辨償ヲ了ヘタル旨ヲ證明シタル後ハ市廳ヨリ復タ之ヲ授クルヲ得ヘシ（孛國市治章程第七條）

○市民權ヲ有スル者ニ非サレハ務ムルヿヲ得スト爲ス所ノ都市行政又ハ代議ノ職ヲ帶ル者市民權ヲ失フトキハ退任スヘキモノトス又市民權ノ施行ヲ停止サレタル場合ニ於テハ其職ヲ暫停スヘキモノトス（第七條）（同上第七十五條抄出）

第三款　市條例

此款には自治體の自主權に屬する市條例設定の範圍を揭く

第十條　市ノ事務及市住民ノ權利義務ニ關シ此法律中ニ明文ナク又ハ特例ヲ設クルコトヲ許セル事項ハ各市ニ於テ特ニ條例ヲ設ケテ之ヲ規定スルコトヲ得

市ニ於テハ其市ノ設置ニ係ル營造物ニ關シ規則ヲ設クルコトヲ得

市條例及規則ハ法律命令ニ抵觸スルコトヲ得ス且之ヲ發行スルトキハ地方慣行ノ公告式ニ依ル可シ

本條は市に屬する各般の事務及市住民の權利義務即ち財産の共用の權利及費用の分擔の義務に關するか如き凡て此法律中に明文なきか又は特例を設くることを許されたる事は其土地の情況に應して特別の條例を設けしむるの旨趣を示せり而して其條例は第百二十一條に依り內務大臣の許可を受くるを要す

又市は其所有の營造物の搆成及之か使用の方法等に付規則を設くるの權利を有するなり但規則は條例と異なるを以て內務大臣の許可を要せすと雖も府縣參事會の許可を受くへきなり

前二項に於て市に條例及規則設定の權を與へたるも其條規は法律勅令閣令省令府縣令に抵觸するを得す又市條例及規則を發布するには其土地にて他の公文を布告すると同一の方式并手續を用ひ之を揭示若くは新聞紙に登載すへし若し其例式に依りて公告せさるときは他に對して其條規は總て效力なし

〔參照〕各都市ハ左ノ件々ニ就キ別段ノ申合規則ヲ設クルヲ得ヘシ

第一　本章程ニ於テ各地便宜ニ從テ異動アルヲ許シ又ハ明文ノ條則アラサル市政事務及其住民ノ權利義務

第二　其他各地固有ノ關係及制度特ニ參決權アル市民ヲ區畫シ及選擧會市會ヲ編成スルニ當リ各營業社中ニ與

フヘキ至當ノ權利
但右ノ規則等ハ縣廳ノ許可ヲ受クルヲ要ス（孛國市治章程第十一條）

第二章　市會

市は法人なるを以て其意想を顯發し其業務を代行する機關を具せさるへからす而して其機關の一個は市會にして其他は市參事會とす而して本章第一欵には市會の組織及議員選擧の事を掲け第二欵には市會の職務權限幷に處務規定の事を掲けたり

第一欵　組織及選擧

此欵には市の代議機關の組織及其議員選擧の方法を掲く

第十一條　市會議員ハ其市ノ選擧人其被選擧權アル者ヨリ之ヲ選擧ス其定員ハ人口五萬未滿ノ市ニ於テハ三十人トシ人口五萬以上ノ市ニ於テハ三十六人トス
人口十萬以上ノ市ニ於テハ人口五萬ヲ加フル每ニ人口二十萬以上ノ市ニ於テハ人口十萬ヲ加フル每ニ議員三人ヲ增シ六十人ヲ定限トス
議員ノ定員ハ市條例ヲ以テ特ニ之ヲ增減スルコトヲ得但定限ヲ超ユルコトヲ得ス

本條は市會議員選擧の大要を示し次ゐて議員の割合を定む其大市會の議員數の極度を六十八と定めたり蓋し議員に六十八の定限を設けたるは議員の數多きに過くるときは却て議事の紛雜を來すの憂あるに由る而して各地方の情況に由ては適宜定員を增減するの道ありと雖も是は特別の事情ある場合に限ることにして容易に定員の變更を許すの旨意にあらさるなり

〔參照〕市會ハ都市人口ノ多少ニ準シ左ノ比例ニ依テ之ヲ編制ス
人口二千五百以下ノ都市ハ議員十二名同二千五百乃至五千ハ同十八名同五千○○一乃至一萬ハ同二十四名同一萬○○○一乃至二萬ハ同三十名同二萬○○○一乃至三萬ハ同三十六名同三萬○○○一乃至五萬ハ同四十二名同五萬○○○一乃至七萬ハ同四十八名同七萬○○○一乃至九萬ハ同五十四名同九萬○○○一乃至十二萬ハ同六十名トシ十二萬以上ノ都市ニ於テハ五萬每ニ六名ヲ加フ（孛國市治章程第十二條）
○市會議員ノ數十二名乃至四十八名ニシテ每市ノ定員ニ等差アリ（英國市治條例附錄表）
○邑會議員ノ數人口五百以下ハ十人同五百一人乃至千五百人ハ十二人同千五百一人乃至二千五百人ハ十六人同二千五百一人乃至三千五百人ハ二十一人同三千五百一人乃至一萬人ハ二十三人同人口一萬人乃至三萬人ハ二十七人同三萬一人乃至四萬人ハ三十人同四萬一人乃至五萬人同五萬一人乃至六萬人同六萬一人以上ハ三十六人トシ數個ノ邑役所アル都府ニテハ邑長管轄每ニ定數以上三名ヲ增ス（佛國邑會組織及職制第十條）

第十二條　市公民（第七條）ハ總テ選擧權ヲ有ス但其公民權ヲ停止セラルル者（第八條第三項、第九條第二項）及陸海軍ノ現役ニ服スル者ハ此限ニ在ラス凡內國人ニシテ公權ヲ有シ直接市稅ヲ納ムル者其額市公民ノ最多ク納稅スル者三名中ノ一人ヨリモ多キトキハ第七條ノ要件ニ當ラスト雖モ選擧權ヲ有ス但公民權ヲ停止セラルヽ者及陸海軍ノ現役ニ服スル者ハ此限ニ在ラス

法律ニ從テ設立シタル會社其他法人ニシテ前項ノ場合ニ當ルトキモ亦同シ

第十一條に所謂る選擧人とは第七條の要件を具有する公民なり然れとも名譽職を拒辭したる等の爲め又は身代限處分中に係る等の爲め公民權を停止せられたる者と陸海軍現役者は第七條の要件を具有するも選擧に關するを得さるなり

第二項は第一項の例外にして假令第七條の要件を缺くも選擧人たるを得る場合あるを示したり元來市會の議決を要する事項は其市內の土地及費用に關すること最も多きか故に若し其市內に富豪ありて市內土地の大半を所有し若くは市費の半額以上をも一人にて負擔する場合に於て若し其戶主は幼年若くは婦女なりとせんか此法律第七條に明文あるか爲めに市の選擧を行ふを得す不幸も亦甚しと謂はさるを得す故に此項に於ては日本人にして公權を有し且其納むる所の直接市稅即ち地租、所得稅の附加稅額其市內の公民の納

税額と比較して其等位三番目に降らさるときは其人には代人を出して議員を選擧するの權を得せしめたるなり

此法律に於ては法律に從ひ設立したる銀行會社其他の法人には市の選擧權を與へす然れとも唯前項と塲合を均しくし其法人の市税の納額其市内納税者の三番目に降らさるときは前項の例に依り代人を出し議員を選擧することを得せしめたるなり

〔參照〕一市内ニテ一年以來其最多ノ税額ヲ納ムル住民三名中ノ一名ニ優リタル額ノ直接國税及市税ヲ納ムル者ハ假令市内ニ住居若クハ滯在セスト雖モ自餘ノ選擧權ノ諸要件ヲ具備スレハ選擧ニ參與スルコトヲ得ヘク又法人モ右ニ均シキ税額ヲ納ムル者ハ同上ノ權ヲ有ス(孛國市治章程第八條)

○邑會議員ハ直接普通選擧ニ依リ選擧スヘキモノトス(佛國邑會組織及職制第十四條抄出)

第十三條　選擧人ハ分テ三級ト爲ス

選擧人中直接市税ノ納額最多キ者ヲ合セテ選擧人總員ノ納ムル總額ノ三分一ニ當ル可キ者ヲ一級トス

一級選擧人ノ外直接市税ノ納額多キ者ヲ合セテ選擧人總員ノ納ムル總額ノ三分一ニ當ル可キ者ヲ二級トシ爾餘ノ選擧人ヲ三級トス

各級ノ間納税額兩級ニ跨ル者アルトキハ上級ニ入ル可シ又兩級ノ間ニ同額ノ納税者二名以上アルトキハ其市ニ住居スル年數ノ多キ者ヲ以テ

上級ニ入ル若シ住居ノ年數ニ依リ難キトキハ年齡ヲ以テシ年齡ニモ依リ難キトキハ市長抽籤ヲ以テ之ヲ定ム可シ
選擧人每級各別ニ議員ノ三分一ヲ選擧ス其被選擧人ハ同級內ノ者ニ限ラス三級ニ通シテ選擧セラルヽコトヲ得

選擧人の等級を分つことは本邦に於ては創始に屬すれとも歐洲各國にては之を實行し大に裨益ありと云へり抑々等級選擧は納稅額に基きて選擧人の等級を分つなり市稅負擔の輕重即ち貧富の程度に應して選擧權を伸縮す少數の富者多數の貧者に壓制せらるヽの弊を絕つの良法なりと云ふ茲に選擧等級分ち方の例を擧くること左の如し
市長に於て選擧人名簿調製の際に當り先市の選擧人中直接市稅の納額最も多き者より順次に其氏名及稅額を記載し了り其總人員は計一萬人其納稅總額は計一萬二千圓の總高を得たり而して再ひ該名簿の氏名に付第一位の稅額より第二位第三位と順次之を計算し來りて四千圓即ち市稅總額の三分一に當る數を得たるとき其計算を止む其止算の點に在る選擧人二十番目に當らは其以上に在る納稅者を一級とし再ひ二十一番目の納稅額より次を逐て計算すること前の如くにして又市稅總額三分一即ち四千圓を得たるとき其止算の點に在る選擧人三千番目に當らは其以上に在る納稅者を二級となし其殘りを三級選擧人

となすなり

若し右一級二十番目に當りたる者の納税額兩級に跨るとき例へは其者の納税額二十圓にして之を上に加ふれは一級の金額四千圓に超へ之を加へされは四千圓に不足する場合には其選擧人を一級に組入るへし又十九番二十番二十一番目の三人とも其納額均しく二十圓なるときは其市内に最も長く居住する者を一級に組入るへし若し其年數同一なるときは年齢に依るへく年數年齢ともに同一なるときは市長自ら籤を取りて其取捨を定むへし」

各級の選擧人は總議員の三分一を其市の被選擧人中より選出するなり故に一級は二十人にて十二名の議員を選擧し二級は二千九百八十人にて十二名の議員を選擧し三級は七千人にて十二名の議員を選擧するの比例となる

〔參照〕市會議員ヲ選擧スルカ為メニ參決權アル市民ヲ(第五條乃至第八條)其各自納ムル所ノ直税(市税郡税縣税州税及國税)ノ多寡ニ準シ之ヲ三級ニ分ツヘシ

參決權アル市民ノ税額總計ノ三分一マテニ至ル最多ノ税額ヲ拂フ者ヲ以テ第一級トシ爾餘ノ者ヲ分テ第二第三級トナス其第二級ハ亦最多額ノ者ヨリ計ヘ下リテ同市民ノ税額總計三分一マテニ至ル者ヲ以テ之ニ充ツ

其税額ノ一部分其第一ノ三分一又ハ第二ノ三分一ニ跨ル者ハ第一級又ハ第二級ニ加フヘシ

他ノ市邑ニ有スル土地又ハ營業ノ為メニ納ムル税幷ニ行商營業税ハ選擧等級ヲ設クルニ當テ合算スヘカラス

一選擧人ニシテ兩級ニ共屬スルヲ得ス

同級人數人アリテ税額ニ依ルモ收入ニ依ルモ又ハ氏名ノ「イロハ」順序ニ依ルモ其中ノ何人ヲ以テ某部ニ編入スヘキカヲ定メ能ハサルトキハ抽籤ヲ以テ之ヲ決ス

各級ノ選擧人ハ其同級內ノ選擧人ニ限ラス總テ一般ニ就テ各〻議員總數ノ三分一ヲ選擧スヘシ(孛國市治章程第十

三條）

シ

第十四條　區域廣濶又ハ人口稠密ナル市ニ於テハ市條例ヲ以テ選擧區ヲ設クルコトヲ得但特ニ二級若クハ三級選擧ノ爲メ之ヲ設クルモ妨ケナシ

選擧區ノ數及其區域並各選擧區ヨリ選出スル議員ノ員數ハ市條例ヲ以テ選擧人ノ員數ニ準シ之ヲ定ム可シ

選擧人ハ其住居ノ地ニ依テ其所屬ノ區ヲ定ム其市內ニ住居ナキ者ハ課稅ヲ受ケタル物件ノ所在ニ依テ之ヲ定ム若シ數選擧區ニ亘リ納稅スル者ハ課稅ノ最多キ物件ノ所在ニ依テ之ヲ定ム可シ

選擧區ヲ設クルトキハ其選擧區ニ於テ選擧人ノ等級ヲ分ツ可シ

被選擧人ハ其選擧區內ノ者ニ限ラサルモノトス

本條は東京は勿論京都大阪其他大なる市にして數十萬の選擧人ある場合には一市を數個の選擧區に分ち其各區內に選擧掛を置き區每に選擧人名簿を調製し選擧等級を分つことの便を得せしむるに在り又一級選擧人は少人數なるを以て全市を通して選擧を行ふも雜閙の恐なしと雖も二級若くは三級の選擧人多人數にして雜閙の恐ありと認むるときは其

級の選擧に限りてのみ之か選擧區を設くるを得るなり
選擧區の數及其區域は市條例を以て之を定め各區議員の數は選擧人の員數を基礎として之を定るなり例へは甲選擧區は人口十萬以上なるを以て其選出議員十名なりと雖も乙選擧區は五萬以下なるを以て五名なるか如きの類なりとす
選擧人は各其居住地の選擧區に屬すへし若し他町村の人及其市内に店舗を有せさる會社等は課税を受けたる物件の在る區を其選擧區とす又數區に納税物件を有するときは税額の多き物件の在る區を其選擧區と定むへし
故に選擧人は各區に分れて選擧を行ふと雖も被選擧人は若し甲區に適當の人なくして乙區に其人あれは則ち乙區の人に向て投票し之を甲區の議員に擧くるも妨なし

〔參照〕　一級ノ選擧人五百名ニ過クルトキハ選擧區ヲ設ケテ選擧ヲ行フヲ得一市内ニ數部落アルトキハ此部落ニ應シテ選擧區ヲ分畫スルヲ得其選擧區ノ數及其境界并各區ニ於テ選擧スヘキ議員ノ數ハ參决權アル市民ノ員數ニ照準シ市廳ニ於テ之ヲ確定スヘシ(孛國市治章程第十四條)
各級ヨリ選擧スヘキ議員ノ半ハ家屋占有者(所有主、入額所得人又ハ家屋相續權アル者)ナルヲ要ス(同上第十五條)
○數部ニ分畫シタル市ニ於テハ其部毎ニ議員ノ選擧ヲ行フモノトス(英國市治條例抄出)
○邑會議員ノ選擧ハ全邑ノ投票ヲ以テス尤モ時宜ニヨリ選擧區ヲ分ツヲ得其各選擧區ハ登録選擧人ノ數ニ應シタル議員ヲ選フモノトス但左ノ二項ノ場合ニ限ル
第一　居住ノ人民隔離散在ノ場合トス、此場合ニ於テハ何レノ選擧區ヲ問ハス議員二名以下ヲ選フヲ得ス
第二　邑ノ集合人口一萬以上ナル場合トス、此場合ニ於テ選擧區ハ他ノ邑ニ屬スル邑、區ニ屬スル部分ヲ以テ組織スルヲ得ス

土地ノ區分ニシテ固有ノ不動産ヲ有スルモノハ數多ノ選舉區ニ分離スルヲ得ス
以上ノ選舉區ハ孰レモ議員四名以下ヲ選フヲ得ス
選舉區ヲ許シタル總テノ場合ニ於テハ斷隔ノ地ヲ以テ區分スルヲ得ス接續ノ地ヲ以テ區ヲ組織スルモノトス
（佛國邑會組織及職制第十一條）

第十五條　選舉權ヲ有スル市公民（第十二條第一項）ハ總テ被選舉權ヲ有ス」
左ニ掲クル者ハ市會議員タルコトヲ得ス
一　所屬府縣ノ官吏
二　有給ノ市吏員
三　檢察官及警察官吏
四　神官僧侶及其他諸宗教師
五　小學校教員
其他官吏ニシテ當選シ之ニ應セントスルトキハ所屬長官ノ許可ヲ受ク可シ
代言人ニ非スシテ他人ノ爲メニ裁判所又ハ其他ノ官廳ニ對シテ事ヲ辨スルヲ以テ業ト爲ス者ハ議員ニ選舉セラルヽコトヲ得ス

父子兄弟タルノ緣故アル者ハ同時ニ市會議員タルコトヲ得ス其同時ニ選擧セラレタルトキハ投票ノ數ニ依テ其多キ者一人ヲ當選トシ若シ同數ナレハ年長者ヲ當選トス其時ヲ異ニシテ選擧セラレタル者ハ後者議員タルコトヲ得ス

市參事會員トノ間父子兄弟タルノ緣故アル者ハ之ト同時ニ市會議員タルコトヲ得ス若シ議員トノ間ニ其緣故アル者市參事會員ノ任ヲ受クルトキハ其緣故アル議員ハ其職ヲ退ク可シ

第十二條の選擧權を有する公民は被選擧權をも有するなり現行府縣會規則の如く選擧人と被選擧人の資格に等差を設けす

所屬府縣の官吏は市の監督官廳に屬する吏員なれは其市の議員たるを得さるは當然なり有給の吏員は其專業あるを以て傍ら議員たるを得さるへく又市の給料を受くる者にして市の名譽職を兼ぬるの道理なし

撿事警部等の職掌たる代議會に參與するを得さるを例とす

神官僧侶宣教師等總て人の靈魂上の教訓に從事する者は人心を左右し易きを以て亦代議者たるを許さゝるなり

小學校敎員は一には其市より俸給を受くる所の職員たり二には市內子弟の敎育を擔任するを以て選擧上或は衡平を得難きの恐れあり加之自治體の議員は智能よりも寧ろ老實を專要となすに由れり

右に掲けたる府縣の官吏撿察官警察官を除き其他の文官其居住地の市會議員に選擧せられ其所屬長官の許可を受けたるときは之に應し議員たるを得るなり

代言人の免許を受けす他人の爲め代理を業となす者所謂る三百代言は議員に選擧せらるゝを得さるなり

父子兄弟の緣故とは實父子養父子兄弟を總稱するなり而して同時に議員たるを禁するは其議決の公平を失するを恐るゝに外ならす故に父子兄弟同時に二人以上議員に選擧せられたるときは投票數の多き者一人を當選とし若し投票同數なれは年長者を當選となすなり又前後時を異にして選擧せられたるときは前に其子弟議員に任し居れは後に父兄選擧せらるゝも其子弟在任中は議員たるを得さるを例とす

市參事會員卽ち市の行政機關と緣故ある者は同時に議員たるを得さるは市の代議機關と行政機關との間に一身上の關係なきを利となすに由る故に父兄議員たるとき其子弟市長助役若くは參事會員に選任せらるれは其議員は直に退職すへし

〔參照〕議員タルヲ得サル者左ノ如シ

第一　該都市管轄ノ諸官吏(第七十條)
第二　市廳ノ吏員及有給ノ市吏但其例外ハ第七十二條ニ於テ之ヲ定ム
第三　僧侶、寺吏、小學教員
第四　裁判官(但商法裁判所、工業裁判所及之ニ均シキ各裁判所ノ技術官吏ハ之ヲ除ク)
第五　撿事
第六　警察官
父子並ニ兄弟ハ同時ニ議員タルヲ得ス若シ右ノ親族同時ニ選擧ニ當レハ年長ノ者ヲ取ルヘシ(孛國市治章程第十七條)
○左ノ項ニ當ル者ハ邑會議員タルヲ得ス
第一　選擧權ヲ失ヒタル者
第二　後見人アル者
第三　邑税ヲ免セラレタル者及慈善事務所ヨリ救助ヲ請ケ居ル者
第四　特ニ人ニ附屬シタル被雇人(佛國邑會組織及職制第三十二條)
○職務ヲ奉シ居ル區域内ニ於テ選擧セラルヽヲ得サル者左ノ如シ
第一　縣令、區長、縣大書記官、縣參事官及現行法律施行ノ殖民地ニ於テハ知事、内務事務官長、顧問官
第二　警察官吏
第三　控訴裁判所及始審裁判所判事但裁判ノ委任ヲ請ケサル判事補ハ此限ニ在ラス
第四　本務治安裁判官
第五　邑財産ノ會計官及邑事業請負人
第六　教官
第七　縣廳區廳ノ吏員
第八　市街道路及邑道ノ土木擔任ノ土木工師及技手并道路掛

第九　法律ノ認可シタル宗教ヲ奉スル僧
第十　邑ヨリ俸給ヲ受ケ居ル役員但官吏或ハ獨立ノ業務ヲ奉シ其業務ヲ施行スル爲メ邑ノ手當ヲ受ケ居ル者ハ此限ニ在ラス（同上第三十三條）

邑會議員ノ職務ハ左ノ職員ヲ併有スルヲ得ス
第一　縣令、區長、縣大書記官
第二　警察官吏
第三　殖民地知事、内務事務官長、顧問官
本條ニ示ス所ノ官吏ニシテ邑會吏員ニ選ハルヽトキハ選擧結果公告ノ日ヨリ選擧ヲ請クルカ又ハ現職ヲ奉スルカヲ選フカ爲メ十日間ノ猶豫ヲ得ルモノトス
此猶豫内ニ長官ニ對シ申立ヲナサヽルトキハ現職ヲ奉スルコトヲ選ヒタルモノト視做ス（同上第三十四條）
人口五百一人以上ノ邑ニ於テハ尊族卑族兄弟及義兄弟ハ同時ニ同邑ノ議員タルヲ得ス（同上第三十五條第二項）

第十六條　議員ハ名譽職トス其任期ハ六年トシ毎三年各級ニ於テ其半數ヲ改選ス若シ各級ノ議員二分シ難キトキハ初回ニ於テ多數ノ一半ヲ解任セシム初回ニ於テ解任ス可キ者ハ抽籤ヲ以テ之ヲ定ム
退任ノ議員ハ再選セラルヽコトヲ得

本條以下は議員選擧の手續を示したるものなり抑〻此法律に之を詳細に揭けたるは選擧の事たる頗る重大にして且弊害の生し易きを以てなり近頃府縣會議員の選擧の爲め地方に騷然たるの狀あるも畢竟選擧方法の簡略なるに歸するものと謂はさるを得す
名譽職とは無給職と云ふに同し現今の區會議員も亦無給職なれは之に異なるなし其任期

を六年と定めたるも現今の區會議員の任期及歐洲各國の類例を裁酌したるものなり又議員は毎三年に其半數を改選すへし若し改選に際し議員の數奇數にして正しく半數を得難きとき例へは總數十九人のときは初めての改選に於て多數の一半なる十人を解任退職せしむ又最初の改選のとき任期半減にて退任すへき者は抽籤を以て定むへきなり

一旦退任したる者と雖も之を再三選擧するは妨けなきも當選者に於て第八條の理由あれは之を辭するを得るは勿論なり然れとも凡議員たる者再三の選擧に當りたれは成るへく其信任に應して公務に身を委ね萬已むを得さる次第あるにあらされは辭退すへからさるは此法律の精神に於て希望する所と知るへし

〔參照〕議員ノ任期ハ六年トシ二年毎ニ其三分一ヲ退任セシメ新選擧ニ依テ之ヲ補充シ當初第一回第二回ノ退任者ハ抽籤ヲ以テ之ヲ定ムヘシ但在任者第七條ノ例規ニ從テ永ク市民權ヲ失フカ或ハ定時限中之ヲ停止サレタルトキハ其當選ノ效ヲ失ヒ又同條ノ例規ニ從テ市民權ノ施行ヲ中止スヘキトキハ該當選者ハ其事ノ結局ニ至ルマテ暫ク市會ノ議事ニ參與スルヲ得ス（孛國市治章程第十八條）

○市會議員ノ任期ハ三年トシ毎年其三分一ヲ改選ス（英國市治條例抄出）

○邑會議員ノ任期ハ四年トス

邑會ハ佛蘭西全國五月第一日曜日ニ全體ヲ改選スヘキモノトス四ケ年間ニ選擧セラレタル者ト雖モ上文ニ同シ（佛國邑會組織及職制第四十一條）

第十七條　議員中闕員アルトキハ毎三年定期改選ノ時ニ至リ同時ニ補闕選擧ヲ行フ可シ若シ定員三分ノ一以上闕員アルトキ又ハ市會、市參事

會若クハ府縣知事ニ於テ臨時補闕ヲ必要ト認ムルトキハ定期前ト雖モ其補闕選擧ヲ行フ可シ

補闕議員ハ其前任者ノ殘任期間在職スルモノトス

定期改選及補闕選擧トモ前任者ノ選擧セラレタル選擧等級及選擧區ニ從テ之カ選擧ヲ行フ可シ

議員中缺員を生するも必す其時に補缺選擧を行ふを要せす毎三年の定期改選の時に至りて同時に之を行ふへきものとす然れとも若し缺員の數議員定員三分一以上に及ふか又は市會市參事會又は府縣知事に於て必要と認むるときは之を行ふへし畢竟一名の缺員ある每に補缺選擧を行ふは煩冗に堪へさるを以てなり

補缺議員の任期は前任者の殘任期間とす例へは前任議員三年在職の後退職若くは死亡したるとき其殘任期三年を補缺者の任期となすの類なり

選擧は總て前任者の選擧等級及選擧區に從ふとは甲級又は甲區より選出の議員に缺員を生したるときは同しく甲級又は甲區の選擧人に於て補缺選擧を行ふを云ふなり

〔參照〕 市會ノ定期補充選擧ハ每二年ノ十二月ニ於テ之ヲ行ヒ其前週間ノ大設數日ニ於テ此選擧ノ緊要ナル旨ヲ衆庶ニ說示スヘシ其選擧ノ順序ハ最初ニ第三級ノ選擧ヲ行ヒ最後ニ第一級ノ選擧ヲ行フヘシ任期中退任者ノ臨時補闕選擧ハ市會又ハ市廳又ハ縣廳ニ於テ必要ト認メタルトキ之ヲ行フヘシ

○市制　第二章　第一款　組織及選擧

補缺議員ノ任期ハ其前單議員ノ定任期ニ止マルモノトス

補充又ハ補缺選擧ハ元ト其退任者ノ出テシ選擧級又ハ選擧區（第十四條）ニ於テ之ヲ行フ其選擧スヘキ議員ノ數正シク三分スルヲ得スシテ一名ヲ剩セハ第二級ニ於テ之ヲ選擧シ二名ヲ剩セハ第一級第三級ニ於テ各一名ヲ選擧スヘシ（孛國市治章程第二十一條）

○議員ニ多數ノ缺員ヲ生シタルトキハ十日以內ニ更ニ補缺選擧ヲ行フヘシ（英國市治條例第四十七條）

○邑會若シ不時ノ缺員ニ由リ議員四分ノ三ニ減シタルトキハ其最終缺員ノ日ヨリ二ケ月以內ニ補充選擧ヲナスヘキモノトス然レトモ全體ノ改選期限六ケ月以內ナルトキハ補充選擧ハ邑會議員半數ニ減シタル場合ニノミ必ス補充スルノ義務アルモノトス

選擧區ヲ分チタル邑ニ於テハ選擧區ノ議員半數ヲ減シタルトキハ必ス部分選擧ヲナスヘキモノトス（佛國邑會組織及職制第四十二條）

第十八條　市長ハ選擧ヲ行フ每ニ其選擧前六十日ヲ限リ選擧原簿ヲ製シ各選擧人ノ資格ヲ記載シ此原簿ニ據リテ選擧人名簿ヲ製ス可シ但選擧區ヲ設クルトキハ每區各別ニ原簿及名簿ヲ製ス可シ

選擧人名簿ハ七日間市役所又ハ其他ノ場所ニ於テ之ヲ關係者ノ縱覽ニ供ス可シ若シ關係者ニ於テ訴願セントスルコトアルトキハ同期限內ニ之ヲ市長ニ申立ツ可シ市長ハ市會ノ裁決（第三十五條第一項）ニ依リ名簿ヲ修正ス可キトキハ選擧前十日ヲ限リテ之ニ修正ヲ加ヘテ確定名簿ト爲シ之ニ登錄セラレサル者ハ何人タリトモ選擧ニ關スルコトヲ得ス」

本條ニ依リ確定シタル名簿ハ當選ヲ辭シ若クハ選擧ノ無效トナリタル場合ニ於テ更ニ選擧ヲ爲ストキモ亦之ヲ適用ス

市の理事長なる市長は議員選擧の準備を爲すの責あり故に議員の選擧を行ふ日より六十日前を限りて選擧原簿とて市公民にして選擧權を有する者の名寄臺帳を製し之に其資格（第七條に掲けたる要件）を列記し更に其原簿に據りて選擧等級を分ち選擧人名簿を製すへし但東京等の如き大市に於て第十四條に依り選擧區を設けたるときは其區毎に右の帳簿を調製すへし

市長に於て選擧人名簿（第十三條の手續に依り）を製し了りたらは成へく速に七日間市役所又は其他の場所に於て選擧人の縱覽に供ふへし若し其名簿に誤謬あるを發見し修正を求めんとする者は右七日以內に其旨を市長に申出へし市長は其申立の當否を市會の評議に付し其議決の趣により名簿を修正すへきときは選擧前十日を限り修正を加へ確定名簿となすなり故に縱覽期限を過き何等の故障あるも總て之を採用せさるへし

被選擧人當選を辭するか或は府縣參事會の裁決又は行政裁判所の判決を以て選擧無效と斷定せられ更に選擧を行ふときと雖も一旦確定したる名簿は更に之を改製するを要せす唯其斷定の旨に依り名簿を修正し直に之を使用すへく此際は修正名簿を再ひ縱覽せしめ又は再修正申立の時間を與ふるを要せす但名簿調製上に不正あるか爲め府縣參事會の裁

決又は行政裁判所の判決にて全選擧の無效に歸したる場合に於て新規に名簿を調製するは格別なりとす

〔參照〕 市廳ニ於テ參決權ノ要件ヲ明記シタル名簿ヲ製シ毎年六月ニ於テ之ヲ查閱スヘシ

名簿ハ選擧各級ニ從テ之ヲ區分シ又第十四條ノ場合ニ於テハ選擧區ニ從テ之ヲ區分スヘシ（孛國市治章程第十九條）

市廳ハ毎年六月一日ヨリ十五日ニ至ルマテノ間ニ於テ名簿ヲ查閱ス

六月十五日ヨリ同卅日ニ至ルマテノ間市内ノ公告シタル場所一ヶ所又ハ數ヶ所ニ名簿ヲ備テ公衆ノ縱覽ニ供スヘシ」

右ノ日限中ハ市内何人ト雖モ其名簿ノ正否ニ付市廳ニ故障ヲ申立ルヲ得ヘシ

故障ヲ申立ル者アルトキハ八月十五日マテニ市會ニ於テ其理否ヲ議決スヘシ其決議ハ市廳ノ許諾ヲ受クルヲ要ス

市廳若シ之ヲ許諾セサルトキハ第三十六條ノ例規ニ依テ之ヲ處分スヘシ

若シ其市廳ノ許諾セサル場合ニ至リ縣廳ニ於テ之ヲ裁決スルトキハ其申立人ハ復タ之ヲ控訴スルヲ得ス其否ラサル場合ハ市會ノ議決ヲ通知シタル後十日内ニ縣廳ニ訴願スルヲ得縣廳ハ四週日以内ニ之ヲ裁決シ本人再ヒ他ニ控訴スルヲ許サス

其既ニ名簿ニ登載シタル者ノ氏名ヲ更ニ刪除セントスルトキハ市廳ヨリ八日前ニ其刪除スヘキ理由ヲ本人ニ告知スヘシ（同上第二十條）

○市ノ書記ハ市民原簿ヲ調製保存スヘシ（英國市治條例第二條）

市内各寺區ノ區監ハ毎年九月五日ヲ限リ選擧人名簿ヲ製シ之ニ署名ノ上市ノ書記ニ送付シ別ニ謄本一本ヲ備ヘ置キ同月五日ヨリ十五日マテノ間相當ノ時限間無料ニテ市民ノ縱覽ニ供スヘシ又市ノ書記ハ區監ヨリ送付シタル選擧人名簿ヲ印刷シ之ヲ各區監ニ送付シ又ハ相當ノ代價ヲ以テ之ヲ望人ニ賣渡シ及同月十五日ヨリ七日間市會議所ノ門外其他ノ場所ニ之ヲ掲示スヘシ（同上第十五條）

選擧人名簿ニ關シ訂正ヲ要スル者ハ九月十五日マテニ書面ヲ以テ市ノ書記ニ申出ヘシ市ノ書記ハ其氏名ヲ列記シ十月一日ヨリ日曜日ヲ除キ八日間市會議所ノ門外其他ノ場所ニ之ヲ掲示スヘシ（同上第十六條）

市長及市民ノ選擧シタル課税員二名ニテ評議會ヲ開キ選擧人名簿ノ訂正ヲ決ス市長ハ其議決ノ旨ニ從ヒ名簿ヲ訂

正ス（同上第十七條）

第十九條　選擧ヲ執行スルトキハ市長ハ選擧ノ場所日時ヲ定メ及選擧ス可キ議員ノ數ヲ各級各區ニ分チ選擧前七日ヲ限リテ之ヲ公告ス可シ

各級ニ於テ選擧ヲ行フノ順序ハ先ツ三級ノ選擧ヲ行ヒ次ニ二級ノ選擧ヲ行ヒ次ニ一級ノ選擧ヲ行フ可シ

前條々の手續を了へ市長に於て彌よ選擧を行はんとするときは某日某時某場所に於て何級何區の議員若干名を選擧すへき旨を選擧の日より七日前に公告すへし

各級に於て選擧を行ふに最初に三級の選擧を行はしむるは多數の選擧人をして十分に其欲する所の人物を選定せしむるの趣旨なりとす

〔參照〕市廳ハ選擧ノ日ヨリ十日前ニ召喚狀又ハ其他各地慣例ノ公告方法ヲ以テ名簿（第十九條第二十條）ニ列載セル選擧人ヲ召集スヘシ

其召喚狀又ハ公告書中ニハ選擧ノ場所及日時ヲ詳記スヘシ（孛國市治章程第二十三條）

○選擧人ノ集會ハ縣知事ノ布達ヲ以テ之ヲ召集ス其布達ハ少クモ選擧前十五日ニ之ヲ爲スヘキモノトス

布達ニハ投票スヘキ場所及投票開閉ノ時間ヲモ定ムルモノトス（佛國邑會組織及職制第十五條）

第二十條　選擧掛ハ名譽職トシ市長ニ於テ臨時ニ選擧人中ヨリ二名若クハ四名ヲ選任シ市長若クハ其代理者ハ其掛長トナリ選擧會ヲ開閉シ其會場ノ取締ニ任ス但選擧區ヲ設クルトキハ毎區各別ニ選擧掛ヲ設ク可シ

選擧事務の統轄は選擧人中に委任し市長若くは其代理者は之か掛長となり選擧會を開閉し及會場の取締に任して選擧を監督するは其取扱の公明正大なるを要するに由る又選擧區を設くるときは各區に選擧掛を設くるを要す選擧掛は素より無給なり

〔參照〕選擧掛ハ各選擧區ニ於テ市長又ハ市長ノ選任シタル代理者一名ヲ長トシ市會ノ選擧シタル陪席者二名ヲ以テ之ニ屬セシム市會ハ陪席者一名毎ニ其代理者一名ヲ選擧スヘシ(孛國市治章程第二十四條)

○市會議員ノ選擧ハ市長及課税員二名ノ面前ニ於テ之ヲ行フ投票ハ午前九時ニ始メ午後五時ニ終ルモノトス(英國市治條例第三十二條)

○投票事務ハ表ノ順序ニ據リ邑長、書記、邑會員ニテ統理ス

以上ノ人ニテ妨ケアルトキハ邑長ヨリ指名ノ選擧人之ヲ統理ス(佛國邑會組織及職制第十七條)

投票會ニ於テハ會頭ニテ取締ヲナスモノトス

此集會ハ集會ニ任シタル選擧ヨリ他事ニ渉ルヲ得ス

總テ爭論若クハ議論ヲナスコトハ集會ニ於テ之ヲ禁ス(同上第十八條)

會場臨席ノ選擧人中ニテ讀ミ書キヲ爲シ得ル最モ老年ノモノ二人最モ若年ノモノ二人ヲ選テ陪席人ノ職務ヲナサシム

書記ハ會頭及陪席人ヨリ之ヲ指命ス

選擧役員ノ會議ニ於テ書記ノ權ハ意見ヲ述ルニ止マル投票役員ハ少クモ三人ハ出席ヲ要ス(同上第十九條)

選擧ハ一日ニ限ル(同上第二十條)

第二十一條　選擧開會中ハ選擧人ノ外何人タリトモ選擧會場ニ入ルコトヲ得ス選擧人ハ選擧會場ニ於テ協議又ハ勸誘ヲ爲スコトヲ得ス

選擧開會中は最も嚴肅ならさるへからす故に選擧人投票の爲め入場又は市の吏員又は監

督官廳吏員等公務の爲め臨場するの外は如何なる人たりとも其場所に立入るを許さす又選擧人は會場に於て投票に關して協議相談をなし若くは他の選擧人を勸めて其意になき選擧を爲さしむるを痛く禁せり

〔參照〕選擧人ノ何タルヲ問ハス武器ヲ携ヘ會場ニ入ルヲ得ス(佛國邑會組織及職制第二十四條)

第二十二條　選擧ハ投票ヲ以テ之ヲ行フ投票ニハ被選擧人ノ氏名ヲ記シ封緘ノ上選擧人自ラ掛長ニ差出ス可シ但選擧人ノ氏名ハ投票ニ記入スルコトヲ得ス

選擧人投票ヲ差出ストキハ自己ノ氏名及住所ヲ掛長ニ申立テ掛長ハ選擧人名簿ニ照シテ之ヲ受ケ封緘ノ儘投票函ニ投入ス可シ但投票函ハ投票ヲ終ル迄之ヲ開クコトヲ得ス

本條は選擧の仕方を定めたるものにして選擧人は投票に被選擧人の氏名を記載し封緘をなしたる上自身に選擧場へ出頭して選擧掛長へ之を差出すへし又此法律にて其投票に選擧人の氏名を記載するを禁したるは選擧人をして他に斟酌なく充分に投票をなすことを得せしむるの旨趣なり

選擧人は選擧場に至り選擧掛長に自己の氏名及町名番地を申立て掛長は選擧人名簿に照し合せ其選擧人は何某に相違なきや否を確知したる上其投票を受取り其封緘を開かす其

儘之を投票函に投け入るへし投票を終る迄投票函を開くを許さゝるは投票の僞造變更等の弊を防くに外ならす

〔參照〕各選擧人ハ選擧掛ニ向テ被選者ノ氏名ヲ明告シ且選擧スヘキ丈ケノ員數ヲ擧ケ選擧掛ハ之ヲ登録ス（孛國市治章程第二十五條第一項）

○選擧人ハ場外ニ於テ投票ヲ作リテ持參スヘキモノトス

投票紙ハ白紙ニシテ外封ハ無記號ノモノタラサルヘカラス

選擧人ハ會頭ニ封ヲナシタル投票ヲ相渡ス會頭ハ之ヲ投票函ニ入ル此函ハ二重鍵ニテ閉チ一ハ會頭之ヲ預リ一ハ陪席人中最年長ノ者之ヲ預ル

各選擧人投票ヲナシタルトキ選擧人記名帳簿ノ傍ラニ査印ヲナシ以テ其投票シタル證トス（佛國邑會組織及職制第二十六條）

第二十三條　投票ニ記載ノ人員其選擧ス可キ定數ニ過キ又ハ不足アルモ其投票ヲ無效トセス其定數ニ過クルモノハ末尾ニ記載シタル人名ヲ順次ニ棄却ス可シ

左ノ投票ハ之ヲ無效トス

一　人名ヲ記載セス又ハ記載セル人名ノ讀ミ難キモノ

二　被選擧人ノ何人タルヲ確認シ難キモノ

三　被選擧權ナキ人名ヲ記載スルモノ

四　被選擧人氏名ノ外他事ヲ記入スルモノ

投票ノ受理並效力ニ關スル事項ハ選擧掛假ニ之ヲ議決ス可否同數ナルトキハ掛長之ヲ決ス

投票に記載したる人數其定數に過不足あり例へは五名を選擧すへきに七名を記載し又は之に反して三名を記載しある場合と雖も何れも其投票を無效とせさるなり只定數を過きたる投票は其第七番目第六番目に記しある人名を除き去るのみ

一　人の名を全く記載せさる白紙の投票又は記載しあるも讀み得さるもの

二　記載したる被選擧人は何某なりやを確知し難きもの

三　被選擧權なき人の氏名を記載しあるもの

四　被選擧人の氏名の外官爵位記番地等其人物を明瞭ならしむる爲めの附記は妨けなきも罵詈讒謗又は約束等の文字を附記するは之を禁せり

右四項に當る投票は無效となすなり

選擧權の有無幷投票の效力に關する事項は第三十五條に明文ありて市會の議決權に屬せり然れとも投票受理又は開函の際に於て便宜上即時假決の權は之を選擧掛に委ねされは選擧を執行するを得さるへし又選擧掛兩名の意見互に合せさるときは掛長の決する所に

從ふものとす但右假定に不服者ありて訴願をなし市會に於て其假定に反對の裁決をなしたるときは其假定は無效に歸すへし

〔參照〕 投票ハ假令選舉スヘキ議員ノ名ヲ餘計ニ示シ或ハ不足ニ示シタルモノト雖モ其效力ヲ失ハサルモノトス選舉スヘキ議員ノ數ヨリ餘計ニ書記セタルトキハ末尾ニアル過數ノ分ヲ算入セス白紙又ハ難讀ノ投票若クハ指名ノ不充分ナルモノ又ハ投票人ノ署名ノ投票ハ總テ投票ノ數ニ算入セス(佛國邑會組織及職制第二十九條)

第二十四條　選舉ハ選舉人自ラ之ヲ行フ可シ他人ニ託シテ投票ヲ差出スコトヲ許サス

第十二條第二項ニ依リ選舉權ヲ有スル者ハ代人ヲ出シテ選舉ヲ行フコトヲ得若シ其獨立ノ男子ニ非サル者又ハ會社其他法人ニ係ルトキハ必ス代人ヲ以テス可シ其代人ハ內國人ニシテ公權ヲ有スル獨立ノ男子ニ限ル但一人ニシテ數人ノ代理ヲ為スコトヲ得ス且代人ハ委任狀ヲ選舉掛ニ示シテ代理ノ證トス可シ

選舉は代人を以て之を為すを禁せり但第十二條第二項に依り他町村に住居し該市に選舉權を有する者の如きは代人を出すこと素より隨意たり又幼年若くは婦人なるとき若くは會社法人なるときは必す代人を用ひ投票をなすへし其代人は內國人にして年齡二十五歲以上の男子一戶を構へ公權を有し且治產の禁を受けさる者に限るへし又代人は數人の代

理をなすを得す且選擧人よりの委任狀を持參して代理の證據となすを要す

〔參照〕他人ニ委任シテ選擧ヲ爲サシムルハ第八條ニ記スル法人又ハ市外ニ任シテ最多ノ税額ヲ納ムル者ニ限ル其受任者ハ固ヨリ參決權アル市民ナルヲ要ス若シ其委任狀ニ證印ナキトキハ選擧掛ニ於テ之ヲ認允スヘキヤ否ヤ終局ノ裁決ヲナス（孛國市治章程第二十五條）

○會頭ハ選擧ノ始メニ投票スヘキ時間ヲ確定セシム投票時間ハ少クモ六時間ヲ置キ其後ニ非サレハ閉ツルコトヲ得ス

會頭ハ選擧ヲ開ク時間ヲ確守シ閉會ヲ告ケタル後ハ何レノ投票モ之ヲ請クルコトヲ得ス（佛國邑會組織及職制第二十六條）

第二十五條　議員ノ選擧ハ有效投票ノ多數ヲ得ル者ヲ以テ當選トス投票ノ數相同キモノハ年長者ヲ取リ同年ナルトキハ掛長自ラ抽籤シテ其當選ヲ定ム

同時ニ補闕員數名ヲ選擧スルトキハ（第十七條）投票數ノ最多キ者ヲ以テ殘任期ノ最長キ前任者ノ補闕ト爲シ其數相同キトキハ抽籤ヲ以テ其順序ヲ定ム

此制にては議員の當選を定むるに過半數の法を用ひす比較多數の法を用ふ選擧掛にて投票計査の上有效投票とて第二十三條第二項に觸れさる投票を多く得る者を當選者となすなり若し二名以上同數の投票を得たるときは年長者を當選となす年齢も同しきときは選

擧掛長抽籤して其當選者を定むるものとす

數名の補缺選擧を行ふときも亦投票數の最も多き者を殘任期の最も長き前任者の補缺となすなり例へは兹に二名の退職議員ある場合に於て一は殘任期三年一は殘任期一年なるとき投票多數の新任議員の任期は三年なるの類なり又其投票數相同しきときは抽籤して補缺の順序を定むへし

〔參照〕第一回選擧ノトキ過半數ヲ得タル者ヲ以テ當選者トス

若シ其第一回選擧ノトキ過半數ヲ得タル者ノ數其選擧スヘキ員數ニ充タサルトキハ第二回選擧ヲ行フヘシ

其第二回選擧ヲ行フニハ選擧掛ニ於テ前ノ當選者ニ次テ最モ多數ヲ得タル者ノ氏名ヲ拔キ不足人員ノ二倍ニ至ルマテ之ヲ謄錄シテ以テ爾餘被選者ノ名簿トナス

選擧掛ハ即時若クハ爾後八日內ニ選擧人ニ其第一回選擧ノ結局ヲ示シ且第二回選擧ヲ行フヘキコトヲ公告ス但第二回ハ過半數ヲ得ルヲ要セス

同數ヲ得タル者ハ抽籤ニ依テ其當選ヲ定ム

數級又ハ數區ノ選擧ニ當リシ者ハ其孰レニ就ントスルカヲ自ラ決心シテ之ヲ陳フヘシ（孛國市治章程第二十六條）

○市長及課稅員投票ヲ計査シ多數ノ投票ヲ得タル者ヲ當選者トス若シ投票同數ノ者アルトキハ市長又ハ課稅員其中ニ就テ指名シテ其當選ヲ定ム（英國市治條例第三十七條抄出）

○投票閉鎖ノ後左ノ手續ニ依リ開封ヲナス

投票函ヲ開キ投票ノ數ヲ調査ス若シ其數選擧人數ニ過不足アルトキハ其事故ヲ口供ニ記ス

投票役員ハ出席選擧人中ヨリ投票調人若干名ヲ指名ス

會頭及役員ハ開封ノ手續ヲ監督ス

會頭及役員ハ選擧人三百名以下ナルトキハ自ラ開封ノコトヲナス（佛國邑會組織及職制第二十七條）

何人ト雖モ左ノ事項ヲ有スルモノハ第一回ノ投票ヲ以テ選定ス

第一　投票過半多數
第二　記名選擧人ノ四分一ニ均シキ選擧ノ數
第二回ノ選擧ニ於テハ選擧人ノ多少ニ拘ハラス比較多數ヲ以テ之ヲ定ム
數個ノ候補者投票數同一ナルトキハ年長者ヲ當選トス（同上第三十條抄出）

第二十六條　選擧掛ハ選擧錄ヲ製シテ選擧ノ顛末ヲ記錄シ選擧ヲ終リタル後之ヲ朗讀シ選擧人名簿其他關係書類ヲ合綴シテ之ニ署名ス可シ
投票ハ之ヲ選擧錄ニ附屬シ選擧ヲ結了スルニ至ルマテ之ヲ保存ス可シ

選擧掛は選擧會を開きし場所及其年月日時幷に投票數及當選者の氏名其他選擧に係る要件を記載したる選擧錄を製し選擧を終りたる後之を讀み上けて臨場の選擧人に聞かしむへし又選擧錄は選擧人名簿其他選擧に係る書類と一綴になし選擧掛の氏名を記すへし
當日開封したる投票紙は選擧の日より選擧結了とて第二十八條の申立なきか又は申立あるときは其裁決確定し其投票紙の無用の反古となる迄は後日の證據として之を選擧錄に附屬して保存し置くへし

〔參照〕選擧簿ハ選擧掛ニ於テ之ニ署名シ市廳ニ於テ之ヲ收藏ス其完了シタル選擧ノ結局ハ市廳ヨリ直ニ之ヲ公告スヘシ（孛國市治章程第二十七條第一項）
○投票ハ選擧後六ケ月間保存スヘシ投票保存中市民ニ於テ之カ撿査ヲ要求スルトキハ市ノ書記ハ一回一志《シリング》ノ手數料ヲ徵シテ之ヲ許スヘシ（英國市治章程第三十五條抄出）

第二十七條　選擧ヲ終リタル後選擧掛長ハ直ニ當選者ニ其當選ノ旨ヲ告

知ス可シ其當選ヲ辭セントスル者ハ五日以內ニ之ヲ市長ニ申立ツ可シ」一人ニシテ數級又ハ數區ノ選擧ニ當リタルトキハ同期限內何レノ選擧ニ應ス可キコトヲ申立ツ可シ其期限內ニ之ヲ申立テサル者ハ總テ其選擧ヲ辭スル者ト爲シ第八條ノ處分ヲ爲ス可シ

選擧を終りたる後選擧掛長は直に當選者に告知すへし當選者之を承諾するときは別に承諾の回答をなすを要せさるも若し之を辭せんと欲するときは必す五日以內に其旨を市長へ申立へし此際第八條第二項の理由なき者は同條第二項の處分を受くるに至るへし一人にて一級二級又は數區の選擧に當るは地方の人望家に往々之あることとなり故に其當選者は必す五日以內に自己の應せんと欲する選擧等級又は選擧區を選擇して之を市長に申立へし若し其申立をなさゝるときは雙方の選擧を拒辭したる者と見做され同しく第八條第二項の處分を受くへし

〔參照〕　市長ハ選擧ノ翌日午前二時マテニ當選者ノ氏名ヲ公告スヘシ（英國市治條例第三十五條抄出）

一人ニシテ兩區ノ選擧ニ當リタルトキハ告知ヲ受ケタル日ヨリ三日以內ニ其選擧ニ應セント欲スル所ノ區ヲ選定スヘシ若シ其選定ヲ怠リ市長ニ申立サルトキハ市長ニ於テ之ヲ專決スヘシ（同上第四十八條）

○何人ト雖モ數個ノ邑會議員タルヲ得ス數個ノ邑ノ選擧ニ當リタル議員ハ選擧結了公告後十日間ノ猶豫ヲ得テ就任スヘキ邑ヲ選フコトヲ得就任ノ地ノ申立ハ關係ノ縣令ニナスヘキモノトス若シ此猶豫內ニ就任ノ地ノ申出ナキトキハ選擧人ノ最モ僅少ナル邑ノ議員タルモノトス（佛國邑會組織及職制第三十五條第一項）

第二十八條　選擧人選擧ノ效力ニ關シテ訴願セントスルトキハ選擧ノ日ヨリ七日以内ニ之ヲ市長ニ申立ツルコトヲ得(第三十五條第一項)

市長ハ選擧ヲ終リタル後之ヲ府縣知事ニ報告シ府縣知事ニ於テ選擧ノ效力ニ關シ異議アルトキハ訴願ノ有無ニ拘ラス府縣參事會ニ付シテ處分ヲ行フコトヲ得

選擧ノ定規ニ違背スルコトアルトキハ其選擧ヲ取消シ又被選擧人中其資格ノ要件ヲ有セサル者アルトキハ其人ノ當選ヲ取消シ更ニ選擧ヲ行ハシムヘシ

選擧人より議員選擧上に異議ありて訴願をなさんとするときは選擧の日より七日以内に市長に申立へし此期限を過くれは其選擧は確定のものとなるへし

市長は選擧を終りたる後當選者の氏名は勿論選擧の顛末を府縣知事に報告すへし府縣知事に於て選擧上其效力に付き異議あるときは前項選擧人よりの訴願の有無に拘はらす其監督權に依りて府縣參事會の議に付し之か處分を行ふことを得るなり故に參事會に於て某議員の當選を無效と裁決したるとき府縣知事は市長に命して更に其選擧を行はしむへし又右の異議を調査し若し其選擧の仕方法律規則に違背したることあるときは其選擧の

總體を取消し之を無效となすへし選擧の仕方は法律規則に違背せさるを其一二被選擧人の資格第七條の要件を具有せさるときは其選擧總體は有效なるを以て只其當選者の當選のみを取消して更に選擧を行はしむるなり

〔參照〕公告後十日以內ハ參決權アル各市民其既ニ結了セシ選擧ノ當否ニ付縣廳ニ訴願スルヲ得ヘシ若シ選擧上著大ノ不都合アルトキハ縣廳ハ其訴願ヲ受ケ又ハ職權ヲ以テ其公告後二十日以內ニ理由ヲ附シタル辨明裁決ヲ下シ選擧ヲ以テ無效トナスヘシ

但諸敎院ニ於テ衆人ニ選擧ノ緊要ナルコトヲ說示スルヲ(第二十一條)怠リタルトモ之ヲ以テ無效ノ一原因トナスヘカラス(孛國市治章程第二十七條第二第三第四項)

○總テ選擧人及被選擧人ハ邑ノ選擧ニ就キ無效ト申立ツルノ權ヲ有ス其苦情ハ總テ口供ニ記載シ置クヘキモノトス然ラスンハ選擧後五日間ニ邑役所書記部或ハ區廳或ハ縣廳ヘ書面ヲ呈出スヘキモノトス但五日ヲ經過スルトキハ其申立ハ無效ノモノトス苦情書ハ直ニ縣知事ヘ出ス縣知事ノ注意ニ依リテ之ヲ參事院ノ議錄ニ記入ス若シ縣知事ニ於テ法律ニ依リ定メタル法式ニ協ハサルモノト認ムルトキハ縣知事ハ口供落手ノ日ヨリ十五日ニ選擧ノ始末ヲ參事會ニ提出スルヲ得ルモノトス人民ノ苦情アリ又ハ縣知事ニ於テ法式ニ協ハサルト認メタルトニ拘ハラス縣知事ハ直ニ行政ノ手續ニ依リ其苦情ノ事件ハ其苦情ノ起リタル所ノ邑ノ議員ニ之ヲ報知シ仍ホ議員ニ邑役所區廳及縣廳ノ書記部ニ對シ五日間ノ猶豫ヲ與フルコト幷議員ハ其辨護ヲ口頭ニテ爲シ得ルコトヲ併セテ通知スヘキモノトス

苦情書若クハ辨護書ノ提出ニ對シテハ受取書ヲ與フヘキモノトス(佛國邑會組織及職制第三十七條)

第二十九條　當選者中其資格ノ要件ヲ有セサル者アルコトヲ發見シ又ハ就職後其要件ヲ失フ者アルトキハ其人ノ當選ハ效力ヲ失フモノトス其要件ノ有無ハ市會之ヲ議決ス

當選者中第七條に揭くる被選擧人たる資格の要件を具有せす其選擧に誤りありしことの露見し又は議員の職に就きたる後財產を失ふ等の事故により其議員たるの要件を失ふ者あるときは其人の當選の效力は自ら消滅するを以て更に其代員の選擧を行ふへし但其要件を失ひたるや否は市會の議決に依りて之を定む故に其議決に對し不服ある者は第三十五條に依りて訴願するを得

〔參照〕總テ邑會員ニシテ選擧後ニ生シタル原因ノ爲メ此法律ニ示ス所ノ議員タルコトヲ除キ或ハ職ヲ併有スルコト能ハサルモノヽ一ニ當ル者ハ直ニ縣知事ヨリ辭職者タルノ申立ヲナス尤モ公告後十日以內ニ縣參事會ヘ申立及第三十八條第三十九條第四十條ニ依リ參事院ニ控訴ノ場合ハ此限ニ在ラス(佛國邑會組織及職制第三十六條)

第二欵　職務權限及處務規程

此欵には市會の職務章程、其權力の限界及事務執行の規則幷程度を揭く

第三十條　市會ハ其市ヲ代表シ此法律ニ準據シテ市ニ關スル一切ノ事件並從前特ニ委任セラレ又ハ將來法律勅令ニ依テ委任セラルヽ事件ヲ議決スルモノトス

本條に於て市會の性質及職務權限を明にしたり即ち市會は市を代表しとは市會の性質を云ひ此法律に準據し又は委任せらるゝ事件を議決すとは其權限及職掌を指すものなり抑市は市の行政機關に對し市の意想を代表する機關なり故に市會は法律の容す限りは市の一切の自治事務を議決するの權利及國、府縣の行政事務にして法律命令を以て從前既に

市に委任せられ又は此市制施行後法律勅令に依て委任せらるゝ事件の執行を議決するの義務あり

〔參照〕各都市ニ市廳及市會ヲ置ク其市會ハ本章程ノ細則ニ依テ市民ニ代議シ市廳ハ都市ノ司宰ニシテ市政事務ヲ管理ス但例外ハ第八章ニ於テ之ヲ定ム（孛國市治章程第十條）
市會ハ市廳ノ專斷ニ任セサル市政事務ヲ議定シ且監督官廳ノ下問ニ對シ其意見ヲ陳述スルモノトス市政事務外ノ事ハ別段ノ成法ニ依レル成規アルカ又ハ臨時監督官廳ノ命ヲ受クルニ非サレハ之ヲ議定スルヲ得ス（同上第三十五條第一項）
○邑會ハ決議ヨリ邑ノ事務ヲ定ム（佛國邑會組織及職制第六十一條第一項）

第三十一條　市會ノ議決ス可キ事件ノ概目左ノ如シ

一　市條例及規則ヲ設ケ並改正スル事
二　市費ヲ以テ支辨ス可キ事業但第七十四條ニ揭クル事務ハ此限ニ在ラス
三　歲入出豫算ヲ定メ豫算外ノ支出及豫算超過ノ支出ヲ認定スル事
四　決算報告ヲ認定スル事
五　法律勅令ニ定ムルモノヲ除クノ外使用料、手數料、市稅及夫役現品ノ賦課徵收ノ法ヲ定ムル事
六　市有不動產ノ賣買交換讓受讓渡並質入書入ヲ爲ス事

七　基本財産ノ處分ニ關スル事
八　歳入出豫算ヲ以テ定ムルモノヲ除クノ外新ニ義務ノ負擔ヲ爲シ及權利ノ棄却ヲ爲ス事
九　市有ノ財産及營造物ノ管理方法ヲ定ムル事
十　市吏員ノ身元保證金ヲ徴シ並其金額ヲ定ムル事
十一　市ニ係ル訴訟及和解ニ關スル事

本條は前條に云ふ市會の議決すへき事件の概目を示したるものなり故に左の事件の外に市の情況に依りて種々の事件あるへし

一　第十條の市條例及規則を設け幷改正するを市會の職務となすは市條例及規則は其市の爲めには重要の事件なれはなり

二　市費を以て支拂をなす土木、衞生、教育等現今區會の議定に屬する事業は其市會の議決を經されは之を施行するを得さるや勿論にして恰も立憲國に於て歳入出豫算議定權の國會議院に屬するか如し但第七十四條に揭くる事務は市の自治に關する事務にあらすして法律命令に依り特に市長に委任したる事件なり故に市會は隨意に之を存廢するを得す從て唯其費用のみを議決し其事業に議及するを得さるへし

三　市參事會より提出する市の歳入出豫算を議定し豫算外臨時の支出及豫算額に超過したる支出の當否を査定承認するは市の代議機關の本務なり
四　決算報告を査定承認するは市會は傍ら會計撿査の權を有するに由る
五　法律勅令を以て金額又は歩合を定められたるものを除き第八十四條に依り市有物件の使用料、第八十九條の使用料又は手數料第九十條の市税及第百一條の夫役現品の賦課徴收の方法を設くる事は皆市會の權內に在り
六　市の共有土地家屋幷營造物の賣買等總て所有權の得喪は市會の議決を經すして市參事會之を行ふを得さるへし
七　第八十一條の基本財産即ち市の積立金穀及不動産の貸付等に係る處分をなすは亦市會の權內に在り
八　歳入出豫算を以て定むる費用の外新規に出費を要する事件を負擔し又は貸金取立等の權利を棄却免除する事は其市の權義に屬するを以て市參事會にて專行するを得さるへし
九　市の共有動不動産幷學校病院水道等其他營造物を管理するの方法を定むるは市會立法權の一部なり
十　市吏員（重もに收入役）より奉職中其信用保證として金圓を差出さしめ及其出金額を

定むるは市會の議決權なり

十一　市に係る訴訟等の事は其市の權利義務に屬するを以て市會の議決に從ひ市參事會は之を執行するのみなり

第三十二條　市會ハ法律勅令ニ依リ其職權ニ屬スル市吏員ノ選擧ヲ行フ可シ

市會は市長其他の吏員を選擧するの權あり又之を選擧するは市會の義務なり其法律とは主として此制の第五十條第五十一條等を指し又勅令とあるは後來の爲めに餘地を存したるものなるへし

第三十三條　市會ハ市ノ事務ニ關スル書類及計算書ヲ檢閲シ市長ノ報告ヲ請求シテ事務ノ管理議決ノ施行並收入支出ノ正否ヲ監査スルノ職權ヲ有ス

市會ハ市ノ公益ニ關スル事件ニ付意見書ヲ監督官廳ニ差出スコトヲ得

市會は市參事會の執行する市の行政事務を監査し市會の議決の旨に違ふことなきや否を撿定するの職權あり市長は市會の求に應し書類等を其査閲に供するの義務あり

市會は市の公益に關する事件に付意見書を内務大臣又は府縣知事に差出すことを得而し

て此條に市の公益に關すると限りたるは國の公益に關する事件と區別するか爲めなりと知るへし

〔參照〕市會ハ市政ヲ監ス故ニ其決議ノ施行ト市税消費ノ當否ヲ調査スルノ權ヲ有ス之カ爲ニ市廳ニ向テ公文書類ノ閲覽ヲ請ヒ且衆議員中ヨリ調査委員ヲ選任スルヲ得但市長モ亦廳員ヲ選テ該委員ニ列セシムルノ權ヲ有ス（孛國市治章程第三十七條）

第三十四條　市會ハ官廳ノ諮問アルトキハ意見ヲ陳述ス可シ

各省大臣又は府縣知事より諮問を受くるとき市會は必す之に答議すへきの義務あり

〔參照〕邑會ハ法律規則ニ依リ邑會ノ意見ヲ要スル都度若クハ高等行政部ヨリ意見ヲ諮問スルトキ其都度意見ヲ呈出スヘキモノトス

邑會ハ其地方ノ利益ニ關スル總テノ事柄ニ就テハ意見ヲ呈出ス（佛國邑會組織及職制第六十一條第二第三項）

第三十五條　市住民及公民タル權利ノ有無、選擧權及被選擧權ノ有無、選擧人名簿ノ正否並其等級ノ當否、代理ヲ以テ執行スル選擧權（第十二條第二項）及市會議員選擧ノ效力（第二十八條）ニ關スル訴願ハ市會之ヲ裁決ス

市會ノ裁決ニ不服アル者ハ府縣參事會ニ訴願シ其府縣參事會ノ裁決ニ不服アル者ハ行政裁判所ニ出訴スルコトヲ得

本條ノ事件ニ付テハ市長ヨリモ亦訴願及訴訟ヲ爲スコトヲ得

本條ノ訴願及訴訟ノ爲メニ其執行ヲ停止スルコトヲ得ス但判決確定スルニ非サレハ更ニ選擧ヲ爲スコトヲ得ス

本條は市會は公法上の爭に付ては始審の裁決をなすの權あるを示したるものにして第六條の市住民及第七條の公民權の有無、議員を選擧する權及議員に選擧せらるゝ權の有無、選擧人名簿の正否及選擧等級分ち方の當否、婦人若くは會社法人より代人を出して執行する選擧權及市會議員選擧の效力に關して關係人より異議の申立あるときは總て市會に於て之を裁決するなり

訴願の始審廳たる市會の裁決に不服ある者は府縣參事會に不服の旨を申立再審を仰くへく其裁決にも不服あるときは行政裁判所に訴へ正式の裁判を受くることを得此法律にては人民より行政上の處分に係る不服の事件は初めより裁判所に訴ふるを許さす先つ其直接に關係ある官廳に訴願し猶ほ不服のときは順次に上級の監督官廳に訴願し結局に至りて行政裁判所に出訴せしむるの組織なり尤内務大臣に訴願し其裁決を經たる上は更に之を行政裁判所に出訴するを得す(第百十六條を看合すへし)

市長に於て市會の議決に不服あるときは同しく訴願又は出訴するを得へし

訴訟中其事件の執行を停止するは普通の法則なりと雖も本條の場合に於ては市民又は市長より訴願又は出訴し取調中なるも之に拘はらす其事件を執行し之を停止するを得す例

へは市會を開くの必要に際すれは權利の有無爭論中の議員たりと雖も會議に列し又其議決は總て之を有效とせさるを得す若し然かせされは市の事務は一歩も運行するを得さるへし但訴願に依り更に選擧を行ふを必要とするときに限り第百十六條に記載したる期限を過き參事會の裁決確定し又は行政裁判所の判決確定するにあらされは選擧を行ふを得さるものとす

第三十六條　凡議員タル者ハ選擧人ノ指示若クハ委囑ヲ受ク可カラサルモノトス

本條は議員たる者の本分を示したるものなり抑議員たる者は法律を遵奉し不偏不黨の精神を以て市の公益の爲め衆庶の利益の爲めを目的として議事に從事すへく議員は決して其選擧人の總代にあらす又其意想の代表者にあらさるなり故に本條に於て特に議員は選擧人の指圖又は依賴を受くへからさる旨を明にしたり

〔參照〕議員ハ決シテ選擧人又ハ選擧區ヨリ指揮訓令ヲ受クルコトナキモノトス（孛國市治章程第三十五條第二項）

第三十七條　市會ハ每暦年ノ初メ一周年ヲ限リ議長及其代理者各一名ヲ互選ス

市會は每年一月の初め其議員中より議長及其代理者を選擧す議長及其代理者は滿一年にて交代するものとす町村制にては町村長を以て町村會の議長を兼しめたるも市制に於て

然らさるは蓋し市會と町村會とは其事務に繁簡あり從て其組織を異にするの必要あれはなり

〔參照〕 市會ハ每年參議員中ヨリ議長一名並其代理者一名書記一名並代理者一名ヲ選擧スヘシ（孛國市治章程第三十八條第一項）

○邑長ハ邑會ノ會頭トナリ又ハ代理者ヲシテ會頭トナスコトヲ得邑長ノ精算書ヲ議スルノ會議ニ在テハ邑會ハ別ニ會頭ヲ選フ此場合ニ於テハ假令當時職ニ非スシテ會場ニ出席スルヲ得ルモ投票ノトキハ其席ヲ避クヘシ（佛國邑會組織及職制第五十二條）

第三十八條　會議ノ事件議長及其父母兄弟若クハ妻子ノ一身上ニ關スル事アルトキハ議長ニ故障アルモノトシテ其代理者之ニ代ル可シ

議長代理者共ニ故障アルトキハ市會ハ年長ノ議員ヲ以テ議長ト爲ス可シ

市會の議事若し議長又は議長の父母養父母兄弟姊妹及妻子養子の一身上に關係する事件なるときは議長は必す其席を避け議事の公平を保つことに注意すへし議長代理者とも關係あるときは出席議員中の年長者を推して臨時議長となすへし

第三十九條　市參事會員ハ會議ニ列席シテ議事ヲ辨明スルコトヲ得

市の行政機關たる市參事會員は市會に列席して原案の辨明をなすは必要なり又其本務なり故に本條に於て其職權を明示せり

〔參照〕 市廳ハ毎開會ノ時招集ヲ受ケ委員ヲ以テ臨會セシムルヲ得又市會ニ在テハ市廳ヨリ委員ノ臨會ヲ要求シ市廳ニ在テハ辨明セントヲ要求スルヲ得而シテ議員ハ之ヲ拒ムヲ得ス（孛國市治章程第三十八條第三項）

第四十條　市會ハ會議ノ必要アル毎ニ議長之ヲ招集ス若シ議員四分ノ一以上ノ請求アルトキ又ハ市長若クハ市參事會ノ請求アルトキハ必ス之ヲ招集ス可シ其招集並會議ノ事件ヲ告知スルハ急施ヲ要スル塲合ヲ除クノ外少クモ會議ノ三日前タル可シ但市會ノ議決ヲ以テ豫メ會議日ヲ定ムルモ妨ケナシ

市參事會員ヲ市會ノ會議ニ招集スルトキモ亦前項ノ例ニ依ル

従前は通常會臨時會の差別ありて通常會は年に一度開くを例とせしか此法律には此差別なく又年内幾度と定りたることなく會議すへき事あるときは何時何回にても開會することとなり尤通例は議長の見計ひにて時々會議を開くを必要となすとき招集することにて又或は議員中より之を請求し又は市長市參事會の請求によりて開會することもあるなり其議件及開會の告知は臨時に急施を要する塲合を除き會議の日より三日前に之を爲すは普通の規則なり但市會の議決にて市會は毎年幾回之を開くか若くは何月何日を定會日と定め置くことは妨けなしとす

市參事會員の列席を要するときも亦前項の如く議件及開會の告知をなすへし

〔參照〕市會ハ議事ノ繁閑ニ從ヒ其時々之ヲ開クヘシ（孛國市治章程第三十八條第二項）
議員ヲ招集スルハ議長之ヲ掌レリ而シテ總議員ノ四分一又ハ市廳ヨリ要求スルトキハ直ニ之ヲ招集セサルヘカラス（同上第三十九條）
招集ノ方法ハ市會ニ於テ豫メ之ヲ確定シ置クヘシ
招集ノ時議案ヲ各員ニ配布シ且事緊急ニ出ツルニ非サレハ集會前必ス全二日以上ヲ隔ツヘシ（同上第四十條）
通常會日モ亦市會ノ決議ニ依リテ確定シ置クヲ得但會日ヲ定ムルモ事緊急ニ出ツルニ非サレハ必ス集會前全二日以上ヲ隔テヽ議案ヲ議員及市廳ニ配布スヘシ（同上第四十一條）
○邑會ハ毎年四度通常會ヲ開ク（二月五月八月十一月）毎會期ハ十日間トス區長ノ許可ヲ以テ期日ヲ延スコトヲ得」經費ヲ議スヘキ會議ハ六週間ニ渉ルコトヲ得通常開會中邑會ハ職權内ニ在ル總テノ事項ヲ議スルコトヲ得（佛國邑會組織及職制第四十六條）
縣知事又ハ區會ハ臨時ニ邑會ノ招集ヲ命スルコトヲ得邑會モ亦邑會ノ招集ヲ以テ必要トスルトキ之ヲ招集スルコトヲ得
邑會議員ノ多數ヨリ邑會ニ理由ヲ述ヘタル請求書ヲ出ストキハ邑長之ヲ招集スヘキモノトス
邑會ノ必要ト認メ又ハ議員ノ請求ニ依ルモ何レノ場合ニテモ邑長ニテ邑會ヲ招集スルトキ此集會ト集會ヲ要スル理由ヲ併セ縣會及區長ニ報知ス招集書ニハ邑會ノ集會ヲ要スヘキ事項ヲ明示ス此場合ニ於テ邑會ハ其指示シタル議按ノ事項ノミヲ議スルニ止マル（同上第四十七條）
總テ招集ハ邑長之ヲナス招集毎ニ議事録ニ登記シ邑役所ノ門前ニ貼出シ及集會期前少クモ三日前ニ書面ヲ以テ議員ノ居所ニ通知ス至急ノ場合ニ於テハ縣知事又ハ邑長ニテ其期限ヲ減縮スルコトヲ得（同上第四十八條）

第四十一條　市會ハ議員三分ノ二以上出席スルニ非サレハ議決スルコトヲ得ス但同一ノ議事ニ付招集再回ニ至ルモ議員猶三分ノ二ニ滿タサルトキハ此限ニ在ラス

議員三分の二以上出席するにあらされは議事を開くを得さるは議事は多數決を原則となすに依ると雖も若し同一事件に付兩回以上開會するも議員の出席猶ほ三分の二に滿たさるときは其不參議員は議權を拋擲したるものと見做し出席議員にて議決するを得其初回に於て議事を開かさるは議權を尊重するに依り次回に於て議決を行ふは實際市政上の便宜を圖るに出たるものと謂ふへし

〔參照〕市會ハ議員ノ半數以上出席スルニ非サレハ決議スルヲ得ス但同議事ニ就キ其招集スルコト二回ニ及フモ出席人員尚ホ半數ニ充タサルトキハ此限ニ在ラス而シテ第二回招集ノ時ハ其員數ニ拘ハラス開會スル旨ヲ各員ニ諭告スヘシ（孛國市治章程第四十二條）

○邑會ハ現任議員ノ多數出席ノトキニ非サレハ議事ヲ開クコトヲ得ス少クモ三日ノ間ヲ隔テ正確ニ二度招集書ヲ送リタル後猶ホ充分ノ議員ヲ招集シ得サルトキ第三回ノ招集ヲ以テ議決シタルモノハ出席員ノ多少ヲ問ハス效力アルモノトス（佛國邑會組織及職制第五十條）

第四十二條　市會ノ議決ハ可否ノ多數ニ依リ之ヲ定ム可否同數ナルトキハ再議議決ス可シ若シ猶同數ナルトキハ議長ノ可否スル所ニ依ル

市會の議決法は過半多數決なり若し可否同數にして過半數を得さるときは更に其議決に付す再議決に於ても同數なるときは議長之を決すへし

〔參照〕議事ハ多數ニ依テ決ス其數相半スルトキハ議長之ヲ決ス其參決セサル者（可否共ニ同意セサルモノ）ハ之ヲ出席者ノ内ニ數フルモ決議ノ員數ノ多寡ハ只參決人ノ數ヲ以テ之ヲ確定ス（孛國市治章程第四十三條）

○決議ハ投票人過半數ノ多數ヲ以テ之ヲ定ム

秘密投票ノ場合ヲ除ク外ハ投票同數ナルトキ會頭之ヲ定ム

秘密投票ハ出席議員三分ノ一請求ノ都度之ヲ行フ或ハ役員ヲ命シ若クハ總代ヲ選フトキハ秘密投票ヲ用フ斯ノ任命或ハ總代ヲ選フノ場合ニ於テ第二回ノ後何レノ候補者モ多數ヲ得サルトキハ第三回ノ投票ヲナシ比較多數ヲ以テ當選ヲ定ム投票同數ナルトキハ年長者ヲ以テ當選トス（佛國邑會組織及職制第五十一條）

第四十三條　議員ハ自己及其父母兄弟若クハ妻子ノ一身上ニ關スル事件ニ付テハ市會ノ議決ニ加ハルコトヲ得ス

議員ノ數此除名ノ爲メニ減少シテ會議ヲ開クノ定數ニ滿タサルトキハ府縣參事會市會ニ代テ議決ス

議員も亦議長と同しく身上に關係ある議事の議決に加はるを得す然れとも之か爲めに議員三分二以上の員數に滿たさるときは府縣參事會は市會に代て其事件を議決すへし

〔參照〕都市ノ權利義務ニ關スル議事ニ於テ都市一般ノ利害ト議員一身上ノ利害ト相抵觸スル議員ハ其議事ニ參與スルヲ得ス若シ此ノ如キ者ノ多キカ爲メ決議スル能ハサルトキハ市廳其市廳モ亦同上ノ事由アツテ有效ノ決議ヲ爲ス能ハサレハ監督官廳ニ於テ都市ノ公益ヲ保持シ且時宜ニ依テハ都市一般ノ爲メ特ニ代理者一名ヲ任スヘシ
市廳ノ總員又ハ若干員ノ行務ニ付都市一般ヨリ訴訟ヲ起ストキハ市會ノ申立ニ依リ縣廳ニ於テ其代辨人一名ヲ任スヘシ（孛國市治章程第四十四條）
○議事ノ目的ニシテ利害ノ關係アル議員己レノ名又ハ議員ノ資格ヲ以テ議シタル議事ハ無效ト做スヘキモノトス（佛國邑會組織及職制第六十四條）

第四十四條　市會ニ於テ市吏員ノ選擧ヲ行フトキハ其一名毎ニ匿名投票ヲ以テ之ヲ爲シ有效投票ノ過半數ヲ得ル者ヲ以テ當選トス若シ過半數

ヲ得ル者ナキトキハ最多數ヲ得ル者二名ヲ取リ之ニ就テ更ニ投票セシム若シ最多數ヲ得ル者三名以上同數ナルトキハ議長自ラ抽籤シテ其二名ヲ取リ更ニ投票セシム此再投票ニ於テモ猶過半數ヲ得ル者ナキトキハ抽籤ヲ以テ當選ヲ定ム其他ハ第二十二條、第二十三條、第二十四條第一項ヲ適用ス

前項ノ選擧ニハ市會ノ議決ヲ以テ指名推選ノ法ヲ用フルコトヲ得

市會にて市長助役名譽職參事會員等の選擧を行ふには被選擧人の氏名を記載し選擧人の氏名は投票に記入せす所謂る匿名投票を以て一名毎に投票をなすなり例へは市長の推薦投票を了れは更に助役の選擧を行ふか如し右一名の投票を終る毎に投票數を計査し半數以上を得たる者を當選となすを投票の原則とすと雖も實際一人にて過半數の投票を得るは常時之あるを期せす故に變例の簡便法を設け過半數を得る者なきときは投票數の最も多き者二人を選出し更に其二人に付て一名を投票せしめ其過半數を得たる者を當選とす又投票數最も多き者三名とも同數なるときは最初に議長自ら抽籤して其中の二人を取り其二人に付て更に一名を投票せしむるなり以上の手續をなすも猶ほ過半數を得る者なきときは其二人をして抽籤せしめ以て其當選を定む其他選擧上の順序は總て議員の選擧

法を適用す

市吏員の選擧は前の如く行ふを本則とすと雖も市會の議決を以ては指名推選とて簡便の法を用ふることを得るなり指名推選とは議長より其選擧せんとする者の名を指して議場に可否の意見を問ひ何れも異議なきときは則ち其人を以て當選者と爲すの法なり

〔參照〕廳員ヲ選擧スルニハ各員ニ就キ別段ニ決ヲ取ルヘシ其選擧ハ投票ヲ用フ若シ第一選擧ニ於テ過半數ヲ得タル者ナキトキハ其中最モ多數ヲ得タル者四名ヲ抽キ聚選スヘシ若シ同數ノ者數人アレハ抽籤ヲ以テ之ヲ決ス（孛國市治章程第三十二條）

○邑會ハ秘密會ニシテ過半數ノ多數ヲ以テ邑長及書記ヲ議員ノ中ヨリ選擧ス第二回投票ノ後何レノ候補者モ過半數ノ多數ヲ得サルトキハ第三回ノ投票ヲナシ比較多數ヲ以テ選擧ス仍ホ投票同數ナルトキハ年長者ヲ當選者トス（佛國邑會組織及職制第七十六條）

第四十五條　市會ノ會議ハ公開ス但議長ノ意見ヲ以テ傍聽ヲ禁スルコトヲ得

市會の會議は公然の會議にして傍聽を禁するものにあらす然れとも或る場合に於て他聞を憚るへき事件を議するときは議長に於て職權を以て其傍聽を禁することあるへきなり

〔參照〕市會ノ會議ハ傍聽ヲ許ス但議事ニ依リ密會ヲ要スルトキハ之ヲ禁スルヲ得又旅店酒肆ニ於テ會議スルヲ得ス（孛國市治章程第四十五條）

○邑會ノ會議ハ公會トシテ傍聽ヲ許ス然レトモ議員三名以上若クハ邑長ノ請求ニ依リ邑會ハ評議ヲ要セス起立ヲ以テ秘密會トナスヤ否ヲ決ス（佛國邑會組織及職制第五十四條）

第四十六條　議長ハ各議員ニ事務ヲ分課シ會議及選擧ノ事ヲ總理シ開會

閉會並延會ヲ命シ議場ノ秩序ヲ保持ス若シ傍聽者ノ公然賛成又ハ擯斥ヲ表シ又ハ喧擾ヲ起ス者アルトキハ議長ハ之ヲ議場外ニ退出セシムルコトヲ得

本條は議長の職務を明にしたるものなり議長は第一各議員に市會の事務の分課を命する事第二會議及市吏員選擧の事を總括する事第三會議の開閉延會を命令する事第四議場の秩序を保ち議事を整頓するは其義務なり故に若し會議中亂暴なる傍聽者あり公然議員の發言に賛成の形容を表し又は言語を發し或は擯斥の意を示し又は喧嘩騷擾を起すときは之を議場外に驅逐することを得へし

〔參照〕議長ハ議場ヲ整理シ會議ヲ開閉シ議場ノ秩序ヲ保持ス又傍聽人ノ内同意又ハ不同意ノ事ヲ表示シ又ハ喧鬧ヲ起ス者アルトキハ之ヲ議場ヨリ退カシムルヲ得(孛國市治章程第四十六條)

〇邑長ハ議場ノ取締ヲナスヘキモノトス

邑長ハ會場ノ秩序ヲ紊スヘキ者ヲ會場ヨリ退カシメ若クハ拘引スルコトヲ得

重罪若クハ輕罪ニ渉ル場合ニハ邑長ハ檢事ニ告訴ス(佛國邑會組織及職制第五十五條)

第四十七條　市會ハ書記ヲシテ議事錄ヲ製シテ其議決及選擧ノ顚末並出席議員ノ氏名ヲ記錄セシム可シ議事錄ハ會議ノ末之ヲ朗讀シ議長及議員二名以上之ニ署名ス可シ

市會ハ議事錄ノ謄寫又ハ原書ヲ以テ其議決ヲ市長ニ報告ス可シ

市會ノ書記ハ市會之ヲ選任ス

市會は書記をして議事錄に議決及選擧の始末幷列席議員の氏名を列記せしめ閉會のとき之を朗に讀上け議長及議員二名以上之に署名して其正確を證すへし

市會の書記は議長之を選任す然れとも實際は市役所書記をして臨時兼務せしむるに至るへし

〔參照〕市會ノ決議及出席議員ノ氏名ハ別ニ帳簿ヲ製シテ之ニ記載シ議長及議員三名以上之ニ署名スヘシ市會ノ決議ハ成法ニ於テ市廳ニ施行ノ責ヲ負ハシメサルモノト雖モ必ス市廳ニ報告スヘシ(孛國市治章程第四十七條)

○會議ノ報告書ハ八日間内ニ邑役所ノ門前ニ其拔萃ヲ張出ス(佛國邑會組織及職制第五十七條)

議事ハ日附ノ順序ニ依リ縣知事若クハ邑長ノ公認シタル帳簿ニ記入ス議事錄ニハ會議出席ノ總テノ議員之ニ査印ス若シ査印スルコト能ハサル場合ハ其事由ヲ證明ス(同上第五十七條)

第四十八條　市會ハ其會議細則ヲ設ク可シ其細則ニ違背シタル議員ニ科ス可キ過怠金二圓以下ノ罰則ヲ設クルコトヲ得

市會は會議に係る細則を設け之に違背したる者の過怠金二圓以下の罰則を附することを得第八條に於て名譽職を拒辭する者に對する處分法あり故に本條に於ても怠慢者を懲戒する爲め罰則を設くるは頗る要用なり

〔參照〕市會ハ市廳ノ許諾ヲ經テ議事章程ヲ設ケ及會議中議員警戒規則ヲ犯ス者ノ爲ニ其罰則ヲ立ルヲ得但罰金ハ五「タレル」ヲ過ヘカラス且再犯以上ト雖モ若干時限中又ハ全任期中ノ會議除席ニ止マルヘシ

市麗若シ之ヲ許諾セサルトキハ第三十六條ニ規定シタル手續ニ從フヘシ（孛國市治章程第四十八條）

第三章　市行政

代議機關と行政機關とは自治體に偏廢すへからさるの要具なり而して市の行政とは市の代議機關なる市會の議決の方針に從ひて市參事會之を執行する所の行爲即ち是なり本章第一欵に揭くるは市行政の機關たる市參事會の組織及市吏員の選任の事其第二欵に揭くるは市參事會及市吏員の職務章程其權力の限界及事務執行の規則幷程度の事其第三欵に揭くるは市長助役其他有給吏員の給料及他の給與の事なり

第一欵　市參事會及市吏員ノ組織選任

此欵には市行政の機關たる市參事會の組織及市吏員の選擧任命の事を揭く

第四十九條　市ニ市參事會ヲ置キ左ノ吏員ヲ以テ之ヲ組織ス

一　市長　一名

二　助役　東京ハ三名京都大阪ハ各二名其他ハ一名

三　名譽職參事會員　東京ハ十二名京都大阪ハ各九名其他ハ六名

助役及名譽職參事會員ハ市條例ヲ以テ其定員ヲ增減スルコトヲ得

本條は市の行政機關たる市參事會の組織を定めたるものなり參事會は集議體にして之か

首領を市長とす市參事會は他に對しては其市を代表す又市參事會員其他の市吏員は總て市の行政機關なれは其國に對する關係に於て中央官廳の行政官吏とは自ら直接間接の別なきを得す然れとも市は町村と同樣に國の最下級の自治體にして素より國の一部分なるに相違なし是を以て國は其事務の一部を以て國の一部分なる市に委任する場合に於ては市參事會其他の市吏員は之を執行せさるへからさるは既に此市制第三十條にも明文あり故に或る時は市長其他市吏員は國と市とに兩屬する場合あるへし東京京都大阪の助役名譽職參事會員の定員に不同あるは其地の情況に應したるものなり其他の市も亦た必す本條規定の如くにして定員を增減すへからす然れとも已を得さる時に限り市條例を以て定員の增減をなすは格別なりとす

〔參照〕 市廳ハ市長一名ト其代理タル副市長又ハ二等市長一名及助役數名並事務ノ緊關ナル都市ニ在テハ此他給料アル廳員一名又ハ數名ヲ以テ之ヲ編制ス其都市人口ノ多少ニ準シ左ノ比例ヲ以テ助役ヲ置クヘシ

人口二千五百以下ノ都市ハ助役二名
同　一萬〇〇〇一乃至三萬ハ同六名
同　三萬〇〇〇一乃至六萬ハ同八名
同　六萬〇〇〇一乃至十萬ハ同十名
同　十萬以上ニ至レハ五萬每ニ同二名ヲ加フ

從來廳員ノ數前例ニ異ナル地ニ於テハ他日申合規則ニ依テ改正ヲ行フマテ姑ク其數ヲ存スヘシ

市長ハ一名助役ハ數名其市ノ組織ニ依リテ少キハ四名多キハ十六名ニシテ區々一樣ナラス(英國市治條例)

〇各邑ニ於テ邑會員ノ內ヨリ邑長一名書記一名若クハ數名ヲ選擧ス

書記ノ數ハ人口二千五百人及以下ハ一名二千五百一人乃至一萬人ハ二名其以上ノ人口アル邑ハ毎二萬五千人ニ書記一名ヲ増ス但書記ノ數ハ十二名ヲ超ユルヲ得ス(佛國邑會組織及職制第七十三條)

第五十條　市長ハ有給吏員トス其任期ハ六年トシ內務大臣市會ヲシテ候補者三名ヲ推薦セシメ上奏裁可ヲ請フ可シ若シ其裁可ヲ得サルトキハ再推薦ヲ爲サシム可シ再推薦ニシテ猶裁可ヲ得サルトキハ追テ推薦セシメ裁可ヲ得ルニ至ルノ間內務大臣ハ臨時代理者ヲ選任シ又ハ市費ヲ以テ官吏ヲ派遣シ市長ノ職務ヲ管掌セシム可シ

市長は助役と同しく有給吏員にして之を名譽職とせす又其一任期を六年と定めたり市長は其市の首領にして其簡選を鄭重愼密になし朝廷の待遇も亦尋常官吏と格別にせらるへし故に本條の規定に於ては內務大臣市會に令して其市公民中(市公民中に萬一適當の人物なきときは市外の者にても選拔することあるへし)市長に適任と認むる者三名を選拔せしめ之を市長の候補者となし上奏して陛下の親裁を仰き奉るへし右は本邦に於て未曾有の吏員選任法なりと雖も歐洲各國には其例往々之ありと云ふ又再回推薦をなさしむるは變例にして此の如き場合の屢〻之あるは市の爲めに喜はさる所にして決して之なきを希ふなり又此制に於ても市會より推薦したる人物三名とも裁可を得さる如き事は絶無稀有なりと認めたり然れとも法律は萬一を期して之に對するの備なきを得さるものなり故

に本條の後段に其處分法を揭け市より中正の人士を推薦せす其一市の秩序を紊亂し其市民の利益を破壞せんとする時に際したる臨機の用に備へられたるは萬一にも政論軋轢の餘波地方の自治に及ふの不幸あるに方りては極めて肝要なる處分法なるへし

蓋し市長の推薦は再ひ之を爲すの不幸なく必ず裁可を得るを常例となすへきものなり又內務大臣より親裁を仰き奉りし候補者は市長たるに不適當と認められたるとき直に官選の法を用ひす更に市會に令して推薦をなさしむるは是れ市會の權利を尊重し且市吏員は公選を原則となすに由るなり併し再推薦にして適當の人物を得さるときは內務大臣は市公民中より代理者を選任し又は官吏を派遣して市長の職務を攝理せしむるものとす是れ亦臨機已を得さるの處分法と謂ふへし

〔參照〕副市長及助役ハ六年ノ任期ヲ以テシ市長及自餘ノ給料アル廳員ハ十二年ノ任期ヲ以テ市會之ヲ選擧ス其副市長モ亦俸給ヲ與テ選任スルヲ得此場合ニ於テ其任期ハ同ク十二年トス

助役ノ半ハ三年毎ニ之ヲ退任セシメ新撰擧ニ依テ之ヲ補充ス其第一回ノ退任者ハ抽籤ヲ以テ之ヲ定メ其退任者ハ再選セラルヽヲ得臨時ノ補缺選擧ニ付テハ第二十一條ノ例規ヲ準用スヘシ（孛國市治章程第三十一條）

當選ノ市長副市長助役及其他給料アル廳員ハ認可ヲ受クルヲ要ス其例左ノ如シ

第一　人口一萬以上ナル都市ノ市長及副市長ハ皇帝之ヲ認可ス

第二　同一萬以下ナル都市ノ市長及副市長並ニ都市ノ大小ヲ問ハス各助役及其他ノ給料アル廳員ハ縣廳之ヲ認可ス

若シ其認可ヲ受ケ得サルトキハ市會ニ於テ更ニ選擧ヲ行ヒ此選擧モ亦認可ヲ受ケ得サルトキハ縣廳ハ特ニ委員ヲ發遣シ都市ノ費用ヲ以テ假ニ該市ヲ管理セシムルノ權ヲ有ス

市會ニ於テ其選擧スルヲ拒ミ又ハ第一選擧ノ後其認可ヲ受ケサル者ヲ再選シタルトキモ亦前例ニ準ス委員ハ市會ニ於テ再選ヲ行ヒ皇帝若クハ縣廳ノ認可ヲ受クルニ至ルマテ都市ヲ管理ス市會ハ亦何時ニテモ選擧ヲ繰返スヲ得ヘシ（同上第三十三條）

○市長ハ市會之ヲ選擧シ其任期ハ一年トス（英國市治條例）

○邑長書記邑會員ノ職務ハ無給トス

特別委任事務施行上ヨリ生スル費用ハ之ヲ償還ス

邑會ハ邑ノ通常ノ税源ニ依リ接待費トシテ邑長ニ手當ヲ給與スルコトヲ得（佛國邑會組織及職制第七十四條）

邑長及書記ノ任期ハ邑會議員ノ任期ト同一トス（同上第八十一條第一項）

第五十一條　助役及名譽職參事會員ハ市會之ヲ選擧ス其選擧ハ第四十四條ニ依テ行フ可シ但投票同數ナルトキハ抽籤ノ法ニ依ラス府縣參事會之ヲ決ス可シ

助役及名譽職參事會員は市會に於て第四十四條選擧手續に從ひ之を選擧す若し其投票同數なるときは他の吏員を選擧するときの如く抽籤法に依らす府縣參事會にて其當選を決すへし蓋し市參事會は府縣知事の監督に屬するを以て本條の場合の如きは監督者の見込を以て技能を選はしむるを當然なりとす

第五十二條　助役ハ有給吏員トシ其任期ハ六年トス

助役ノ選擧ハ府縣知事ノ認可ヲ受クルコトヲ要ス若シ其認可ヲ得サル

トキハ再選擧ヲ爲ス可シ再選擧ニシテ猶其認可ヲ得サルトキハ追テ選擧ヲ行ヒ認可ヲ得ルニ至ルノ間府縣知事ハ臨時代理者ヲ選任シ又ハ市費ヲ以テ官吏ヲ派遣シ助役ノ職務ヲ管掌セシム可シ

市長及助役に限りて有給職となすは市長助役は事務繁忙にして自己の營業の傍に之を爲し得へからさるを以てなり其給料の多寡は市條例の規定する所に據るへし又助役は副市長の職を行ふものなるを以て監督權ある府縣知事に於て之か認可をなすは行政監督上に於て必要の事なり而して其再選擧をなさしむる場合は市長の再推薦と異なることなし

〔參照〕助役ノ任期ハ三年トス（英國市治條例）

第五十三條　市長及助役ハ其市公民タル者ニ限ラス但其任ヲ受クルトキハ其公民タルノ權ヲ得

市長及助役を必す市公民中より選出するものと限るときは吏務に熟練の人物を得るに困難なしとせす因て此制に於ては市會多數の欲する所に從ひ他貫の人と雖も之を選擧し得るの自由を與へたり故に他貫の人にして市長又は助役の任を受けたるときは同時に其市の公民たるの權利を享有するものと定めたり

第五十四條　名譽職參事會員ハ其市公民中年齢滿三十歳以上ニシテ選擧

權ヲ有スル者ヨリ之ヲ選擧ス其任期ハ四年トス任期滿限ノ後ト雖モ後任者就職ノ日迄在職スルモノトス
名譽職參事會員ハ毎二年其半數ヲ改選ス若シ二分シ難キトキハ初回ニ於テ多數ノ一半ヲ退任セシム初回ノ退任者ハ抽籤ヲ以テ之ヲ定ム但退任者ハ再選セラルヽコトヲ得
若シ闕員アルトキハ其殘任期ヲ補充スル爲メ直ニ補闕選擧ヲ爲ス可シ

名譽職參事會員は市の行政機關の一にして其常職は市長の評議役なり而して其資格は第八條の公民にして年齡は滿三十歲以上にして選擧權を有する者に限るなり其市會議員と市參事會員との間に年齡の等差を付したるは蓋し議政と行政とは其職務上自ら別ありて行政には學識の外に熟練を要するを以てなり又其任期は四年なれとも任期滿限の後後任參事會員就職の日迄は勤續するの義務ありとす
名譽職參事會員ハ毎二年其半數つゝ改選を行ふなり若し定員奇數にして二分し難きときハ初回改選のとき多數の一半例へは定員十九名ならは十名を改選す又初回の退任者は抽籤を以て之を定むることと市會議員の改選の塲合に同し又退任者は直に再選せらるゝを得ると雖も爾後四年間は第八條第二項第五の明文に依り其選擧を辭するは其人の隨意たり

若シ名譽職參事會員に缺員を生したるときは市會は直に其補缺選擧をなすへし是れ參事會員は其市の行政吏員なれは其職を一日も虛くするを得さるを以てなり

第五十五條　市長及助役其他參事會員ハ第十五條第二項ニ揭載スル職ヲ兼ヌルコトヲ得ス同條第四項ニ揭載スル者ハ名譽職參事會員ニ選擧セラルヽコトヲ得ス

父子兄弟タルノ緣故アル者ハ同時ニ市參事會員タルコトヲ得ス若シ其緣故アル者市長ノ任ヲ受クルトキハ其緣故アル市參事會員ハ其職ヲ退ク可シ其他ハ第十五條第五項ヲ適用ス

市長及助役ハ三ケ月前ニ申立ツルトキハ隨時退職ヲ求ムルコトヲ得此場合ニ於テハ退隱料ヲ受クルノ權ヲ失フモノトス

市長及助役其他參事會員をして第十五條第二項に揭くる府縣の吏員其他の職務を兼任するを得せしめさるは議員の例に同し又代言人に非すして他人の代理を業とする者の名譽職參事會員に選擧せらるゝを禁したるは其理由議員の場合に同し

父子兄弟の緣故ある者の同時に市參事會員たるを禁したる理由も亦第十五條第五項議員の場合に同し

市長及助役は名譽職にあらさるにより退職は其人の隨意たりと雖も必す三ヶ月前に其旨を市會に申立市會をして代員の選擧を行ふの猶豫を有せしむへし又隨意に退職するときは退隱料を受くる權を失ふと定めたるは普通の規則に依れるものなり

〔參照〕 廳員タルヲ得サル者左ノ如シ

第一　該都市ヲ監督スル廳ノ官吏（第七十六條）

第二　市會議員都市ノ屬吏及人口一萬以上ノ都市ニ於テハ市稅收集人（第五十六條第六項）

第三　僧侶寺吏及公立學校敎員

第四　裁判官但商法裁判所工業裁判所及之ニ均シキ裁判所ノ技術官吏ハ之ヲ除ク

第五　撿事官

第六　警察官

父子、外舅、女婿、兄弟及姉妹ノ夫ハ同時ニ廳員タルヲ得ス

任期中廳員相ヒ婚シ親屬トナレハ其支障ヲ起セシ者ヲ退任セシムヘシ

父子、外舅、女婿及兄弟ハ同時ニ廳員及議員タルヲ得ス

千八百三十五年二月七日公布ノ條例ニ記スル職業ヲ營ム者ハ市長タルヲ得ス（孛國市治章程第三十條）

○左記ノ者ハ邑長或ハ書記タルヲ得ス仍ホ臨時タリトモ其職ヲ奉スルコトヲ得ス

大藏省ノ官吏

各縣ニ一名宛派遣ノ收稅長

各區ニ派遣ノ收稅官

邑ニ派遣ノ收稅官

山林官

郵便電信官

公共營造物及私立營造物監守人

邑長ヨリ俸給ヲ受ケタル者ハ書記タルヲ得ス（佛國邑會組織及職制第八十條）

第五十六條　市長及助役ハ他ノ有給ノ職務ヲ兼任シ又ハ株式會社ノ社長及重役トナルコトヲ得ス其他ノ營業ハ府縣知事ノ認許ヲ得ルニ非サレハ之ヲ爲スコトヲ得ス

本條は市長及助役の服務紀律にして市長及助役は其市より給料を受け專ら市の爲めに鞠躬盡力すへき責あるを以て他に給料を受け職務を兼任し又は株式會社即ち營利事業會社の役員たるを禁せり但其他通常の營業又は自家傳來の商業は府縣知事の認許を受くるときは之を爲すことを得るなり蓋し市長及助役は有任期の吏員なれは一旦選任の爲めに其傳來の家業を廢停せしむるとせは其人の迷惑は更なり却て適當の人物をして市長又は助役の職に就くを厭嫌せしむるに至るの恐れあれはなり

第五十七條　名譽職參事會員ノ選擧ニ付テハ市參事會自ラ其效力ノ有無ヲ議決ス

當選者中其資格ノ要件ヲ有セサル者アルコトヲ發見シ又ハ就職後其要件ヲ失フ者アルトキハ其人ノ當選ハ效力ヲ失フモノトス其要件ノ有無

ハ市參事會之ヲ議決ス其議決ニ不服アル者ハ府縣參事會ニ訴願シ其府縣參事會ノ裁決ニ不服アル者ハ行政裁判所ニ出訴スルコトヲ得其他ハ第三十五條末項ヲ適用ス

名譽職參事會員選擧の效力の有無及其當選者中第七條要件の有無は市參事會に於て之を議決し市會の裁決に付せさるは實際の便を圖るに由れり其市參事會の議決に不服あるとき訴願及出訴をなすを得るは總て市會議員の場合に同し

第五十八條　市ニ收入役一名ヲ置ク收入役ハ市參事會ノ推薦ニ依リ市會之ヲ選任ス

收入役ハ市參事會員ヲ兼ヌルコトヲ得ス

收入役ノ選任ハ府縣知事ノ認可ヲ受クルコトヲ要ス其他ハ第五十一條、第五十二條、第五十三條、第五十五條及第七十六條ヲ適用ス

收入役ハ身元保證金ヲ出ス可シ

市に會計專務吏員として收入役一名を置き市の出納を掌とらしむる爲め市參事會より適當の人物を推薦し市會に於て之を選任するなり收入役は參事會員の職を兼任するを得す

としたるは參事會は收支命令者にして收入役は出納者なるを以てなり

又收入役の選任に監督官廳なる府縣知事の認可を要するは其職掌助役に亞き重要なるを以てなり其他選擧幷再選擧の手續、公民權に關する事、他職を兼務し幷父子兄弟同時に在職するを得さる事及市會の議決を以て給料を定むるとき府縣知事の認可を受くへき事は總て助役の塲合に同し

收入役は市會の議決する所に從ひ其身元保證金を出すへきものとす蓋し金錢出納專務吏員に保證金を徵するは各國の通例なり

第五十九條　市ニ書記其他必要ノ附屬員並使丁ヲ置キ相當ノ給料ヲ給ス其人員ハ市會ノ議決ヲ以テ之ヲ定メ市參事會之ヲ任用ス

書記其他筆生小使等の定員は市會の議決に依ると雖も之を任用するは市參事會の職權に屬す

第六十條　凡市ハ處務便宜ノ爲メ市參事會ノ意見ヲ以テ之ヲ數區ニ分チ每區區長及其代理者各一名ヲ置クコトヲ得區長及其代理者ハ名譽職トス但東京京都大阪ニ於テハ區長ヲ有給吏員ト爲スコトヲ得

區長及其代理者ハ市會ニ於テ其區若クハ隣區ノ公民中選擧權ヲ有スル

者ヨリ之ヲ選擧ス區會(第百十三條)ヲ設クル區ニ於テハ其區會ニ於テ之ヲ選擧ス但東京京都大阪ニ於テハ市參事會之ヲ選任ス

東京京都大阪ニ於テハ前條ニ依リ區ニ附屬員並使丁ヲ置クコトヲ得

本條は東京京都大阪の如き人口稠密區域廣濶の地に最も必要なり凡そ市は其便宜を謀りて數區に分畫し每區に無給の區長及其代理者一名を置き市の事務を分擔せしむるを得又此に所謂る區長は現今區制の區長とは全く其性質を異にするものたるを知らさるへからす又東京京都大阪市內の區長に限りて有給吏員となすを得るは或る場合に於ては事務繁劇にして營業の餘力を以て勤務し能はさるの事情なしとせされはなり

市會に於て區長及其代理者を選擧するに其區內の公民に限らす其隣區よりも之を選擧するを得せしむるは其選擇の區域を寬廣ならしむるの旨趣に外ならさるへし然れとも特別財産を有し別に一區を爲し其區會を設くる所に於ては市會の干與を受けす其區會に於て

本條の區長及其代理者を選擧すへし但區の實際の事務は市參事會の支部たるに過きさるを以て東京京都大阪の如き人民輻湊人事錯雜の市に於ては其行政機關なる市參事會をして區長等を選任せしめ代議機關なる市會をして之を行はしめさるを便とす又三市に限りて附屬員及使丁を置くを許すは蓋し區に依りては事務煩雜にして區長及代理者にて措辨に堪へさるの場合あるに由れり

〔參照〕境域ノ廣濶ナルカ又ハ人口ノ衆多ナル都市ハ市會ノ意見ヲ徵シタル上市廳ニ於テ之ヲ數區ニ分畫スヘシ各區ニ區長一名ヲ置ク區長ハ該區內ノ參決權アル市民中ヨリ六年ノ任期ヲ以テ市會之ヲ選擧シ市廳之ヲ認可ス又區長ニ故障アル時ヲ慮リ同上ノ手續ヲ以テ其代理者一名ヲ置クヘシ區長ハ市長ノ隸屬ニシテ其命令ヲ遵奉シ特ニ區內ノ事務ニ付テハ市長ヲ助力スルノ義務アリ（孛國市治章程第六十條）

○市ハ數區ニ分畫スルヲ通例トス（英國市治條例）

第六十一條　市ハ市會ノ議決ニ依リ臨時又ハ常設ノ委員ヲ置クコトヲ得

其委員ハ名譽職トス

委員ハ市參事會員又ハ市會議員ヲ以テ之ニ充テ又ハ市參事會員及市會議員ヲ以テ之ヲ組織シ又ハ會員議員ト市公民中選擧權ヲ有スル者トヲ以テ之ヲ組織シ市參事會員一名ヲ以テ委員長トス

委員中市會議員ヨリ出ツル者ハ市會之ヲ選擧シ選擧權ヲ有スル公民ヨリ出ツル者ハ市參事會之ヲ選擧シ其他ノ委員ハ市長之ヲ選任ス

常設委員ノ組織ニ關シテハ市條例ヲ以テ別段ノ規定ヲ設クルコトヲ得

委員に二種あり臨時及常設とす市會の議決を以て之を置き別に給料を給せす委員は從前の勸業委員衞生委員の類にして特に此制度に於て之を設くる所以は委員は市

民をして自治の制に習熟せしむるの益あり且自ら實務の經驗を積み施政の難易を了知するを得せしむる等の便あれはなり又大なる市に於ては今後務めて委員を設け共同協議して事務を處理するの良慣習を養成し間接に代議機關と行政機關との軋轢を防止せすんはあるへからす是れ當務者の注意を要する所なり

委員は參事會員議員又は市公民を以て之に充て又は其三者を合同組織するは前に述へたる兩機關の軋轢を防止するの便且益ありとす其委員長を市の行政機關たる參事會員となすは委員處理の事務たる概ね市の行政事務に外ならされはなり

委員の選擧權を三個に區別したるは其選擧の偏頗に流れさるを期するに由る又市は常設委員の組織上に付ては前項に拘はらす市條例を以て特別の規則方法を設くることを得へ

〔參照〕凡ソ一事務ヲ管理若クハ監督セシメンカ爲メ又ハ一時ノ委任ヲ行ハシムルカ爲メ市廳ノ吏員ヲ以テシ又ハ市廳ト市會ノ議員ヲ併セ又ハ市廳及市會議員ニ他ノ參決權アル市民ヲ加ヘテ別段ノ委員ヲ設クルヲ得但市廳ト市會ノ連合委員ヲ設クルニハ兩廳ノ協議一決ヲ要ス
委員ハ事務上ニ於テ市廳ニ隷屬スト雖モ其市會議員又ハ參決權アル市民ヨリ出ツル者ハ市會ニ於テ之ヲ選擧シ其市廳ヨリ出ル者ハ市長之ヲ任シ且市長ハ其市廳ヨリ出ル者ノ中ヲ拔テ委員長ヲ命スヘシ
但常置委員ノ編制ハ各地固有ノ事情ニ應シ都市申合規則ニ依テ別ニ章程ヲ設クルヲ得（孛國市治章程第五十九條）
○市會ハ其議員ニ常置又ハ特別委員ヲ命スルコトヲ得（英國市治條例）

第六十二條　區長及委員ニハ職務取扱ノ爲メニ要スル實費辨償ノ外市會

ノ議決ニ依リ勤務ニ相當スル報酬ヲ給スルコトヲ得

區長及委員は無給なりと雖も執務上に要する旅費辨當料等の實費は之を市より補給して本人に損失を負はしめさるへきは勿論其他市會の議決に依り勤務の勞に相當する報酬金を與ふることもあるへきなり

第六十三條　市吏員ハ任期滿限ノ後再選セラルヽコトヲ得

市吏員及使丁ハ別段ノ規定又ハ規約アルモノヲ除クノ外隨時解職スルコトヲ得

任期ある市吏員其任期滿限の後再選せらるゝを得るは其理由第十六條の議員に同し任用の際任期等の契約又は市條例の規定なき市吏員及小使は何時にても解職するを得へし

第二欵　市參事會及市吏員ノ職務權限及處務規程

此欵には市の行政機關の職務章程其權力の限界及事務執行の細則及程度を掲く

第六十四條　市參事會ハ其市ヲ統轄シ其行政事務ヲ擔任ス

市參事會ノ擔任スル事務ノ概目左ノ如シ

一　市會ノ議事ヲ準備シ及其議決ヲ執行スル事若シ市會ノ議決其權限

ヲ越エ法律命令ニ背キ又ハ公衆ノ利益ヲ害スト認ムルトキハ市參事會ハ自己ノ意見ニ由リ又ハ監督官廳ノ指揮ニ由リ理由ヲ示シテ議決ノ執行ヲ停止シ之ヲ再議セシメ猶其議決ヲ更メサルトキハ府縣參事會ノ裁決ヲ請フ可シ其權限ヲ越エ又ハ法律勅令ニ背クニ依テ議決ノ執行ヲ停止シタル塲合ニ於テ府縣參事會ノ裁決ニ不服アルハ者ハ行政裁判所ニ出訴スルコトヲ得

二 市ノ設置ニ係ル營造物ヲ管理スル事若シ特ニ之カ管理者アルトキハ其事務ヲ監督スル事

三 市ノ歳入ヲ管理シ歳入出豫算表其他市會ノ議決ニ依テ定マリタル收入支出ヲ命令シ會計及出納ヲ監視スル事

四 市ノ權利ヲ保護シ市有財産ヲ管理スル事

五 市吏員及使丁ヲ監督シ市長ヲ除クノ外其他ニ對シ懲戒處分ヲ行フ事其懲戒處分ハ譴責及十圓以下ノ過怠金トス

六 市ノ諸證書及公文書類ヲ保管スル事

七　外部ニ對シテ市ヲ代表シ市ノ名義ヲ以テ其訴訟並和解ニ關シ又ハ他廳若クハ人民ト商議スル事

八　法律勅令ニ依リ又ハ市會ノ議決ニ從テ使用料、手數料、市稅及夫役現品ヲ賦課徵收スル事

九　其他法律命令又ハ上司ノ指令ニ依テ市參事會ニ委任シタル事務ヲ處理スル事

本條は市參事會の職權を示したるものなり抑も市參事會は第四十九條の區別に從ひ市長助役及名譽職參事會員より組織したる集議體にして町村制に於ける町村長の如く其市の行政事務を負擔執行するを掌る而して其擔任する事務を類別すれは其概畧は左に揭くるか如し

一　市會議事の準備即ち歲入出豫算其他議按を調製し及市會の議決に從ひ市に屬する事業即ち第三十一條に揭くる諸件を執行する事、市會の議決法律勅令閣令省令府縣令等に背き又は市の權限外に涉り又は市の不利益と認むるとき市參事會は其理由を市會に示して議決の執行を停め更に其事件を市會の再議に付する事、若し市會固執して前の議決を動かさゝるときは府縣參事會に申立て其裁決を請ふへし但市參事會より法律勅

令の明文に抵觸したるの理由にて市會の議決の執行を停止したる場合に於ける府縣參事會の裁決に不服ある者に限りては行政裁判所に訴へ出ることを得るなり

二　市の設置に係る學校病院水道其他營造物を管理保存する事但特置の管理人あるときは其事務を監督する事

三　市の歲入即ち市稅手數料其他の收入を管理し市稅手數料等の納額を納人に命令徵收し又費用の支出を命令し及市の會計及收入役にて取扱ふ出納を監視する事

四　市の民法上の權利を保護し市の共用財產を管理保存する事

五　市長を除くの外市吏員を懲戒するの權を有し及之を督勵する事

六　市の證書幷公文書類の管理保存をなす事

七　市外に對して市を代表し訴訟和解商議をなす事

八　法律勅令の定むる所又は市會の議定する所に依り市稅手數料等の賦課徵收をなす事

九　以上揭くる事項の外法律勅令閣令省令府縣令又は上官の指令を以て市參事會へ委任したる事務を處理する事

〔參照〕市廳ハ都市ノ主宰ニシテ特ニ左ノ件々ヲ掌ル

第一　法律布令並ニ本屬上司ノ命令ヲ施行スル事

第二　市會ノ議按ヲ起草シ其決議ヲ認可シ及之ヲ施行スル事

市廳ハ市會決議ノ其權限ヲ越エ法律又ハ條理ニ背戾シ國安又ハ都市ノ公益ヲ傷害スルモノト認ムルトキハ之ヲ認可セス又之ヲ施行セサルノ權ヲ有ス但右等ノ場合ニ於テハ第三十六條ノ例規ニ依テ處理スヘシ

第三　都市公立廨舍ヲ管理シ及別段ノ管理局ヲ置クトキハ則該局ヲ監督スル事
第四　都市ノ收入ヲ管理シ定額豫算又ハ臨時ノ市會決議ニ基キタル收入支出ヲ處辦シ計算及出納ヲ監督シ各定期ノ出納檢査ニ方テハ市會ヨリ議員一名ノ參會ヲ請フ事
第五　都市ノ共有物ヲ管理シ其權利ヲ保持スル事
第六　市會ニ協議シタル後都市ノ吏員ヲ選任シ及之ヲ監督スル事、但一時經過ノ事務ニ非ルモノハ終身ヲ以テ之ヲ任シ其器械的ニ服務スル小吏ハ豫期解任ノ約ヲ以テ之ヲ雇入スルヲ得、市吏ノ收ムヘキ保證金ハ市會ノ意見ヲ聞タル上市廳之ヲ定ム、人口一萬以上ノ都市（第三十條第二項）ニ於テハ市會ニ協議シ且縣廳ノ許可ヲ得タル上都市收税ノ事務ヲ以テ都市出納吏ニ委任スルヲ得
第七　都市ノ證書及各書類ヲ保存スル事
第八　他方ニ對シテ都市ヲ代理シ都市ノ名義ヲ以テ各廳及私人ト對談シ、文書往復ヲ掌リ、都市證書ノ原稿ニ署名シ其清書ハ都市ノ名義ヲ以テ市長又ハ其代理者之ニ署名シテ其有效ナルコトヲ著ハシ又其證書ノ爲メ都市ニ於テ義務ヲ受クルトキハ此外尚ホ之ニ廳員一名ノ署名ヲ加ヘ其管轄官廳ノ許可ヲ要スル場合ニ於テハ證印ヲ備ヘタル許可書ヲ其證書ニ添付スヘシ
第九　法律及決議ニ照依シテ市税及夫役ヲ其義務者中ニ賦課シ及之ヲ徵收スル事（孛國市治章程第五十六條）

○邑長ハ邑會ノ檢査及政府ノ監督ヲ請ケ左ノ事項ヲ擔任ス
第一　邑ノ所得物ニ關シ權利保有ノ事
第二　邑ノ所得ヲ支配シ邑立ノ建物及邑ノ計算ヲ監督スル事
第三　邑ノ經費ヲ調整シテ議案ヲ作リ及支拂ヲ命スル事
第四　邑ノ工事ヲ處理スル事
第五　邑持ノ道路ニ關スル處分ノ事
第六　市場ノ認可及此法律第六十八條第六十九條及ヒ其他ノ法律規則ニ依リ邑ノ事業ニ屬スル入札又ハ邑ノ財産貸渡書取替セノ事

第七　賣渡、交換、分割、遺物及寄附物受入レ、購入、和解ノ約束等ノ事柄ヲ此法律ニ依リ許シタル法式ニ遵ヒ施行スル事
第八　訴訟ニ關シ原被トモ邑ヲ代表スル事
第九　森林中ニテ遊獵權ヲ有スル者ト協議シ千八百四十四年五月三日法律第九條ニ依リ縣知事ノ布達ニ定メタル有害ノ動物撲殺ニ必用ナル處分ノ事（下略）
第十　邑會ノ決議ヲ一般ニ施行ノ事（佛國邑會組織及職制第九十條）

第六十五條　市參事會ハ議長又ハ其代理者及名譽職會員定員三分ノ一以上出席スルトキハ議決ヲ爲スコトヲ得
其議決ハ可否ノ多數ニ依リ之ヲ定ム可否同數ナルトキハ議長ノ可否スル所ニ依ル
議決ノ事件ハ之ヲ議事錄ニ登記ス可シ
市參事會ノ議決其權限ヲ越エ法律命令ニ背キ又ハ公衆ノ利益ヲ害スト認ムルトキハ市長ハ自己ノ意見ニ由リ又ハ監督官廳ノ指揮ニ由リ理由ヲ示シテ議決ノ執行ヲ停止シ府縣參事會ノ裁決ヲ請フ可シ其權限ヲ越エ又ハ法律勅令ニ背クニ依テ議決ノ執行ヲ停止シタル塲合ニ於テ府縣參事會ノ裁決ニ不服アル者ハ行政裁判所ニ出訴スルコトヲ得

本條は市參事會の議事規則を示したるものにして市參事會は議長即ち市長を除き名譽職參事會員定員三分一以上(例へは東京にては四名以上)出席するにあらされは議事を開くを得す又東京京都大阪に於ては必す助役一名以上其會議に列席するを以て必要となすへし

市參事會の議決法は過半數の法に依る其可否同數のとき之を決するの權は議長即ち市長に在り

議決の事項は其會議毎に書記をして其要領を記錄せしめ置くへし

若し市會の議決法律勅令閣令省令府縣令に背き又は權限外に涉り又は市の不利益と認めたるとき市會の議長は其本職なる市長の資格を以て以上の理由を示し市參事會の議決の執行を停止して府縣參事會の裁決を仰くへし其法律勅令に背きたる塲合に於て出訴を許したるは第六十四條第二項第一の市會に同し

〔參照〕市廳ハ其吏員ノ半數以上出席スルニ非サレハ事ヲ決議スルヲ得ス但人口一萬以上ノ都市ニ在テハ三分一ニ過クルヲ以テ足レリトス

議事ハ多數ニ依テ決ス其數相半スルトキハ議長之ヲ決ス議長ハ市長又ハ其代理者ヲ以テ之ニ充ツ議長ハ市廳決議ノ其權限ヲ超エ法律又ハ條理ニ背戾シ國安又ハ都市ノ公益ヲ妨害スルモノト認ムルトキハ其施行ヲ停止シ而シテ縣廳ノ裁決ヲ乞フヘシ副市長ハ議長代理トナリタルトキノ外亦評議及決議ニ參與スルヲ得ヘシ

一廳員ノ私事又ハ其親族ノ私事ニ關スル事件ヲ評議スルトキハ其廳員ハ其評議及決議ニ參與スルヲ得ス且評議中ハ必ス議場ヲ去ルヘシ(孛國市治章程第五十七條)

○市會ハ議員三分一以上出席スルニアラサレハ之ヲ開クヲ得ス又議事ハ總テ多數決ニ依ル其議長ハ市長之ヲ勤メ市長缺席スルトキハ助役、助役缺席スルトキハ議員中ヨリ議長ヲ選擧ス議事ノ可否同數ナルトキハ議長之ヲ決ス
（英國市治條例第六十九條）

第六十六條　第四十三條ノ規定ハ市參事會ニモ亦之ヲ適用ス但同條ノ規定ニ從ヒ市參事會正當ノ會議ヲ開クコトヲ得サルトキハ市會之ニ代テ議決スルモノトス

第四十三條の規定に依り市參事會員も亦自己若くは父母養父母兄弟姊妹妻子養子の身上に關する議決に參與するを得す故に若し參事會員缺席の爲め會議を開くを得さるときは市會之に代り議決するものとす第四十三條市會を開くを得さる場合に於て府縣參事會之に代り議決するの法と互に照應せしめたるものなり

第六十七條　市長ハ市政一切ノ事務ヲ指揮監督シ處務ノ澁滯ナキコトヲ務ム可シ

市長ハ市參事會ヲ召集シ之カ議長トナル市長故障アルトキハ其代理者ヲ以テ之ニ充ツ

市長ハ市參事會ノ議事ヲ準備シ其議決ヲ執行シ市參事會ノ名ヲ以テ文書ノ往復ヲ爲シ及之ニ署名ス

市長の職掌は市の固有の事務を處理すると國の委任の事務を處理するの二者とす故に固有の事務は市參事會の議決に依り之を處理すへく又委任の事務は自治體なる市に分權委任したるものにあらす國家行政上の便宜の爲め特に市の首領なる市長に委任するものなり是を以て委任事務は市參事會の參與を受けす市長の專行に屬するなり

本條は市固有の事務に屬する市長の職權を揭けたるものなり市長は市の行政機關の首領たるを以て市政を指揮監督して處務の澁滯なきを務め市參事會を招集し自ら其議長となり議案を調製し又其議決を執行するの責任あり且他に對し市の公文を發するには「何市參事會」「市長何某」と署名すへし

〔參照〕 市長ハ市政事務ノ全局ヲ統理監督ス（孛國市治章程第五十八條第一項）

第六十八條　急施ヲ要スル塲合ニ於テ市參事會ヲ召集スルノ暇ナキトキハ市長ハ市參事會ノ事務ヲ專決處分シ次回ノ會議ニ於テ其處分ヲ報告ス可シ

天災事變等の爲め急施を要し會議を開くの暇なきときは市長は市參事會の事務即ち第六十四條に揭けたる事務と雖も之を專決するを得併し乍ら次回の會議には必す之を市參事會に報告し其承認を受くるを要するなり

〔參照〕 若シ議事ヲ衆議ニ付スル塲合ニ於テ徒ニ時間ヲ費シ爲ニ害アリト察スルトキハ市長獨斷ヲ以テ假ニ市廳擔當ノ事務ヲ處辨スヘシ但次回ノ會議ニ至リ之ヲ衆員ニ報告シ其承認ヲ受クルカ又ハ更ニ例外ノ決議ヲ取ルヘシ（孛國市

治章程第五十八條第二項）

第六十九條　市參事會員ハ市長ノ職務ヲ補助シ市長故障アルトキ之ヲ代理ス

市長ハ市會ノ同意ヲ得テ市參事會員ヲシテ市行政事務ノ一部ヲ分掌セシムルコトヲ得此場合ニ於テハ名譽職會員ハ職務取扱ノ爲メニ要スル實費辨償ノ外勤務ニ相當スル報酬ヲ受クルコトヲ得

市條例ヲ以テ助役及名譽職會員ノ特別ナル職務竝市長代理ノ順序ヲ規定ス可シ若シ條例ノ規定ナキトキハ府縣知事ノ定ムル所ニ從ヒ上席者之ヲ代理ス可シ

助役及名譽職參事會員は市會中に在ては市長と同等の權を有すと雖も市の行政事務執行上に於ては市長の補助員の地位に在るものとす市長故障あるとき其代理をなすは補助役の任たる勿論とす

市長は市會の同意を得て市の行政事務の一部例へは土木衞生若くは敎育の事務を參事會員に分掌せしめ各其專任を定むることを得此分業法は東京京都大阪の如き大市には最も適切の方法なりとす此場合に於ては名譽職參事會員は市長の職務の一部を分擔するを

以て其勞動に相當する報酬金を市會より受くるの權あるへし
前項職務分掌幷市長代理の順序は其地方の便宜を裁酌し市條例を以て之を規定するを常例となすと雖も若し其規定なきときは市長代理の順序は府縣知事の定むる所の一般の法則に從ふへきものとす

第七十條　市收入役ハ市ノ收入ヲ受領シ其費用ノ支拂ヲ爲シ其他會計事務ヲ掌ル

本條は收入役の職務を示したるものにして則ち市の稅金其他の收入を受領し市の費用を支拂ひ其外會計上物品の管理出納一切の事務を掌るは其職務なり

第七十一條　書記ハ市長ニ屬シ庶務ヲ分掌ス

書記は市長に屬する市行政上の機械なり市長の指揮命令に從ひ庶務に從事すること現今の區役所書記に同し

第七十二條　區長及其代理者(第六十條)ハ市參事會ノ機關トナリ其指揮命令ヲ受ケテ區內ニ關スル市行政事務ヲ補助執行スルモノトス

第六十條の區長及其代理者は市參事會の指揮命令を受けて其區內の行政事務を掌理するものなり

第七十三條　委員ハ(第六十一條)市參事會ノ監督ニ屬シ市行政事務ノ一部ヲ分掌シ又ハ營造物ヲ管理シ若クハ監督シ又ハ一時ノ委託ヲ以テ事務ヲ處辨スルモノトス

市長ハ隨時委員會ニ列席シテ議決ニ加ハリ其議長タルノ權ヲ有ス常設委員ノ職務權限ニ關シテハ市條例ヲ以テ別段ノ規定ヲ設クルコトヲ得

第六十一條の委員は市參事會の監督を受け市行政事務の一部例へは土木、衞生若くは敎育を分掌し又は學校、病院、水道其他營造物の管理若くは監督の常務に專任し又臨時事件の爲め其調査をなし又は其處辨をなすものなり

市長に委員會の議決に加はり且其議長たるの權を與へたるは市行政を圓滑ならしむるか爲めなり

市條例を以て常設委員の職務權限を規定するを得せしめたるは各地方實際の便益を圖るものに外ならさるなり

第七十四條　市長ハ法律命令ニ從ヒ左ノ事務ヲ管掌ス

一　司法警察補助官タルノ職務及法律命令ニ依テ其管理ニ屬スル地方警察ノ事務但別ニ官署ヲ設ケテ地方警察事務ヲ管掌セシムルトキ

ハ此限ニ在ラス

二　浦役場ノ事務

三　國ノ行政並府縣ノ行政ニシテ市ニ屬スル事務但別ニ吏員ノ設ケアルトキハ此限ニ在ラス

右三項中ノ事務ハ監督官廳ノ許可ヲ得テ之ヲ市參事會員ノ一名ニ分掌セシムルコトヲ得

本條ニ掲載スル事務ヲ執行スルカ爲メニ要スル費用ハ市ノ負擔トス

本條は第六十七條に述へたる國の委任の事務即ち市參事會の參與を受けす市長自ら專行する事務の類別を示したるものにして其別左の如し

一　司法警察補助官となりて職務を行ふ事例へは司法警察官に犯罪捜索の補助をなす事及其管理地方の地方警察の事務を掌り地方の安寧を保つ事此警察組織は將來を期して豫め此法律中に編入したるものならんか但別に地方警察官署ある地方に於ては市長は地方警察を管掌せさるものとす

二　現今浦役場にて管掌する事務即ち海員雇入證書、難破船救護、漂流物取扱等の類なり

三　國稅地方稅の徵收統計報告の類總て現今府縣知事より區戸長に委任したる條件の類

なり但別に其事務管掌の爲め吏員の設けあるときは市長の管掌を要せさるものとす市長に於て監督官廳即ち府縣知事の認可を受けたるときは市の固有事務と同しく委任事務を市參事會員に分掌せしむるを得又委任事務は國の一部なる市に於て國に對する義務として執行するものなるを以て其執行上の費用は市より支辨し國庫の支出を受くるを得さること總て現今の制規に同し

〔參照〕市長ハ成法ノ細則ニ據テ左ノ事務ヲ掌ル

第一項　若シ官ヨリ特ニ警察署ヲ置カサルトキハ左ノ事務ヲ掌ル

第一　都市警察ヲ施行スル事

第二　司法警察ノ助役タルモノヽ當サニ擔任スヘキ事務ヲ行フ事

第三　警察撿事ノ事務ヲ行フ事但右第二項第三項ノ塲合ニ於テ其事務ヲ他ノ吏員ニ委任スルト否トハ市廳ノ決議ニ在ルモノトス又裁判所々在都市ノ市長ニハ其裁判管内ノ警察撿事ヲ委任シ且相當ナル俸給ヲ與フルヲ得其細則ハ別ニ制定スル所ニ從フ

第二項　郡政縣政州政及一般官政事務ノ都市ニ屬スルモノヲ處辨シ殊ニ戶籍簿ヲ修理スル事但別廳ヲ置テ之ニ委任スルモノハ此限ニアラス

右事項ハ事務ニ依リ縣廳ノ許可ヲ受ケ市廳ノ一吏員ニ專任セシムルヲ得ヘシ(孛國市治章程第六十二條)

第三欵　給料及給與

此欵には市長助役其他有給吏員の給料及他の給與の事を掲く

第七十五條　名譽職員ハ此法律中別ニ規定アルモノヲ除クノ外職務取扱ノ爲メニ要スル實費ノ辨償ヲ受クルコトヲ得

實費辨償額及報酬額ハ市會之ヲ議決ス

名譽職員は原來無給なりと雖も第六十九條に於て報酬を受くる等此法律中に別段の規定あるものを除き其餘職務取扱の爲に要する實費は必す其辨償を受くへく又之を受くるの權あり

實費辨償額及報酬額の多寡は市會の議決を以て之を定むるものとす

〔參照〕副市長ニ別段俸給ヲ與ヘサルトキ（第三十一條）縣廳ノ許可ヲ得テ常額ノ報酬金ヲ與フルヲ得市廳助役及市會議員ハ俸給及報酬金ヲ給セス只其擔任事務ヲ行フニ由リ生スル所ノ實費ヲ辨償スルヲ得（孛國市治章程第六十四條第四項）

第七十六條　市長助役其他有給吏員及使丁ノ給料額ハ市會ノ議決ヲ以テ之ヲ定ム

市會ノ議決ヲ以テ市長ノ給料額ヲ定ムルトキハ內務大臣ノ許可ヲ受クルコトヲ要ス若シ之ヲ許可ス可カラスト認ムルトキハ內務大臣之ヲ確定ス

市會ノ議決ヲ以テ助役ノ給料額ヲ定ムルトキハ府縣知事ノ許可ヲ受クルコトヲ要ス府縣知事ニ於テ之ヲ許可ス可カラスト認ムルトキハ府縣參事會ノ議決ニ付シテ之ヲ確定ス

市長助役其他有給吏員ノ給料額ハ市條例ヲ以テ之ヲ規定スルコトヲ得

市長以下の給料を定むるは市會の權に屬すと雖も其給料額の當否は內務大臣の認定を受けさるへからす又內務大臣に於て其額を不相當なりと認むるときは自己の意見に依りて之を確定し市會をして之を遵奉せしむるの權あり又助役は其職掌市長に亞き市の行政上重要の地位に在るを以て其給料額の當否は府縣知事の認定を受けさるへからす府縣知事に於て其額を不相當と認むるときは此旨を示し府縣參事會の議決に依り之を確定す市長以下の給料額は豫め其範圍を設け市條例中に之を規定し置くことを得るなり

〔參照〕 市長及俸給アル廳員ノ給額ハ其確定ノ際必ス縣廳ノ許可ヲ請フ可シ而シテ縣廳ハ職務相當ノ俸給アルヘキコトヲ督責スルノ權利及義務ヲ有ス（孛國市治章程第六十四條第三項）

第七十七條　市條例ノ規定ヲ以テ市長其他有給吏員ノ退隱料ヲ設クルコトヲ得

吏員をして忠直廉潔の志を養ひ永久其職に從事し他顧の念を生せしめさるは退隱料を給するより善きはなし又市吏員は普通官吏の如く昇等增給の望み少なきを以て其退隱料は概ね官吏の恩給に比準して多額なるを當然なりとす

〔參照〕 市長及俸給アル廳員ニシテ其退隱料ニ付別段縣廳ノ許可ヲ得タル契約アルニ非サル者衰老スル歟又ハ職務ノ爲メ身體不具トナリタル者又ハ滿期ノ後再選ヲ受ケサル者ハ左ノ比例ニ依テ退隱料ヲ受クヘシ
勤仕六ケ年以上ハ俸給ノ四分一

同十二ケ年以上ハ俸給ノ二分一
同二十四ケ年以上ハ俸給ノ三分二
終身任期ノ俸給アル廳員ノ別段契約アラサルモノ衰老スル歟又ハ職務ノ爲メ身體不具トナリタル者ハ直任官吏ノ爲ニ設ケタル規則ニ從テ退隱料ヲ受クヘシ(孛國市治章程第六十五條第一項)

第七十八條　有給吏員ノ給料退隱料其他第七十五條ニ定ムル給與ニ關シテ異議アルトキハ關係者ノ申立ニ依リ府縣參事會之ヲ裁決ス其府縣參事會ノ裁決ニ不服アル者ハ行政裁判所ニ出訴スルコトヲ得

有給吏員の給料退隱料及實費の辨償は關係人より之を市に請求し受領するの權利あり故に給與上に異議ある者に訴願又は出訴することを得せしめたるなり

〔參照〕市長俸給アル廳員及自餘ノ俸給アル市吏ノ退隱料請求權ニ付爭論ノ起ルトキハ縣廳之ヲ裁決ス若シ其裁決ニ係ルコト本人職務ニ堪ヘサルト否トノ事實ニ關スルニ非ス又ハ職務上收入ノ幾部分ヲ俸給ト見做スヘキ歟ニ關スルニ非サレハ其不服者ハ司法裁判所ニ控訴スルヲ得但確定ノ金額ハ控訴中ト雖モ假ニ之ヲ渡スヘシ(孛國市治章程第六十五條第二項)

第七十九條　退隱料ヲ受クル者官職又ハ府縣郡市町村及公共組合ノ職務ニ就キ給料ヲ受クルトキハ其間之ヲ停止シ又ハ更ニ退隱料ヲ受クルノ權ヲ得ルトキ其額舊退隱料ト同額以上ナルトキハ舊退隱料ハ之ヲ廢止ス

退隱料を市より受くる者官廳又は自治體の吏員土木組合、宗教組合其他公共組合の役員となり給料を受くるの間は退隱料受領權を停止す又其後に從事したる職務上に付新に退隱料を受くるとき其金額舊退隱料より多きときは舊退隱料を廢止し重複して之を給與さるへし若し其額少なきときは新舊退隱料を併せ受くることを得へし

〔參照〕退隱料ヲ受クル者復タ官吏又ハ町村吏ニ再任シテ俸給又ハ退隱料ヲ受クルニ當リ之ト舊退隱料ト合算シテ從前ノ俸給額ニ超過スルトキハ永久又ハ暫時其舊退隱料ヲ支給セサルヘシ(孛國市治章程第六十五條第三項)

第八十條　給料、退隱料、報酬及辨償ハ總テ市ノ負擔トス

前條々の給料等總て市行政事務に關する給與は市費を以て之を支給せさるを得さるものとす

第四章　市有財產ノ管理

市は自ら其事業を執行するに付ては之に要する資金なかるへからさるを以て此法律にて其財產權を有すること一個人に同しく又市有の財務を理するの專權を與へたり然れとも市の財產の管轄及徵稅の方法にして苟も其宜を失ふときは法人たる市の命脈は此に絕滅するに至るへし故に市の財務は市政中最も愼重を加ふへき要件なり本章第一欵に揭くるは市有財產及市稅の事第二欵に揭くるは市の歲入出及決算の事なり

第一欵　市有財產及市稅

此欵には市の共有財産の蓄積管理、市税の徴收賦課の事を掲く

第八十一條　市ハ其不動産、積立金穀等ヲ以テ基本財産ト爲シ之ヲ維持スルノ義務アリ

臨時ニ收入シタル金穀ハ基本財産ニ加入ス可シ但寄附金等寄附者其使用ノ目的ヲ定ムルモノハ此限ニ在ラス

市は法人なり故に財産を貯蓄累積して其富を增殖し其基礎を確固たらしめさるへからす故に本條に於て市は土地家屋金穀等を以て市の基本財産と爲すを其義務と定めたり國の富は人の富の積聚なり國家の根本を培養するは之を除きて他に其途なし豫算外臨時に收入したる金穀は基本財産に加へ他の費途に流用するを禁せり但市の臨時收入に屬すると雖も使用の目的を定め寄附したる資金例へは學校建築費の如きは基本財産に加入するの限に在らさるなり

基本財産は其入額を使用するに止り其原物を消耗するを得さるものとす

第八十二條　凡市有財産ハ全市ノ爲メニ之ヲ管理シ及共用スルモノトス但特ニ民法上ノ權利ヲ有スル者アルトキハ此限ニ在ラス

本條は第六條と互に照應せしめたるものにして彼は住民の權利上より財産共用の事を説

き此は財産の性質より之を共用するの事を示したり凡て市有の財産は全市の爲めに管理し又偏頗なく之を市一般の事業に共通使用すへきものなり然れとも民法上の權利を有する者を除くは其理由第六條に述へたるか如し

第八十三條　舊來ノ慣行ニ依リ市住民中特ニ其市有ノ土地物件ヲ使用スル權利ヲ有スル者アルトキハ市會ノ議決ヲ經ルニ非サレハ其舊慣ヲ改ムルコトヲ得ス

本條は此法律施行の爲めに舊慣破壞の謬を來さんことを憂ひ且私權の尊重せさるへからさる主旨を明にしたるものなり市有の土地物件の使用權を有する者例へは別に民法上の契約なきも慣行に由て市の共有地の一部を專用する者あり其慣行は市會の議決にあらされは決して之を改むへからさるの類なり

第八十四條　市住民中特ニ市有ノ土地物件ヲ使用スル權利ヲ得ントスル者アルトキハ市條例ノ規定ニ依リ使用料若クハ一時ノ加入金ヲ徵收シ又ハ使用料加入金ヲ共ニ徵收シテ之ヲ許可スルコトヲ得但特ニ民法上使用ノ權利ヲ有スル者ハ此限ニ在ラス

本條は前條の場合に反し新に使用權を得る場合を示したるものにして市は其所有の土地

家屋等市住民に貸渡すには市條例の規定に從ひ使用料を徵收し又は一時に若干金を納めしめて之を許可し又は加入金を徵收し且其使用料を年々徵收して其市の費金に充るものとす然れとも旣に契約を以て使用の權利を有する者ありて其土地物件使用權の他に移り居る場合は此限に在らさるなり

第八十五條　使用權ヲ有スル者（第八十三條、第八十四條）ハ使用ノ多寡ニ準シテ其土地物件ニ係ル必要ナル費用ヲ分擔ス可キモノトス

舊來の慣行に依ると又新規に使用するとに拘はらす其使用土地物件に必要なる費用例へは田地には用水費家屋には修繕費の幾部を其使用者に分擔せしむるものとす

〔參照〕　共有物使用者ハ（第五十條第四）年々若干ノ賦金或ハ一時加入金ヲ納メ或ハ兩ナカラ納ムル者ニ非サレハ之ヲ許サヽルヲ得ヘシ但市民權ノ有無ハ決シテ此金ノ納不納ニ關係セシムルヲ得ス（孛國市治章程第五十二條第三項）

第八十六條　市會ハ市ノ爲メニ必要ナル場合ニ於テハ使用權（第八十三條、第八十四條）ヲ取上ケ又ハ制限スルコトヲ得但特ニ民法上使用ノ權利ヲ有スル者ハ此限ニ在ラス

本條は市の多數の公益の爲に少數使用者の利益を犧牲に供する場合あるを示したるものにして市會は市の公益上必要と認めたるときは第八十三條第八十四條の使用權を取り上け又は之を制限するを得るを以て原則とす然れとも民法上特別に契約を以て權利を有す

る者に對しては決して其使用權を取上け又は制限することを得す

第八十七條　市有財産ノ賣却貸與又ハ建築工事及物品調達ノ請負ハ公ケノ入札ニ付ス可シ但臨時急施ヲ要スルトキ及入札ノ價額其費用ニ比シテ得失相償ハサルトキ又ハ市會ノ認許ヲ得ルトキハ此限ニ在ラス

市有財産の賣却より物品調達の請負に至るまて一切賣買上の事件は公けの入札法を用ひ之を市の理事者の專決に付せさるは市民の嫌疑を避くるなり但臨時の事件にして入札を行ふに暇なきとき又は入札に付する費用却て其賣却品の代價若くは貸下料に超ゆるとき又は入札に付せさるの理由を市會にて承認したるときに限りては入札法に依らさるも妨けなしとす

〔參照〕　協議ノ上地所等（第五十條第一）ヲ賣却スルニハ原價ヲ立テ競賣スヘシ

競賣ハ左ノ件々ヲ履行スルニ非サレハ其效ナキモノトス

第一　縣ノ公文誌及市廳常用ノ新聞誌ヲ以テ一回公告スル事

第二　公告ノ日ヨリ競賣ノ日ニ至ルマテ六週日間ヲ隔ツル事

第三　司法官吏一名又ハ市廳吏員一名ヲシテ入札ヲ開カシムル事

競賣ノ結局ハ之ヲ市會ニ報告スヘシ又其許可ヲ得ルニ非サレハ賣買契約ヲ斷行スルヲ得ス

縣廳ニ於テ市民ノ公益ニ裨補アリト認ムルトキハ必スシモ競賣法ニ依ラスシテ雙方ノ私約ヲ以テ之ヲ賣却シ又ハ交換スルヲ許スヲ得ヘシ

地所書入管轄廳ニ於テ其本條ノ例規ヲ履行セシコトノ證ヲ見ルニハ縣廳ヨリ下付セシ契約許可書ヲ呈示スルヲ以

テ足レリトス(孛國市治條例第五十一條)

○市ノ共用土地ハ大藏大臣ノ認可ヲ受ケス又ハ國會議定ノ條例ニ依ラスシテ之カ賣却質入又ハ貸渡(或ル期限間ヲ除キ)ヲナスヲ得ス(英國市治條例)

第八十八條　市ハ其必要ナル支出及從前法律命令ニ依テ賦課セラレ又ハ將來法律勅令ニ依テ賦課セラルヽ支出ヲ負擔スルノ義務アリ

市ハ其財産ヨリ生スル收入及使用料、手數料(第八十九條)並科料、過怠金其他法律勅令ニ依リ市ニ屬スル收入ヲ以テ前項ノ支出ニ充テ猶不足アルトキハ市税(第九十條)及夫役現品(第百一條)ヲ賦課徵收スルコトヲ得

本條は市に二種の負擔義務ある事及之か支辨の方法を示したるものにして第一に市は必す其市に屬する百般の經費を支出すへく第二に從前既に市の負擔と定められたる支出又は將來法律勅令を以て市に賦課せらるゝ費用例へは府縣税を起し之を其府縣内の市町村に賦課徵收する等の塲合に於ける支出は總て之を負擔するの義務あることを示したるなり

前項の支出は先つ市有財産より生する諸收入及使用料手數料幷科料過怠金其他法律勅令を以て將來市の收入と定めらるゝ金圓を以て之に充て猶ほ其不足あるときは第九十條の市税第百一條の夫役人足又は藁繩等の現品を賦課徵收して其用途に充つることを得へ

一

〔參照〕市民ノ需用ヲ辨シ又ハ其義務ヲ盡ス爲メニ必要ナル金額ヲ調達スルニ市民共有財産ヨリ生スル收入ニテ足ラサルトキハ市會ニ於テ別ニ市税ヲ議定スルヲ得ヘシ(孛國市治章程第五十三條第一項)
○市ノ經費ハ濟貧税ト同一ノ方法ニ依リ徴收スル市税ヨリ成立ツ所ノ資金ヲ以テ之ヲ支辨ス(英國市治條例)

第八十九條　市ハ其所有物及營造物ノ使用ニ付又ハ特ニ數個人ノ爲メニスル事業ニ付使用料又ハ手數料ヲ徴收スルコトヲ得

市は其所有物品及學校病院等營造物の使用又は數個人即ち市內一部の人民の爲めにする事業例へは東京にて市費を以て日本橋區內の爲めに電氣燈を建設したるときは其使用者より使用料又は手數料を徴收するを得るの類なり

第九十條　市税トシテ賦課スルコトヲ得可キ目左ノ如シ

一　國税府縣税ノ附加税

二　直接又ハ間接ノ特別税

附加税ハ直接ノ國税又ハ府縣税ニ附加シ均一ノ税率ヲ以テ市ノ全部ヨリ徴收スルヲ常例トス特別税ハ附加税ノ外別ニ市限リ税目ヲ起シテ課税スルコトヲ要スルトキ賦課徴收スルモノトス

市税(現今の區費に當る)として賦課すへき種目は左の二種類とす

一　國稅又は府縣稅(現今の地方稅に當る)の割增稅
二　市限り特別に種目を起したる稅
附加稅は地租其他直接の國稅又は府縣稅に割合せ均一の準率を以て市の全部より徵收するを常例となす特別稅は國稅府縣稅の準率に依らす別種の稅を起す例へは三百圓以下の所得に對して其市限りの所得稅を課するの類又は國稅等のなき物品即ち其地方特有物產等に課稅するの類なり

第九十一條　此法律ニ規定セル條項ヲ除クノ外使用料、手數料(第八十九條)特別稅(第九十條第一項第二)及從前ノ區町村費ニ關スル細則ハ市條例ヲ以テ之ヲ規定ス可シ其條例ニハ科料一圓九十五錢以下ノ罰則ヲ設クルコトヲ得

科料ニ處シ及之ヲ徵收スルハ市參事會之ヲ掌ル其處分ニ不服アル者ハ令狀交付後十四日以內ニ司法裁判所ニ出訴スルコトヲ得

此法律に明文あるものゝ外別に土地、家屋、營造物使用料、市吏員の職務上に於て一箇人の爲め特に要する手數料、特別稅賦課徵收の細則幷に現今の區町村費(市制施行の際の)に關する細則は市條例を以て之を定むへし其市條例には裁制を付して其違犯者を處罰するを

得

前項の科料を申渡し及之を取立るは市參事會之を行ふ所謂る違警罪即決法なり故に其裁判に服せす正式の裁判を受けんと欲する者は科料徴收令狀を受取たる日より十四日以内に違警罪裁判所に出訴するを得るなり

〔參照〕市税ハ左ノ方法ヲ以テ之ヲ賦課スヘシ

第一項　國税ニ追加シテ賦課スル事此場合ニ於テハ左ノ規則ヲ遵行スヘシ

第一　行商營業ニ賦課スルヲ得ス

第二　分等收入税ニ追加スルトキハ市外ニ有スル地所ノ收入ヲ算入セサル事

第三　左ノ件々ハ縣廳ノ許可ヲ受クルヲ要ス

イ　收入税ニ追加スル事

ロ　國税ノ半額ヲ超過シテ追加スルカ又ハ異同アル割合ヲ以テ國税ニ追加スル事但分等財産税ノ最下級ヲ免除シ又ハ格段ノ小額ヲ以テ之ニ追加スルニハ右ノ許可ヲ受クルヲ要セス

ハ　間税ニ追加スル事

第二項　別段ノ直市税又ハ間市税ヲ徴課スル事但新ニ之ヲ施行シ又ハ從來施行ノ額ヲ增加シ又ハ其原則ヲ變更スル時ハ縣廳ノ許可ヲ受クルヲ要ス

別段ノ收入市税ヲ徴課スル時モ亦右第一項(イ)ニ記スル制限ヲ準行スヘシ又從前ヨリ既行ノ收入市税ハ更ニ調査シテ縣廳ノ許可ヲ受クヘシ

縣廳ノ許可ヲ受ケ頒布スル市税徴收規則中不納者ニ十「ターレル」以内ノ罰金ヲ科スヘキ罰則ヲ設クルヲ得(孛國市治章程第五十三條第二第三第四項)

○通常經費收入ハ左ノ如シ

第一　邑ノ所有物使用料等

第二　大藏省令ニ依リ邑用ニ充タル歩合稅
第三　國稅ノ歩合稅
第五　入府稅
其他諸手數料（下畧）（佛國邑會組織及職制第百二十九條）

第九十二條　三ヶ月以上市內ニ滯在スル者ハ其市稅ヲ納ムルモノトス但其課稅ハ滯在ノ初ニ遡リ徵收ス可シ

本條は本邦にては新規の課稅法なり羈旅の人と雖も三ヶ月以上市に滯在するときは其市稅を納むるの義務を生すへし而して其課稅は滯在の初め即ち三ヶ月以前に遡り徵收するを法とす

〔參照〕市稅ヲ徵收スルニ分等財產稅又ハ分等收入稅ニ追課稅ノ法ヲ行フ市街ニ在テハ生計ノ爲メ其管內ニ在留スル者既ニ市內ニ在テ該國稅ノ一ヲ納ムルニ至レハ又該追課稅ヲモ拂ハサルヘカラス若シ他ノ市稅徵收法ヲ施行スル都市ニ於テハ其管內ニ在留スルヿ三ヶ月以上ナル者ハ其第四ヶ月ヨリ以後該市稅ヲ拂フノ義務アリトス但第三條ニ記スル軍人ニシテ市內ニ土地ヲ所有シ又ハ常居營業ヲナス者モ亦該地所又ハ該營業ニ課スル市稅ヲ拂フヘシ其他ノ直賦市稅ハ軍醫ノ私療收入ニ課スルモノヲ除クノ外一切軍人ハ之ヲ免ス又消費稅ノ如キモ軍人飮食場等ニ限リ從來ノ範圍ヲ以テ之ヲ免除ス（孛國市治章程第四條第三項）

第九十三條　市內ニ住居ヲ構ヘス又ハ三ヶ月以上滯在スルコトナシト雖モ市內ニ土地家屋ヲ所有シ又ハ營業ヲ爲ス者（店舖ヲ定メサル行商ヲ除ク）ハ其土地家屋營業若クハ其所得ニ對シテ賦課スル市稅ヲ納ムル

モノトス其法人タルトキモ亦同シ但郵便電信及官設鐵道ノ業ハ此限ニ在ラス

市内に土地家屋を所有し又は市内にて營業を爲す者(呼賣商を除く)は假令ひ其市内に一戸を搆へすして他人の家に寄寓し又は滯在三ヶ月に滿たさるも其土地家屋又は其人の職業又は其人の所得に對して賦課する市税を納むるの義務あるへし又會社等法人たるときも同樣の義務を負擔するものとす但郵便電信及政府直轄の鐵道は營利的事業に屬すると雖も其建設は公共の利益を目的としたるものなれは市は之に市税を賦課するを得さるものと知るへし

〔參照〕他管人ニシテ市内ニ土地ヲ所有シ又ハ常居營業ヲナス者ハ該地所又ハ營業又ハ其收入ニ賦課スル所ノ税役ヲ負擔スルノ義務アルモノトス且他管ヨリ市内ニ土地ヲ所有シ又ハ常居營業ヲナス法人ノ如キモ亦同シ(孛國市治章程第四條第三項)

第九十四條　所得税ニ附加税ヲ賦課シ及市ニ於テ特別ニ所得税ヲ賦課セントスルトキハ納税者ノ市外ニ於ケル所有ノ土地家屋又ハ營業(店舖ヲ定メサル行商ヲ除ク)ヨリ收入スル所得ハ之ヲ控除ス可キモノトス

本條は市税は其財産所在の地に就て之を賦課するの旨趣を明にしたるものにして市は第九十條第一項第一により所得税に割增をなして之を其附加税となし市住民に賦課するを

得ヘ〆例ヘは所得稅百圓に付二十圓を附加〆又は現行所得稅法に於ける三百圓の最下限に拘はらす三百圓以內の所得に對〆特に市稅の爲め所得稅を起す塲合と雖も市民の市外に於て所有する財產幷營業より收入する所得額は之を除去〆純然其市內に於ける所得額にのみ市稅を賦課するなり是れ則ち市外の財產等は其所在の市若くは町村に於ても同樣に課稅をなすへきを以てなり此稅法は國稅の所得稅賦課法と全く異なり

第九十五條　數市町村ニ住居ヲ搆ヘ又ハ滯在スル者ニ前條ノ市稅ヲ賦課スルトキハ其所得ヲ各市町村ニ平分シ其一部分ニノミ課稅ス可シ但土地家屋又ハ營業ヨリ收入スル所得ハ此限ニ在ラス

一人に〆て數市町村に住居を搆へ其每市町村に於て住民權を有する者又は三ヶ月以上滯在する者例へは東京、京都、橫濱に住居を搆へ貸金をな〆其利子を納め又は公債證書より多額の收入ある者に前條の所得稅を賦課せんとするときは其全所得を三部に平分〆各其一部の金額に付て課稅すへ〆何となれは動產は其所有者の身體に伴隨〆移動すへきを以て不動產の如く其所在を確むること能はされはなり故に本條に於ては但書を以て不動產又は營業(店舖を搆へたる)よりの收入は其所在地に於て課稅せらるへきものと定めたり

第九十六條　所得稅法第三條ニ掲クル所得ハ市稅ヲ免除ス

現行所得稅法第三條に掲くる左の所得は市稅をも免除するなり
一　軍人從軍中に係る俸給
二　官私より受くる旅費傷痍疾病者の恩給金及孤兒寡婦の扶助料
三　營利の事業に屬せさる一時の所得

第九十七條　左ニ掲クル物件ハ市稅ヲ免除ス
一　政府、府縣郡市町村及公共組合ニ屬シ直接ノ公用ニ供スル土地、營造物及家屋
二　社寺及官立公立ノ學校病院其他學藝、美術及慈善ノ用ニ供スル土地、營造物及家屋
三　官有ノ山林又ハ荒蕪地但官有山林又ハ荒蕪地ノ利益ニ係ル事業ヲ起シ內務大臣及大藏大臣ノ許可ヲ得テ其費用ヲ徵收スルハ此限ニ在ラス
新開地及開墾地ハ市條例ニ依リ年月ヲ限リ免稅スルコトヲ得

市稅を免除せらるゝ物件は左の如し
一　政府又は府、縣、郡、市、町、村及公共の組合の所有に屬し直接の公用に供する土地、家屋、

營造物例へは廳舍、堡塞、公園の類

二　神社、佛閣及官立、公立の學校、病院其他救育院、博物館等學術慈善の用に供する土地、家屋、營造物

三　官有の山林又は荒蕪地但官有の山林又は荒蕪地の利益となるへき事業を起し（例へは用水路開鑿の爲め官有の荒蕪地變して熟田となるへき場合の類）内務大藏兩大臣の許可を經て其費用を官より徵收するは此限に在らす

新に開墾し又は新に開きたる土地の市稅免除期限は市の適宜を以て市條例中に規定することを得

〔參照〕無産利ノ地所又ハ公役公用ニ充テタル地所ハ市稅ヲ免シ僧侶寺吏及小學教員ノ役地ハ全ク之ヲ免除ス新開地ハ一時稅役ヲ免スルヿアルヘシ（孛國市治章程第四條第七第八項）

第九十八條　前二條ノ外市稅ヲ免除ス可キモノハ別段ノ法律勅令ニ定ムル所ニ從フ皇族ニ係ル市稅ノ賦課ハ追テ法律勅令ヲ以テ定ムル迄現今ノ例ニ依ル

前二條に明文なきものは市稅の免除を得さるものとす故に爾後市稅の免除は法律勅令に依るにあらされは何人にても其特權を得る能はさるものと知るへし又御領地幷皇族に係る市稅は追て法律勅令を以て其賦課するを得へきものと賦課するを得さるものとの區別

を定めらるゝ迄姑らく今日の例規に從ふへし

第九十九條　數個人ニ於テ專ラ使用スル所ノ營造物アルトキハ其修築及保存ノ費用ハ之ヲ其關係者ニ賦課スヘシ

市內ノ一區ニ於テ專ラ使用スル營造物アルトキハ其區內ニ住居シ若クハ滯在シ又ハ土地家屋ヲ所有シ營業(店舖ヲ定メサル行商ヲ除ク)ヲ爲ス者ニ於テ其修築及保存ノ費用ヲ負擔スヘシ但其一區ノ所有財產アルトキハ其收入ヲ以テ先ツ其費用ニ充ツヘシ

市住民中數個人を限りて專用する營造物例へは水道支管の類は其修築及保存費とも一般の市稅より支出せす其使用者に之を賦課すへし現今は此種の會計には判然區別あるもの稀なり

市內の一區に於て專用する營造物ある場合も前項に同しと雖も只其區に所有財產よりの收入あるときは之を以て先つ其費用に充て猶ほ不足金あるときに限り其區內の現住者又は所有者に其費金を分賦すへし

第百條　市稅ハ納稅義務ノ起リタル翌月ノ初ヨリ免稅理由ノ生シタル月ノ終迄月割ヲ以テ之ヲ徵收スヘシ

會計年度中ニ於テ納税義務消滅シ又ハ變更スルトキハ納税者ヨリ之ヲ市長ニ屆出ツ可シ其屆出ヲ爲シタル月ノ終迄ハ從前ノ税ヲ徵收スルコトヲ得

本條は市税徵收免除の計算法を定めたるものにして市税は月割計算法に依り之を賦課するを以て現行の徵税法の如く半年度毎に徵收するものに比すれは大に面目を改めたりと謂ふへし例へは玆に一個人あり他の市より移轉し來りて市住民となるときは其翌月より市税を徵收せらるへく又他へ移轉するときは其月の市税は其市に納むへきなり又會計年度中納税義務に異動あるときは其納税者は必す之を市長に屆出へし若し納税義務の消滅したるとき其屆出をなさゝれは從前の通課税せらるゝも致方なきものと知るへし

第百一條　市公共ノ事業ヲ起シ又ハ公共ノ安寧ヲ維持スルカ爲メニ夫役及現品ヲ以テ納税者ニ賦課スルコトヲ得但學藝、美術及手工ニ關スル勞役ヲ課スルコトヲ得ス

夫役及現品ハ急迫ノ場合ヲ除クノ外直接市税ヲ準率ト爲シ且之ヲ金額ニ算出シテ賦課ス可シ

夫役ヲ課セラレタル者ハ其便宜ニ從ヒ本人自ラ之ニ當リ又ハ適當ノ代

人ヲ出スコトヲ得又急迫ノ場合ヲ除クノ外金圓ヲ以テ之ニ代フルコトヲ得

本條の場合は市街には稀有の事にして鄉村に於ては常有の事なり市の公共事業(例へは道路開修)又は公共安寧の維持(例へは水火災防禦等)の爲めには夫役人足及必要物品(土木に藁繩を要する場合の類)を市稅を納むる資格ある者に賦課することを得るなり又夫役を賦課するは力役を要する場合に限るへきを以て學術又は美術手工に關する專門の仕事を夫役として課するを得さるなり

夫役人足及現品を賦課する場合は水火災等燒眉急迫の外は直接市稅を準率として夫役現品を金額に見積りて賦課すへく從來の如く單に戸別に夫役を賦課するを得さるものなりし夫役人足を課せられたる者の中には女子幼者又は勞役に堪へさる者もあるへし故に夫役には本人自ら出て又は適當の代人を出すを得へし又平常は代人料を納むるも妨けなし例へは夫役を賦課する令狀に夫役何人若し代人料を納るものは一人何十錢の割を以て起業幾日前に市役所に之を差出すへしと命令するの類なり

〔參照〕市會ノ決議ヲ以テ都市ノ土木起業ノ爲メ夫役(人馬)ヲ市民ニ課スルヲ得其夫役ハ代價ヲ定ムヘシ之ヲ賦課スルニハ市稅ニ依準シ又市稅ナキ地ニ於テハ直稅ニ依準スヘシ此賦課法ニ矛盾セントスルトキハ縣廳ノ許可ヲ受クルヲ要ス夫役ハ已ヲ得サルノ場合ヲ除クノ外有用ナル代理者ヲ以テ支辨シ又ハ代金ヲ以テ都市金庫ニ拂フヘシ(孛國市治章程第五十四條)

第百二條　市ニ於テ徵收スル使用料、手數料（第八十九條）市稅（第九十條）夫役ニ代フル金圓（第百一條）共有物使用料及加入金（第八十四條）其他市ノ收入ヲ定期內ニ收メサルトキハ市參事會ハ之ヲ督促シ猶之ヲ完納セサルトキハ國稅滯納處分法ニ依リ之ヲ徵收ス可シ其督促ヲ爲スニハ市條例ノ規定ニ依リ手數料ヲ徵收スルコトヲ得

納稅者中無資力ナル者アルトキハ市參事會ノ意見ヲ以テ會計年度內ニ限リ納稅延期ヲ許スコトヲ得其年度ヲ越ユル場合ニ於テハ市會ノ議決ニ依ル

本條ニ記載スル徵收金ノ追徵、期滿得免及先取特權ニ付テハ國稅ニ關スル規則ヲ適用ス

總て市に納むへき稅金、料金等を定期內に納めさる者あるときは市參事會より督促狀を發し之を督促すへし其督促を受くるも猶ほ完納せさるときは已を得す國稅滯納者と同一の處分即ち現今は明治十年第七十九號布告に從ひ公賣の處分を行ふへし又督促手數料を徵收するは妄りに滯納するの弊を絕つに至當の方法なりと謂ふへし

納税者中貧窮無産に陷り即時納税し得さる者あるときは市參事會の意見を以て納税期限を過くるも公賣處分に着手せす其會計年度内は延期を許可するを得併し會計年度を越ゆる場合は市會の議決に依り其處分を爲すへし本條市の收入金滯納の追徵、期滿得免とて何年間賦課の命令を受けさるときは納税者は其納税義務を免るゝ期限及公賣の際他の債主に先立ち市税を取上くる先取權は國税と同一の規則に從ふへし本條は現行の區町村費徵收法に比すれは滯納者處分前に一應督促をなして納税者の注意を促し又無資力者の納期を延し直に公賣の處分に着手せさる等は改良の要點なり

〔參照〕市税及夫役ノ代價（第五十四條）並共有物使用料（第五十二條）及其他ノ都市賦金ハ租税押收法ノ手續ヲ以テ其不納者ヨリ徵收スヘシ（孛國市治章程第六十八條）

第百三條　地租ノ附加税ハ地租ノ納税者ニ賦課シ其他土地ニ對シテ賦課スル市税ハ其所有者又ハ使用者ニ賦課スルコトヲ得

地租に附加する市税は地租の納税者即ち地劵記名者又は質入地は其質取主に賦課し其他反別割等の法に依り徵收する市税は其地主又は地借人に便宜賦課するを得るなり

第百四條　市税ノ賦課ニ對スル訴願ハ賦課令狀ノ交付後三ヶ月以內ニ之ヲ市參事會ニ申立ツ可シ此期限ヲ經過スルトキハ其年度內減税免税及償還ヲ請求スルノ權利ヲ失フモノトス

前條に市税の賦課に付て不服あり訴願をなさんとする者は賦課令状(徴税令書なり)の日附より三ヶ月以内に市參事會に其異議を申立つへし若し右の期限を過きたるときは市に於ては確定のものと認むへきを以て其年度内は減税、免税及償還を要求する權利を失ふなり尤も其年度を過きたる後更に同一事件の更正を求むることを得るは勿論なり

第百五條　市税ノ賦課及市ノ營造物、市有財産並其所得ヲ使用スル權利ニ關スル訴願ハ市參事會之ヲ裁決ス但民法上ノ權利ニ係ルモノハ此限ニ在ラス

前項ノ裁決ニ不服アル者ハ府縣參事會ニ訴願シ其府縣參事會ノ裁決ニ不服アル者ハ行政裁判所ニ出訴スルコトヲ得

本條ノ訴願及訴訟ノ爲メニ其處分ノ執行ヲ停止スルコトヲ得ス

本條は市税の賦課及市の財産に關する訴願及訴訟の順序を示したるものにして右の訴願は最初に市參事會にて之を裁決す此場合に於て市參事會は訴願の始審廷なり但市の一個人たる塲合例へは市に貸金ある銀行より其償還を求むる等の類、民法上の權利に屬するものは直に民事裁判所に出訴すへきものなれは市參事會に對して行政上の處分を訴願すへからさるは勿論なり又其市參事會の裁決に服せす上級監督官廳に訴願する順序は前に

述へたる例に同し

本條市稅等に關し訴願及訴訟を起したる者あるも其徵收すへき稅金は之を徵收し又市の營造物、市有財產幷其所得の使用を停止したるときは之か停止を實行して總て其事務の運用を澁滯せしめさるなり若し之に反して一個の訴願ある每に其處分を停止するときは市の行政は全く死物に歸し其市の公益に害あるや辨を俟たすして明なり

第百六條　市ニ於テ公債ヲ募集スルハ從前ノ公債元額ヲ償還スル爲メ又ハ天災時變等已ムヲ得サル支出若クハ市ノ永久ノ利益トナル可キ支出ヲ要スルニ方リ通常ノ歲入ヲ增加スルトキハ其市住民ノ負擔ニ堪ヘサルノ場合ニ限ルモノトス

市會ニ於テ公債募集ノ事ヲ議決スルトキハ併セテ其募集ノ方法、利息ノ定率及償還ノ方法ヲ定ム可シ償還ノ初期ハ三年以內ト爲シ年々償還ノ步合ヲ定メ募集ノ時ヨリ三十年以內ニ還了ス可シ

定額豫算內ノ支出ヲ爲スカ爲メ必要ナル一時ノ借入金ハ本條ノ例ニ依ラス其年度內ノ收入ヲ以テ償還ス可キモノトス但此場合ニ於テハ市會

ノ議決ヲ要セス

本條は市は法人たるを以て負債を起す權利を有すへきも元來公債なるものは其募集の始に於て償還の目的確立せされは子々孫々に永遠の憂苦を遺すへきを以て（聞く英國の如き地方事務の爲め地方債を起すに其制限稍寛なるを以て近今其額の增加甚しく其額倫敦を除くも二億二千五百萬磅に達し數個の市は其公債額六年分の歳入額に達し又市税の半は公債償還元利に支出するの困難に陷れりと公債は一時の利あるも亦萬世の憂あり恐るへし愼むへし）其募集に嚴重なる制限を設け公債を起し得るは二つの場合に限れり第一宿債の償還第二已を得さる支出にして市住民の一時の負擔に堪へさるのときなり

市會に於て前項の第一若くは第二の場合に於て公債を募集する議を評議するときは併せて其利子の割合、償還及募集の方法を決定すへし又其年賦償還は必す三年以内に始め三十年以内に之を了るへし其償還年期の長きに過るは弊害ありとす

市費收支の都合に依り定額豫算内の支出の爲め一時借入金をなすは前項の例外なりとす此借入は市會の議決を要せす市參事會の職權内に於て之を爲すを得と雖も其年度内に於て必す償還すへきものとす

第二欵 市ノ歳入出豫算及決算

此欵には市の每會計年度經費收入支出の豫算表調製議決及決算報告の事を掲く

第百七條　市參事會ハ每會計年度收入支出ノ豫知シ得可キ金額ヲ見積リ年度前二ヶ月ヲ限リ歳入出豫算表ヲ調製ス可シ但市ノ會計年度ハ政府ノ會計年度ニ同シ

內務大臣ハ省令ヲ以テ豫算表調製ノ式ヲ定ムルコトヲ得

市參事會は每年市の收入支出の豫算を立て每年一月三十一日(政府現今の會計年度の初めは四月なるを以て)を限り豫算表を調製すへし但其書式は內務省令の定むる所に依るへし

〔參照〕　市廳ハ其豫定シ得ル所ノ收入支出及夫役ニ付每年十月前ニ定額豫算ヲ起草スヘシ但市會ノ許諾ヲ得テ一定額年度ヲ延シテ三ケ年ニ及ホスヲ得(孛國市治章程第六十六條第一項)

第百八條　豫算表ハ會計年度前市會ノ議決ヲ取リ之ヲ府縣知事ニ報告シ並地方慣行ノ方式ヲ以テ其要領ヲ公告ス可シ

豫算表ヲ市會ニ提出スルトキハ市參事會ハ併セテ其市ノ事務報告書及財產明細表ヲ提出ス可シ

前條の豫算表調製を了れは直に之を市會に付し其議決を取り府縣知事に報告し幷他の公文と同一の手續に據り其豫算の大科目を公告すへし又右等の事は總て每年四月以前に之

を行ふへきものなり

市參事會より豫算表を市會に提出するときは之と共に前年度中施行せし市の事務報告書及現在の財産明細表を提出し市會の撿閲に供すへし

〔參照〕定額豫算ハ之ヲ公告シ八日間市民覽閲ノ爲メ市內一ケ所又ハ數ケ所ニ備ヘ置キ而ル後市會ニ於テ之ヲ確定ス又其寫一葉ヲ直ニ監督官廳ニ呈致スヘシ(孛國市治章程第六十六條第二項)

第百九條　定額豫算外ノ費用又ハ豫算ノ不足アルトキハ市會ノ認定ヲ得テ之ヲ支出スルコトヲ得

定額豫算中臨時ノ場合ニ支出スルカ爲メニ豫備費ヲ置キ市參事會ハ豫メ市會ノ認定ヲ受ケスシテ豫算外ノ費用又ハ豫算超過ノ費用ニ充ツルコトヲ得但市會ノ否決シタル費途ニ充ツルコトヲ得ス

定額外に生したる費用又は其豫算の不足するときは市參事會は市會に申立其承認を經て之を支出するを通例とすと雖も豫算中に臨時豫備費を置くときは之を豫算外又は豫算不足に充つるを得へし但市參事會に於て豫備費を以て市會の否決したる事件の費用に充るを得す若し之を爲すを許すときは市會の議決は徒爲に屬し市會の權力は空權に屬すへきを以てなり

〔參照〕市廳ハ會計管掌ノ其定額豫算ニ合フヤ否ニ注意スヘシ

定額外ノ支出ハ市會ノ許可ヲ受クルヲ要ス（孛國市治章程第六十七條）

第百十條　市會ニ於テ豫算表ヲ議決シタルトキハ市長ヨリ其謄寫ヲ以テ之ヲ收入役ニ交付ス可シ其豫算表中監督官廳若クハ參事會ノ許可ヲ受ク可キ事項アルトキハ（第百二十一條ヨリ第百二十三條ニ至ル）先ツ其許可ヲ受ク可シ

收入役ハ市參事會（第六十四條第二項第三）又ハ監督官廳ノ命令アルニ非サレハ支拂ヲ爲スコトヲ得ス又收入役ハ市參事會ノ命令ヲ受クルモ其支出豫算表中ニ豫定ナキカ又ハ其命令第百九條ノ規定ニ據ラサルトキハ支拂ヲ爲スコトヲ得ス

前項ノ規定ニ背キタル支拂ハ總テ收入役ノ責任ニ歸ス

市會に於て議決したる豫算表を市會の議長より市參事會に回送し來りしとき市長は其謄寫を市の收入役に交付すへし尤も第百二十一條の內務大臣の認可第百二十二條の內務大藏兩大臣の許可第百二十三條の府縣參事會の許可を要する塲合は其許可を受け其豫算確定したる後之を交付すへきものとす

收入役は其市の出納役なれは其章程なくはあらさるなり則ち收入役は市參事會の第六十

四條第二項第三の明文に依り發する命令又は內務大臣府縣知事の命令あるに非されは決して市金の支拂を爲すを得す又縱令ひ市參事會の命令なりと雖も豫算外の事件又は第百九條の規定に依らさるものは均しく支拂を拒絕すへきの義務あり故に收入役若し前項の規則を犯し漫りに支拂をなし之か爲め市に損失を蒙らしめたるとき其損金は收入役之を辨償すへし蓋し身元保證金を徵するは此等の事あるか爲めなり

〔參照〕邑ノ收稅官ニシテ法律上ノ許可ナク邑ノ財產ニ干涉スルモノハ其行爲ヲ職務ナクシテ事ニ干涉スルモノトシ刑法ニ據リ訴ヲナスコトヲ得（佛國邑會組織及職制第五十五條）

第百十一條　市ノ出納ハ每月例日ヲ定メテ檢査シ及每年少クモ一回臨時檢査ヲ爲ス可シ例月檢査ハ市長又ハ其代理者之ヲ爲シ臨時檢査ハ市長又ハ其代理者ノ外市會ノ互選シタル議員一名以上ノ立會ヲ要ス

收入役の取扱ひたる金圓の出納は每月一次市長又は其代理者にて檢査を爲し又臨時に議員一名以上立會の上檢査をなし以て財務を監督整理し紊亂の弊なきを要す

第百十二條　決算ハ會計年度ノ終ヨリ三ケ月以內ニ之ヲ結了シ證書類ヲ併セテ收入役ヨリ之ヲ市參事會ニ提出シ市參事會ハ之ヲ審查シ意見ヲ附シテ之ヲ市會ノ認定ニ付ス可シ其市會ノ認定ヲ經タルトキハ市長ヨリ之ヲ府縣知事ニ報告ス可シ

決算報告ヲ爲ストキハ第三十八條及第四十三條ノ例ニ準シ市參事會員故障アルモノトス

收入役は毎年六月以前に前會計年度の經費決算を結了し之に諸證書類を添へ市參事會に提出し市參事會に於て審査の上不都合なきときは市會に送り其認定に付すへし市會の認定を經たるときは市長より監督官廳なる府縣知事に之を報告すへし決算は豫算の如く市民に公告するを要せす其市會に決算報告をなすときは第三十八條及第四十三條に於て議件の一身上に關するとき議席を避くるの例に準し決算報告には市參事會員市會に列席するを得さるものとす

〔參照〕收支結算ハ收稅者ニ於テ翌年ノ五月一日前ニ之ヲ調整シ市廳ニ呈出スヘシ市廳ハ之ヲ校閲シ例言照著ヲ加ヘテ市會ニ提出シ其撿査認允ヲ請フヘシ（孛國市治章程第六十九條）

第五章　特別ノ財產ヲ有スル市區ノ行政

本章には一市の共有共用に屬せさる財產を所有する區內限りの行政に關する事を掲く

第百十三條　市內ノ一區ニシテ特別ニ財產ヲ所有シ若クハ營造物ヲ設ケ其區限リ特ニ其費用（第九十九條）ヲ負擔スルトキハ府縣參事會ハ其市會ノ意見ヲ聞キ條例ヲ發行シ財產及營造物ニ關スル事務ノ爲メ區會ヲ

設クルコトヲ得其會議ハ市會ノ例ヲ適用スルコトヲ得

市内の一區域にして全市の共用に屬せさる財産を所有し若くは其區内に學校、病院等を設け其區限りの共用に供し其區限り其費用を負擔するときは府縣參事會は其市會の意見を聞き條例を發して右事務措辨の爲めにのみ區會を設けしむるを得但其區會の組織等は市會の例に依準すへきものとす

右の如く市區内の財産又は營造物に關する事務の爲め設けたる區會の議決は市の行政規則に依り市參事會之を管理執行すへし但其區内の費金出納及會計の事務は一般の會計と區別して收入役に於て之を管掌すへし

第百十四條　前條ニ記載スル事務ハ市ノ行政ニ關スル規則ニ依リ市參事會之ヲ管理ス可シ但區ノ出納及會計ノ事務ハ之ヲ分別ス可シ

前條に記載したる區有の財産及營造物に關する事務は其市の理事者たる市參事會に於て市の一般の行政規則に依りて之を管理し別に其區に理事者を置くを要せさるなり然れとも其事務に關する金錢の出納及會計は全市の會計と其帳簿等を分別し混同せさる樣に注意すへし

第六章　市行政ノ監督

此法律は分權の主義に依り行政の事務を地方に委任し國民をして之を負擔せしめ以て自治の實を全からしむるの精神なれとも又一方には之を統一して其機軸を執り以て地方の事務をして放漫に流れしめさるの撿束法なかるへからす是れ本章地方行政の監督條規ある所以なり

第百十五條　市行政ハ第一次ニ於テ府縣知事之ヲ監督シ第二次ニ於テ內務大臣之ヲ監督ス但法律ニ指定シタル塲合ニ於テ府縣參事會ノ參與スルハ別段ナリトス

市の行政は市會の議決に依り市の行政機關なる市參事會之を執行し妄りに官府の干涉を許さゝるは言を俟たす然れとも市は素是れ國の一部なれは官の之を監督し其秩序を保持せしむるは即ち國の主權に屬する事柄なり故に本條には其監督の序次を示し市は行政の階級上に付ては國及府縣の下班に位する最下級の區域なれは市の直接の監督官は則ち府縣知事にして其上班の監督官は則ち內務大臣なり但此法律中府縣參事會の監督事務に參與する塲合は格別にして此塲合に於ける參事會は則ち第一次の監督官廳なり(第百十三條の塲合の如き類)

〔參照〕市政ハ縣廳ニ於テ之ヲ直監シ其上階ニ在テハ州長及內務大臣之ヲ總監ス但本章程ニ特例ヲ設クルモノハ此例ニアラス又市政事務上ノ裁決ニ不服ナル者ハ各等次トモニ其裁決書交付又ハ告知後四週日ノ期限內ニ訴願スヘシ但本

章程ニ於テ別ニ期限ヲ定ムルモノハ此例ニ在ラス（李國市治章程第七十六條）

第百十六條　此法律中別段ノ規定アル場合ヲ除クノ外凡市ノ行政ニ關スル府縣知事若クハ府縣參事會ノ處分若クハ裁決ニ不服アル者ハ内務大臣ニ訴願スルコトヲ得

市ノ行政ニ關スル訴願ハ處分書若クハ裁決書ヲ交付シ又ハ之ヲ告知シタル日ヨリ十四日以内ニ其理由ヲ具シテ之ヲ提出ス可シ但此法律中別ニ期限ヲ定ムルモノハ此限ニ在ラス

此法律中ニ指定スル場合ニ於テ府縣知事若クハ府縣參事會ノ裁決ニ不服アリテ行政裁判所ニ出訴セントスル者ハ裁決書ヲ交付シ又ハ之ヲ告知シタル日ヨリ二十一日以内ニ出訴ス可シ

行政裁判所ニ出訴スルコトヲ許シタル場合ニ於テハ内務大臣ニ訴願スルコトヲ得ス

訴願及訴訟ヲ提出スルトキハ處分又ハ裁決ノ執行ヲ停止ス但此法律中別ニ規定アリ又ハ當該官廳ノ意見ニ依リ其停止ノ爲メニ市ノ公益ニ害

アリト爲ストキハ此限ニ在ラス
本條は監督官廳の處分若くは裁決に不服ある者の訴願又は出訴の順序及期限を示したるものなり
凡ろ市の行政に關する府縣知事若くは府縣參事會の處分又は裁決に不服ある者は内務大臣に訴願して裁決を求むるを常例とす故に此法律中に一々云々の處分等に不服の者は訴願し得る旨を記載しなきも本條に示したる通則に背馳せさる以上は何れの場合にても訴願し得る譯合なり尤も此法律に於て行政裁判所には通常は出訴するを許さゝるの精神なれは其之を爲すを許したる場合は各其條に明文あり故に行政裁判所に出訴するは明文ある場合のみに限るものと知るへし
訴願は總て其處分書若くは裁決書を交付せられ又は之か告知を受けたる日より十四日以内に之に不服の要領を記し上級の監督官廳に提出すへし又は行政裁判所に出訴せんとする者は其裁決書を交付せられ又之か告知を受けたる日より二十一日以内に出訴すへし但裁判所に出訴したる事件は更に内務大臣に訴願をなすを得さるものとす
訴願及訴訟を提出し其裁決確定又は裁決言渡前は其事件の執行を停止するを原則とすれとも第百五條の場合の如く別に明文あり又は此制度中明文なきも其主務官の意見に依り停止の爲め市の公益を害すると認めたる場合は之を停止せす直に執行するを得るものと

第百十七條　監督官廳ハ市行政ノ法律命令ニ背戻セサルヤ其事務錯亂澁滯セサルヤ否ヲ監視ス可シ監督官廳ハ之カ爲メニ行政事務ニ關シテ報告ヲ爲サシメ豫算及決算等ノ書類帳簿ヲ徵シ並實地ニ就テ事務ノ現況ヲ視察シ出納ヲ檢閲スルノ權ヲ有ス

本條は監督官廳の職權を示したるものにして內務大臣及府縣知事は市行政の法律命令及官廳の權限內にて爲したる處分に背きたる事なきや否其行政事務錯亂して其秩序を失ひ若くは遲緩澁停して市の公益を害するなきや否を監視すへし又其職權上市に命令して事務報告をなさしめ及帳簿書類を徵して出納を檢閲するを得へし

〔參照〕若シ市會ノ決議其權限ヲ超エ成法又ハ條理ニ背戻シ又ハ國安ヲ妨害スルモノト認ムルトキハ監督官廳ハ市長ニ命シテ暫ク其施行ヲ停止セシムルノ權利義務ヲ有ス市廳ハ其命ヲ受ケタル後直ニ之ヲ市會ニ通達シ而シテ決議ノ事件ヲ縣廳ニ具陳スヘシ縣廳ニ於テハ其理由ヲ提擧シテ裁決ヲ下スヘシ（孛國市治章程第七十七條）

第百十八條　市ニ於テ法律勅令ニ依テ負擔シ又ハ當該官廳ノ職權ニ依テ命令スル所ノ支出ヲ定額豫算ニ載セス又ハ臨時之ヲ承認セス又ハ實行セサルトキハ府縣知事ハ理由ヲ示シテ其支出額ヲ定額豫算表ニ加ヘ又ハ臨時支出セシムヘシ

市ニ於テ前項ノ處分ニ不服アルトキハ行政裁判所ニ出訴スルコトヲ得

市に於て法律勅令に依り市の負擔と確められたる事務例へは市固有の事務當然市に屬すへきものを云ふにして新に市の負擔となりしもの又は浦役場事務司法警察補助官の事務等に屬する費額又は主務大臣府縣知事の職權に依り命令する事務の費用を其市の經費豫算中に載せす又は臨時に支出を命するも之に應せさるときは府縣知事に於て其職權を以て强て之を行はしむることを得へし市に於て此の處分に服せさるときは行政裁判所に出訴して其裁判を受くることを得へし

〔參照〕若シ市會ニ於テ成法上都市ノ負擔ヲ定額豫算中ニ編入スルヲ肯セス又ハ臨時之ヲ承認スルヲ拒ムトキハ縣廳ハ其職權ヲ以テ該成法ヲ提擧シテ斷然之ヲ定額中ニ加ヘシメ若クハ臨時ノ支辨ヲ確定スヘシ(孛國市治條例第七十八條)

第百十九條　凡市會又ハ市參事會ニ於テ議決ス可キ事件ヲ議決セサルトキハ府縣參事會代テ之ヲ議決ス可シ

市會又は市參事會に於て其爲すへき事務を爲さゝるときは府縣參事會に於て之を議決處理すへしと定めたるは萬已むを得さる時の臨機處分法を設けたるものなり

第百二十條　內務大臣ハ市會ヲ解散セシムルコトヲ得解散ヲ命シタル場合ニ於テハ同時ニ三ヶ月以內更ニ議員ヲ改選ス可キコトヲ命ス可シ但

改選市會ノ集會スル迄ハ府縣參事會市會ニ代テ一切ノ事件ヲ議決ス

内務大臣は其職權に依り市會を解散せしむることを得、解散を命したるとき内務大臣は更に三ヶ月以内に議員の改選を命し其間に會議を要する事件あらは府縣參事會、市會の代議をなすものとす是亦一の臨機已を得さる處分法なり

〔參照〕 内閣ノ奏上ニ依リ勅命ヲ以テ市會ヲ解散セシムルコトアルヘシ
前項ノ場合ニ於テ縣廳ハ議員ノ新選擧ヲ爲スヘシ新選擧ハ解散降令ノ日ヨリ六ケ月内ニ之ヲ行フ其新選議員ノ未タ執務セサル間ハ内務大臣ヨリ委員ヲ命シテ其事務ヲ管理セシムヘシ（孛國市治章程第七十九條）
○邑會ハ大統領ノ理由ヲ述ヘタル布告ニシテ内閣會議ヲ經テ官報ニ載セタルモノヽミヲ解散スルヿヲ得
至急ヲ要スル場合ニ於テハ縣知事ハ理由ヲ述ヘタル布達ヲ以テ臨時邑會ヲ停止スルヿヲ得但知事ハ直ニ之ヲ内務大臣ニ具申スヘシ又停止期限ハ一ケ月ヲ超ユルヿヲ得ス（佛國邑會組織及職制第四十三條）
邑會ハ解散或ハ辭職ノ日ヨリ二ケ月以内ニ邑會議員ノ改選ヲナスヘキモノトス（同上第四十五條）

第百二十一條　左ノ事件ニ關スル市會ノ議決ハ内務大臣ノ許可ヲ受クルコトヲ要ス

一　市條例ヲ設ケ並改正スル事
二　學藝、美術ニ關シ又ハ歷史上貴重ナル物品ノ賣却讓與質入書入交換若クハ大ナル變更ヲ爲ス事

前項第一ノ場合ニ於テハ勅裁ヲ經テ之ヲ許可ス可シ

本條に於て第三十一條市會の議決中内務大臣の許可を受くへきことゝ定めたる事件及其理由は左の如し

一　市條例は其市内に於ては此市制と同一の效力を有すへく又歐洲各國にては國會議院の議決に付すへき程の重要の事件なれは本條に於ても市條例は勅裁を仰き之を許可するものとなせり

二　學藝、美術又は歷史上貴重の物品は所謂る國家の寶物なり故に一時市會の議決に放任せす政府其處分に干與するを要するは他日噬臍の悔なきを欲するか爲めなり

第百二十二條　左ノ事件ニ關スル市會ノ議決ハ内務大臣及大藏大臣ノ許可ヲ受クルコトヲ要ス

一　新ニ市ノ負債ヲ起シ又ハ負債額ヲ增加シ及第百六條第二項ノ例ニ違フモノ但償還期限三年以内ノモノハ此限ニ在ラス

二　市特別稅並使用料、手數料ヲ新設シ增額シ又ハ變更スル事

三　地租七分ノ一其他直接國稅百分ノ五十ヲ超過スル附加稅ヲ賦課スル事

四　間接國稅ニ附加稅ヲ賦課スル事

五　法律勅令ノ規定ニ依リ官廳ヨリ補助スル歩合金ニ對シ支出金額ヲ定ムル事

本條に於て第三十一條市會の議決中内務大藏兩大臣の許可を受くへきことゝ定めたる事件及其理由は左の如し

一　新に市に於て公債を募集し又は舊債を増額し及第百六條第二項償還期限の例に違ふものゝ如きは若し其處置に一歩を誤るあらは終に其回復を期すへからさるを以て其始に於て其調査を愼重せさるへからさるに由る

二　市特別税等を新設し増額するとき市住民の負擔に堪ふるや否又其相當を得るや否を査定するは緊要なるに由る

三　地租其他直接國税附加税の制限を超ゆること甚しけれは其極國の財源を乾涸し人民營業の衰頽を招くの恐あるに由る

四　直接税に附加税を賦課するは其制限内なれは兩大臣の許可を受くるを要せさるも間接國税に附加税を賦課するは少額なりとも許可を受けさるへからす畢竟間接税は徴收に不便にして且本税に影響を來すこと多きを以て萬已を得さる限りは之を賦課せさるの精神なるに由る

五　法律勅令の規定に依り官の補助する歩合金例へは國庫金と市税と聯帶支辨の費額に

係り其總額を定むるときは政府に於ても亦國庫金の豫算に關係を來すへきを以て之を豫知するの必要あるに由る

〔參照〕 縣廳ノ許可ヲ要スルモノ左ノ如シ

第一 共用ノ地所及成法上之ニ均シキ權利ヲ販賣讓與スル事

第二 研學、靑史又ハ工藝上最モ貴重ナル物件特ニ文庫ノ如キヲ販賣讓與シ若クハ大ニ變更スル事

第三 市民ノ爲メ新ニ負債ヲ募リ又ハ原債ヲ增加スル事

第四 共用物(森林、牧場、荒野、泥炭坑等ノ類)使用方法變更スル事(孛國市治章程第五十條)

第百二十三條 左ノ事件ニ關スル市會ノ議決ハ府縣參事會ノ許可ヲ受クルコトヲ要ス

一 市ノ營造物ニ關スル規則ヲ設ケ並改正スル事

二 基本財產ノ處分ニ關スル事(第八十一條)

三 市有不動產ノ賣却讓與並質入書入ヲ爲ス事

四 各個人特ニ使用スル市有土地使用法ノ變更ヲ爲ス事(第八十六條)

五 各種ノ保證ヲ與フル事

六 法律勅令ニ依テ負擔スル義務ニ非スシテ向五ケ年以上ニ亘リ新ニ市住民ニ負擔ヲ課スル事

七　均一ノ稅率ニ據ラスシテ國稅府縣稅ニ附加稅ヲ賦課スル事（第九十條第二項）

八　第九十九條ニ從ヒ數個人又ハ市內ノ一區ニ費用ヲ賦課スル事

九　第百一條ノ準率ニ據ラスシテ夫役及現品ヲ賦課スル事

本條に於て第三十一條市會の議決中府縣參事會の許可を受くへきことゝ定めたる事件及其理由は左の如し

一　市條例は內務大臣の許可を受くへきを以て從て市の規則の府縣參事會の許可を受くへきは監督階級上相當の順序なるに由る

二　基本財產は他の收入と異にして收入の外其原物は漫りに之を支消すへき性質のものにあらさるに由る

三　市有不動產は動產と異にして一旦其處分を誤れは忽ち其市の興廢に關係を來すへきに由る

四　第八十六條の塲合の如きは特別の權利に關するに由り多數の勢力或は少數の權利を壓倒するの弊あらんことを恐るゝに由る

五　市限りにて保證をなすときは或は後日救ふへからさるの弊を來すへきを以てなり例

へは瓦斯會社瓦斯燈會社等に年限を定め利息の保證を與へたるも其年限中に保證は無益に屬し唯市の負擔のみを遺すの類あるに由る

六　市の隨意事業にして向五年以上に亘り新規に課税をなすは恰も經年事業を起すに均しきを以て市の民力に堪へ得るや否を撿定するは監督上必要なるに由る

七　税率に不同あるは課税の原則に背戻するに由る

八　數個人又は或る區に費用を賦課するは或は偏頗不公平の事あらんことの恐あるに由る

九　準率に據らすして夫役及現品を課するは或は彼に薄くして此に厚きの處置あらんことの恐あるに由る

第百二十四條　府縣知事ハ市長、助役、市參事會員、委員、區長其他市吏員ニ對シ懲戒處分ヲ行フコトヲ得其懲戒處分ハ譴責及過怠金トス其過怠金ハ二十五圓以下トス

追テ市吏員ノ懲戒法ヲ設クルヽ迄ハ左ノ區別ニ從ヒ官吏懲戒例ヲ適用スル可シ

一　市參事會ノ懲戒處分(第六十四條第二項第五)ニ不服アル者ハ府縣

知事ニ訴願シ府縣知事ノ裁決ニ不服アル者ハ行政裁判所ニ出訴スルコトヲ得

二　府縣知事ノ懲戒處分ニ不服アル者ハ行政裁判所ニ出訴スルコトヲ得

三　本條第一項ニ掲載スル市吏員職務ニ違フコト再三ニ及ヒ又ハ其情狀重キ者又ハ行狀ヲ亂リ廉耻ヲ失フ者、財産ヲ浪費シ其分ヲ守ラサル者又ハ職務擧ラサル者ハ懲戒裁判ヲ以テ其職ヲ解クコトヲ得其隨時解職スルコトヲ得可キ者ハ(第六十三條)懲戒裁判ヲ以テスルノ限ニ在ラス

總テ解職セラレタル者ハ自己ノ所爲ニ非スシテ職務ヲ執ルニ堪ヘサルカ爲メ解職セラレタル塲合ヲ除クノ外退隱料ヲ受クルノ權ヲ失フモノトス

四　懲戒裁判ハ府縣知事其審問ヲ爲シ府縣參事會之ヲ裁決ス其裁決ニ不服アル者ハ行政裁判所ニ出訴スルコトヲ得

市長ノ解職ニ係ル裁決ハ上奏シテ之ヲ執行ス

監督官廳ハ懲戒裁判ノ裁決前吏員ノ停職ヲ命シ並給料ヲ停止スルコトヲ得

市吏員たる者は其專務有給たると名譽職無給たるとに拘はらす法律に依準し其所屬官廳に對して從順なるへく又均しく懲戒法に服從すへきものなり故に本條に於ても市長以下の懲戒を行ふは府縣知事、府縣參事會と定めたるは凡そ監督權ある者は懲戒を行ふへき權あるの旨を採りたるものなり此制度に於ては懲戒の罰を分つて三種とす第一譴責、第二過怠金第三解職是なり

本條は追て懲戒法の設けある迄は左の例に依り懲戒すへし

一　助役以下市吏員を懲戒處分するの權は市參事會に屬す其處分に不服ある者は第百十六條の期限內に訴願及出訴することを得其過怠金は十圓以下とす

二　市長以下市吏員を懲戒處分するの權は亦府縣知事に在り其處分に不服ある者は行政裁判所に出訴するを許せり

三　助役以下の吏員再三懲戒處分を受るも改悛の狀なき者及品行不正又は奢侈放蕩の者は吏員たるに適せさるにより懲戒裁判を以て其職を解くへく又重傷疾病又は老朽用に堪へさるの類にて職務擧らさる者と雖も市長又は市參事會の專決を以て之を解職せす

必す懲戒裁判(此場合は懲戒の爲にあらすして公平を得る爲めなるへし)を以て之を行ふなり是れ解職の處分に大に保護を加へ吏員の任免には最も嚴肅公平を要するを以ての故なり第六十三條第二項の吏員の解職は懲戒裁判を要せさること勿論なり

前項懲戒裁判に依り解職せられたる者は退隱料を受くるの權を失ふと雖も唯自ら招かさる原因より發したる疾病にして不治の症に陷り又は職務の爲めに負傷し又は老年に及ひ職務を執るに堪へさるか爲めに解職せられたる者に限りては退隱料を受くるの權ありとす

四　懲戒裁判は府縣知事及府縣參事會員を以て組織す府縣知事其審問を行ひ參事會員の集議體に於て之を裁決す是は判決の公平を得んことを期したるものなり加之ならす其裁決に不服ある者は更に行政裁判所に出訴するを許せり

市長の解職に上裁を要するは市長は其初め勅裁に依り任せらるゝものなれはなり

府縣知事又は內務大臣は懲戒裁判の裁決に至る迄吏員の執職幷其給料を停止するを得るなり若し裁決の上無罪となりたるときは其給料を還付すへきは勿論とす

〔參照〕　市長聽員及其他市吏ノ職務過失ニ付テハ當該條例ニ據リ處分スヘシ(孛國市治章程第八十條)

第百二十五條　市吏員及使丁其職務ヲ盡サス又ハ權限ヲ越エタル事アルカ爲メ市ニ對シテ賠償ス可キコトアルトキハ府縣參事會之ヲ裁決ス其

裁決ニ不服アル者ハ裁決書ヲ交付シ又ハ之ヲ告知シタル日ヨリ七日以內ニ行政裁判所ニ出訴スルコトヲ得但出訴ヲ爲シタルトキハ府縣參事會ハ假ニ其財產ヲ差押フルコトヲ得

本條は市吏員は自己の過誤怠慢より生したる損害は賠償の責ある旨を明示し其をして戒むる所あらしめたるなり凡そ市吏員及小使其職務を怠り又は越權の處置を爲したる爲め市に損害を加へたるときは府縣參事會の裁決を以て其賠償を命すへし其裁決に不服ある者は裁決書を交付せられ又之か告知を受けたる日より七日以內に行政裁判所に出訴することを許せり其出訴期限の他の場合より短きは其間に證據湮滅等の恐あれはなり又假に財產の差押へを許したるは名を出訴に假り其財產を藏匿脫漏するの恐あるを以てなり

第七章　附則

附則は此制度に附加したる規則にして其施行の際一時の要用に充る爲めの規定なり

第百二十六條　此法律ハ明治二十二年四月一日ヨリ地方ノ情況ヲ裁酌シ府縣知事ノ具申ニ依リ內務大臣指定スル地ニ之ヲ施行ス

此法律は本邦未曾有の分權自治の大典なるにより若し施行の際其地方の情勢及民度に適合せさるものあれは其法は完美なるも只一片の空文たるを免れさるのみなら地方人民に

害毒を流すこと無きを期せさるなり是を以て此法律に限りては他の法律と其施行の順序を異にし府縣知事に於て其一府縣内の情況此制度を實行するに適ひ其實行の機熟せりと認め內務大臣に具申したる後該大臣に於て更に其適否を査察し果して之を實行するを得ると認定したる地に初めて之を實行せしむるを法則とす

第百二十七條　府縣參事會及行政裁判所ヲ開設スル迄ノ間府縣參事會ノ職務ハ府縣知事行政裁判所ノ職務ハ內閣ニ於テ之ヲ行フ可シ

此法律施行の後府縣參事會の設立に至る迄の間參事會の職務は府縣知事之を行ひ又行政裁判所設立に至る迄の間は其職務を內閣にて行ふは蓋し一時の便宜法たるに過きさるなり

第百二十八條　此法律ニ依リ初テ議員ヲ選擧スルニ付市參事會及市會ノ職務並市條例ヲ以テ定ム可キ事項ハ府縣知事又ハ其指命スル官吏ニ於テ之ヲ施行ス可シ

此法律を初めて施行すへき地に於て議員選擧の準備及市條例を以て定むへき事項は府縣知事自ら之を施行し又は指命したる官吏をして之を施行せしむ是亦施行の際一時の便宜法たるに過きさるなり

第百二十九條　社寺宗教ノ組合ニ關シテハ此法律ヲ適用セス現行ノ例規及其地ノ習慣ニ從フ

氏子、講中等社寺宗敎の組合は此制度に關係なきものなれは從前の通にて毫も變更することなしとす

第百三十條　此法律中ニ記載セル人口ハ最終ノ人口調査ニ依リ現役軍人ヲ除キタル數ヲ云フ

第十一條の人口は最も新き調査の人口中より陸海軍現役者を取除きたる數に依り計算すへし

第百三十一條　現行ノ租稅中此法律ニ於テ直接稅又ハ間接稅トス可キ類別ハ内務大臣及大藏大臣之ヲ告示ス

現行の租稅に付此法律中に云ふ直接稅と間接稅との區別は追て內務大臣大藏大臣の告示を以て之を定めらるへし

第百三十二條　明治九年十月第百三十號布告各區町村金穀公借共有物取扱土木起功規則、明治十一年七月第十七號布告郡區町村編制法第四條、明治十七年五月第十四號布告區町村會法、明治十七年五月第十五號布

告、明治十七年七月第二十三號布告、明治十八年八月第二十五號布告其他此法律ニ抵觸スル成規ハ此法律施行ノ日ヨリ總テ之ヲ廢止ス

【參看】明治九年十月第百三十號布告各區町村金穀公借共有物取扱土木起功規則

第一條　凡一區ニ於テ金穀ヲ公借シ若クハ共有ノ地所建物等ヲ賣買スルトキハ正副區戸長並ニ其區内毎町村ノ總代二名ツヽノ內六分以上之ニ連印スルヲ要スヘシ

第二條　凡町村ニ於テ金穀ヲ公借シ若クハ共有ノ地所建物等ヲ賣買スルトキハ正副區戸長並ニ其町村内不動産所有ノ者六部以上之ニ連印スルヲ要スヘシ

第三條　凡區內若クハ町村內ニテ土木ヲ起功スルトキハ其區ト町村ナルトニ隨ヒ各第一條若シクハ第二條ニ倣フヘシ

第四條　若シ第一條第二條及ヒ第三條ニ指示セル場合ニ於テ唯正副區戸長ノ印ノミヲ鈐シ其須要ナル連印ナキモノハ總テ之ヲ該區戸長限リノ私借若クハ私ノ土木起功ト看做スヘシ其正副區戸長ノ印ノミヲ以テ共有ノ地所建物等ヲ賣買シタル者ハ總テ賣買ノ效ヲ有セス

明治十一年七月第十七號布告郡區町村編制法

第四條　三府五港其他人民輻湊ノ地ハ別ニ一區トナシ其廣濶ナル者ハ區分シテ數區トナス

明治十七年五月第十四號布告區町村會法

第一條　區町村會ハ區町村費ヲ以テ支辨スヘキ事件及其經費ノ支出徵收方法ヲ議定ス

第二條　區町村會ノ會期、議員ノ員數、任期、改選及其他ノ規則ハ府知事縣令之ヲ定ム

第三條　區會ハ區長之ヲ招集シ其議按ヲ發ス町村會ハ戸長之ヲ招集シ其議按ヲ發ス

第四條　區會ノ評決ハ區長之ヲ施行シ町村會ノ評決ハ戸長之ヲ施行ス若シ其評決ヲ不適當ナリトスルトキハ其施行ヲ止メ府知事縣令ニ具狀シテ指揮ヲ請フ可シ

第五條　區長ニ於テ區會、郡區戸長ニ於テ町村會ノ議事若シ法ニ背キ又ハ治安ヲ害スルコトアリト認ムルトキハ

其會議ヲ中止シ府知事縣令ニ具狀シテ指揮ヲ請フ可シ
第六條　府知事縣令ニ於テハ町村會ノ議事若シ法ニ背キ又ハ治安ヲ害スルコトアリト認ムルトキハ何時タリトモ區町村會ヲ停止シ又ハ之ヲ解散シテ改選セシムルコトヲ得
第七條　前條ノ場合ニ於テ停止又ハ解散ヲ命シタルトキハ更ニ開會ヲ命シ又ハ改選スル迄ノ間區長戸長ハ經費ノ支出徴收方法ヲ定メ府知事縣令ノ認可ヲ得テ施行スルコトヲ得
第八條　區町村ニ於テ議員ヲ選擧セス又ハ議員招集ニ應セスシテ會議ヲ開クヲ得ス及議定スヘキ議按ヲ議定セス又ハ會期内ニ於テ議按ヲ評決シ終ラサルトキハ前條ノ例ニ依ル
第九條　議員ヲ選擧スルヲ得ヘキ者ハ滿二十歳以上ノ男子ニシテ其區町村ニ住居シ其區町村内ニ於テ地租ヲ納ル者ニ限ル但府縣會規則第十三條第一欵第二欵第三欵ニ觸ル丶者及陸海軍々人現役ノ者ハ選擧人タルコトヲ得ス
第十條　議員タルコトヲ得ヘキ者ハ滿二十歳以上ノ男子ニシテ其區町村ニ住居シ其區町村内ニ於テ地租ヲ納ル者ニ限ル但府縣會規則第十三條第一欵第二欵第三欵第四欵ニ觸ル丶者ハ議員タルコトヲ得ス
第十一條　區會ノ議長ハ區長町村會ノ議長ハ戸長ヲ以テ之ニ充ツ區長戸長若シ事故アルトキハ區長戸長ニ於テ議員中ヨリ議長ヲ指定スルコトヲ得
第十二條　府知事縣令其管轄内ニ於テ町村會ヲ開設シ得ヘカラサル狀況アルヲ認ムルトキハ内務卿ニ具狀シテ指揮ヲ請フ可シ
第十三條　府知事縣令ハ數區町村ニ關渉スル事件アルトキ其區域ヲ定メテ聯合區町村會ヲ開設スルコトヲ得
第十四條　府知事縣令ハ水利土功ニ關スル事件ニシテ區町村會若クハ聯合區町村會ニ於テ評決スルヲ得サルモノアルトキ特ニ其區域ヲ定メテ水利土功會ヲ開設スルコトヲ得
第十五條　聯合區町村會及水利土功會ハ總テ本法ニ準據ス其區域區長戸長數人ノ所轄ニ渉ルモノハ府知事縣令便宜區長ヲシテ之ヲ管理セシム但戸長ヲシテ其評決ヲ施行セシムルコトアルヘシ

明治十七年五月第十五號布告

區町村會ニ於テ評決シタル區町村費及ヒ水利土功會ニ於テ評決シタル土木費ノ怠納者ハ總テ明治十年月十一第七十

九號布告ニ據リ處分ス可シ若シ財產公賣ノ際買受望人ナキトキハ官沒ノ手續ヲ爲サス郡區長又ハ戶長ニ於テ之ヲ管掌シ會議ノ評決ヲ取リ府知事縣令ノ認可ヲ得テ處分ス可シ

明治十七年七月第二十三號布告

區町村會ニ於テ評決シタル區町村費ニ關シ不服アリテ出訴セントスルモノハ都テ明治十五年五月第二十二號布告ニ依ル可シ

明治十八年八月第二十五號布告

土地ニ賦課スル區町村費ハ明治十九年度ヨリ地租七分ノ一ヲ超過スルヲ得ス

但非常ノ費用ハ豫知スヘカラサル天災時變ノ費用ヲ云別ニ賦課スルヲ得此場合ニ於テハ區町村會若クハ水利土功會ノ評決ヲ取リ府知事縣令ノ指揮ヲ請フヘシ

右參看に揭けたる布告其他此法律に牴觸する規則は此市制を施行する地方には其施行の日より廢止に屬すへし故に當分の內は日本帝國中に右參看に揭くる布告の依然行はれ居る地方(市制施行前の地方)と全く廢止に屬する地方(市制を施行したる地方)とあるへし

第百三十三條　內務大臣ハ此法律實行ノ責ニ任シ之カ爲メ必要ナル命令及訓令ヲ發布ス可シ

本條は此法律實行の責任者は內務大臣にして之を實行するか爲め必要なる省令及訓令を發せさるへからさることを明示したるなり

町村制

町村制は東京其他市制を施行する都市名邑を除き爾餘の市街及宿驛鄕村の人民團結し共同の利益を增進し自治の舊慣を存重擴張するに付ての法典なり又此法律を町村制と市制の二制に分たれたる所以は市制の部に述へ置きたるにより之を略す

第一章　總則

本章に揭けたる事項は此法律の根基なり町村は市と同しく土地と人民との二者湊合して成立し且此法律に於て自主權を付與せられたる所の自治團結なり故に本章各款の精神は毫も市制第一章に異なることなし只其自治體の稱呼上に町村と市との別あるのみ本制に於て其字句精神兩なから市制に同しきものは重複の煩を避けて其註解を略せり宜しく彼此參看すへし

第一款　町村及其區域

此款には自治體成立の根基たる疆域及其性質の事を揭く

第一條　此法律ハ市制ヲ施行スル地ヲ除キ總テ町村ニ施行スルモノトス

此町村制は市制を施行する都會又は人民輻湊の地にして郡の管轄を受けさる地を除き其他の市街宿驛鄕村に行ふ法律なり

市町村は均しく國の最下級の自治體なりと雖も市と町村とは自ら人情風俗及經濟を異にし從て制度上之か區別を要するを以て此法律に於ては市は之を郡の區域より分離獨立せしめ町村は之を郡の區域に屬し行政上其管轄を受けしむるものと定められたり

例へは町村制施行の上は舊城下の市街又は船舶輻湊の地抔は其内在來の町村の小區畫を廢し其全域を一自治體となすへきを以て其人口二萬以上殆んと市ともなるへき程の大町あり又山間僻地には人口一千内外の小村あるを見るは恰も市に人口百萬以上のものあり又三萬以下のものあるか如し

第二條　町村ハ法律上一個人ト均ク權利ヲ有シ義務ヲ負擔シ凡町村公共ノ事務ハ官ノ監督ヲ受ケテ自ラ之ヲ處理スルモノトス

自治體たる町村は市と同しく法人なるにより町村内公共の事務は町村會及町村長の議政及行政兩機關に據て自ら之を處理し又官廳の監督を受くる等總て市に異なるなし

〔參照〕　村ハ公ケナル法人ノ權ヲ有ス（孛國東六州村法）
○寺區ハ法人ナリ（英國濟貧法條例）

第三條　凡町村ハ從來ノ區域ヲ存シテ之ヲ變更セス但將來其變更ヲ要スルコトアルトキハ此法律ニ準據ス可シ

町村の區域は市と同しく在來の儘之を變更せさるを原則とす然れとも本邦現今各町村の

大半は其區域狹少に過き本制に依り獨立町村たるの資格を有し得るもの殊に少なかるへきを以て實際に於て此法律の原則に拘はらす本制施行の上は現今の町村區畫に多くの變更を來すなるへし是亦已むを得さることなるへきか

〔參照〕邑村及私領區ハ從來各其屬シタル地所ヲ以テ境界トス（孛國村章程第一條第一項）
○各地所ハ必ス一町村ノ區域ニ屬セサルヘカラス但皇帝及皇族ノ常任若クハ滯在所並其園囿ハ此ノ例外トス（澳國町村憲法第一條第一項）

第四條　町村ノ廢置分合ヲ要スルトキハ關係アル市町村會及郡參事會ノ意見ヲ聞キ府縣參事會之ヲ議決シ內務大臣ノ許可ヲ受ク可シ
町村境界ノ變更ヲ要スルトキハ關係アル町村會及地主ノ意見ヲ聞キ郡參事會之ヲ議決ス其數郡ニ涉リ若クハ市ノ境界ニ涉ルモノハ府縣參事會之ヲ議決ス
町村ノ資力法律上ノ義務ヲ負擔スルニ堪ヘス又ハ公益上ノ必要アルトキハ關係者ノ異議ニ拘ハラス町村ヲ合併シ又ハ其境界ヲ變更スルコトアル可シ
本條ノ處分ニ付其町村ノ財產處分ヲ要スルトキハ併セテ之ヲ議決ス可

シ

前條但書に依り町村を市又は他の町村へ合し又町村を割きて一の町村となさんとするとき府縣參事會は其變更に關係を有する市會町村會及郡參事會の同意を得更に內務大臣の許可を受けたる後初めて之を實行することを得蓋し町村の廢置は容易に行ふへき事柄にあらさるを以てならん又町村の境界の小變更例へは甲村と乙村と犬牙相接する塲所を河流又は道路に據て之を界し兩村の境界を正しくなす等の事は其町村全體の存廢にあらさるを以て其町村の屬する郡の參事會に於て町村の利益と認め且其關係ある土地の所有者と町村會の同意を得たるときは之を專行し府縣參事會及內務大臣の許可を受くるを要せさるなり若し其關係數郡に渉り若くは市の境界に及ふときは郡參事會の權力にて之を行ふを得さるを以て其上級自治區なる府縣參事會にて之を行ふへきものとす

從來一町一村の體裁を具ふる土地と雖も若し其人口寡少若くは貧乏にして此町村制に定むる諸般の費用を支辨するの資力なきか又は其町村の利益は勿論一般公益上必要あるときは前項の地主又は町村會若くは郡參事會の異議あるも之に拘はらす當該參事會にて其廢置變更を决行するを得るなり抑〻町村の區域は在來の儘之を變更せさるを以て本制の原則となすは前にも述へたるか如くなれとも若し町村の力貧弱にして負擔に堪へす町村の本分を盡すことと能はさるものの帝國內に多々之ありとせんか特に其町村自己の不利益た

るのみならす國の公益にあらさるなり蓋し有力の町村を造成維持すると否らさるとは大に國の利害に關する所なれは町村の廢止分合若くは區域の變更等に國の干渉を要するは固より論を俟たさるなり此場合に於て其關係ある地主及郡市町村をして其意見を述しめ其意見一般の公益を害せさる限りは固より之を採用すへし然れとも其關係者は動もすれは自己の利害に偏し永遠の得失を顧さるものあり是れ乃ち本條に於て其關係者の承諾なきも之を斷行するの權力を府縣郡參事會に付與したる所以なり

右の廢合又は變更を行ふに當りて其町村若くは町村内の一部分に屬する財產あるときは之か處分方をも同時に其評議に付して之を決定すへし

〔參照〕町村區域ノ變更ハ關係町村ノ委員ニ於テ協議ヲ遂ケタル上郡會ノ意見ヲ聞キ縣補佐官ノ議決ヲ以テ之ヲ行フヘシ」

此議定ノ效力ハ國王ノ認可ヲ經テ官報ヲ以テ公布シタル後之ヲ施行スルヲ得ルモノトス

一般ノ分合ニ際シテ生スル變更ハ此限ニ在ラス（孛國町村法第一條末項）

從來何レノ邑村又ハ私領區ニモ屬セサル地所ハ關係者雙方ヲ推問シ且郡會ノ意見ヲ聞キタル上州長ニ於テ之ヲ邑村又ハ私領區ニ合併スヘシ若シ其地所又ハ區域ノ廣濶ナルト費用支辨ノ力餘リアルカ爲メ別ニ邑村或ハ私領區ヲ成スニ適スルモノハ朕カ允准ヲ得テ獨立スルコトヲ得ヘシ

一邑村又ハ一私領區ヲ他ノ邑村又ハ私領區ニ合併スルハ關係ノ邑村又ハ私領主ヲ推問シ且郡會ノ意見ヲ聞キタル後朕カ允准ヲ得ルニアラサレハ之ヲ行フヲ得ス

一邑村又ハ一獨立私領區内ノ地所（新開地又ハ殖民地ヲ分割シテ他ノ邑村又ハ私領區ト合併スルハ該邑村又ハ私領主ト該地所々有主ノ承諾ヲ得タル後州長ノ許可ニ依リ之ヲ行フヲ得ヘシ但此等ノ地所ヨリ別ニ邑村又ハ獨立私領區ヲ設クルニハ郡會ノ意見ヲ聞キタル後朕カ允准ヲ受ケサルヘカラス又以上ノ境界變更ノ公益上ヨリシテ必要

ナルトキハ關係者承諾ヲ爲サヽルモ郡會ノ意見ヲ聞キタル後朕カ允准ヲ得テ之ヲ斷行スルコトアルヘシ
境界變更ニ依リ其關係者ノ示談ヲ要スルトキハ行政上ノ手續ニテ之ヲ行フヘク示談調和ノ後之ヲ確定スルニハ縣廳ノ認可ヲ以テ足レリトス若シ其示談ノ際爭論ノ起ルアレハ州長之ヲ裁決ス但私法上ノ關係ハ此ノ如キ變更ニ依リ決シテ之ヲ妨害スルヲ得ス
變更ノ時ハ毎回之ヲ公文誌ニ載セテ公告スヘシ（同上村章程第一條）
○狹小ナル寺區ノ合併及廣大ナル寺區ノ分割ハ其寺區内ノ財産所有者及納税者（出願者ノ財産價格ハ全寺區價格ノ十分一ナルヲ要ス）ノ出願ニ基キタル假命令ニ依ルニ非スンハ何人タリトモ之ヲ行フノ權ヲ有セス然レ𪜈孤立若クハ寺區ノ域外地ハ人民ノ出願ヲ須タスシテ地方政務局ノ局令ヲ以テ之ヲ分離シテ寺區ニ搆成シ若クハ隣接ノ寺區ニ合併スルコトヲ得（英國濟貧法條例）
○廣大ナル領地ハ町村ノ區域ヨリ分離セシムヘキカ否又何等ノ規約ヲ以テ分離セシムヘキカハ州法ヲ以テ之ヲ特定スヘシ但右分離ヲ許スト雖モ固ヨリ其領地ハ町村ト同一ノ義務ヲ負擔セサルヘカラス而シテ其權利ハ之ヲ盡スニ必要ナルモノヽ外之ヲ付與セス（澳國町村憲法第一條末項）

第五條　町村ノ境界ニ關スル爭論ハ郡參事會之ヲ裁決ス其數郡ニ渉リ若クハ市ノ境界ニ渉ルモノハ府縣參事會之ヲ裁決ス其郡參事會ノ裁決ニ不服アル者ハ府縣參事會ニ訴願シ其府縣參事會ノ裁決ニ不服アル者ハ行政裁判所ニ出訴スルコトヲ得

町村の境界に關して隣接の町村と爭の起りしときは其裁決は郡參事會之をなすへしと雖も其數郡若くは市に渉りて關係あるときは郡參事會は之を裁決するの權力なきを以て此場合に限り直に府縣參事會に申立裁決を受くへし其他行政裁判所へ出訴を許す等の理由

幷出訴の順序は市制第五條の部に就て看るへし

第二款　町村住民及其權利義務

此款には自治體成立の根基たる町村民及町村民の其町村に對する權利義務の事を掲く

第六條　凡町村內ニ住居ヲ占ムル者ハ總テ其町村住民トス

凡町村住民タル者ハ此法律ニ從ヒ公共ノ營造物幷町村有財産ヲ共用スルノ權利ヲ有シ及町村ノ負擔ヲ分任スルノ義務ヲ有スルモノトス但特ニ民法上ノ權利及義務ヲ有スル者アルトキハ此限ニ在ラス

町村住民たるの權利義務は市制第六條の意義と異なるとなし參看すへし

〔參照〕町村ノ各住民ハ町村ニ屬ス

町村ノ住民トハ此規則ノ定メニ從ヒ町村內ニ自己ノ住所ヲ有スル者タルヘシ（孛國町村法第二條）

町村ノ各住民ハ公ケナル町村ノ營造物共用ノ權及此規則ノ定メニ從ヒ公同ノ負擔ヲ爲スノ義務アリ（同上第三條）

○本籍ニ關スル成規ノ梗概ハ左ノ如シ

一　一年居住ノ後其寺區ヨリ他ニ移轉シ能ハサル（永久救助ヲ受クル）人

二　三年居住ノ後其寺區內ニ本籍ヲ定メシ人

三　土地ヲ所有シ又ハ稅ヲ納ムル者ハ僅ニ四十日間ノ居住ノ後其寺區ニ本籍ヲ定ムルヲ得ル場合多シ

四　既婚ノ女ハ其夫ノ本籍ニ屬ス

五　十六歲未滿ノ幼者ハ（公生ナレハ）其父（私生又ハ父ノ死亡セシトキハ）其母ノ本籍ニ屬ス又十六歲以上ニ達セ

シト雖モ別ニ己ノ本籍ヲ定メサル間ハ尚ホ父母ノ本籍ニ屬ス（英國濟貧法條例）

○各國民ハ町村内ニ在テ戶籍ヲ有スルノ權利ナカルヘカラス
戶籍規定ハ特別ノ帝國法ヲ以テ之ヲ制定スヘシ（澳國町村憲法第二條）

第七條　凡帝國臣民ニシテ公權ヲ有スル獨立ノ男子二年以來（一）町村ノ住民トナリ（二）其町村ノ負擔ヲ分任シ及（三）其町村内ニ於テ地租ヲ納メ若クハ直接國稅年額二圓以上ヲ納ムル者ハ其町村公民トス其公費ヲ以テ救助ヲ受ケタル後二年ヲ經サル者ハ此限ニ在ラス但場合ニ依リ町村會ノ議決ヲ以テ本條ニ定ムル二ケ年ノ制限ヲ特免スルコトヲ得

此法律ニ於テ獨立ト稱スルハ滿二十五歲以上ニシテ一戶ヲ構ヘ且治產ノ禁ヲ受ケサル者ヲ云フ

本條町村公民たるの資格幷其要件の區別及公民權回復に係る町村會の議決權等の事は市制と異なることなし同制第七條の部に就て看るへし

〔參照〕各獨立ノ孛漏生人ニシテ一年以來（一）其町村内ニ住居シ（二）公ケノ救恤扶助ヲ受ケス（三）自己ニ係ル町村稅ヲ支辨シ（四）少ナクモ直稅ノ年額二「ターレル」ヲ拂フカ又ハ第三欵ノ定メニ從ヒ理治スル町村千五百人以下ノ町村ヲ云フニ於テ家屋或ハ百「ライヒスターレル」ノ價格アル土地ヲ所有スル者ハ町村ノ選擧人トス

有夫ノ婦ノ納稅收入及所有地ハ其夫ニ合算シ未丁年者就中父ノ監督内ニアル幼者ノ納稅收入及所有地ハ父ニ合算ス獨立トハ滿二十五歲ニシテ一家計ヲ立テ裁判上ニ於テ治產ノ禁ヲ受ケサル者ヲ云フ（孛國町村法第四條抄出）

第八條　凡町村公民ハ町村ノ選擧ニ參與シ町村ノ名譽職ニ選擧セラルヽノ權利アリ又其名譽職ヲ擔任スルハ町村公民ノ義務ナリトス

左ノ理由アルニ非サレハ名譽職ヲ拒辭シ又ハ任期中退職スルコトヲ得ス

一　疾病ニ罹リ公務ニ堪ヘサル者

二　營業ノ爲メニ常ニ其町村内ニ居ルコトヲ得サル者

三　年齡滿六十歳以上ノ者

四　官職ノ爲メニ町村ノ公務ヲ執ルコトヲ得サル者

五　四年間無給ニシテ町村吏員ノ職ニ任シ爾後四年ヲ經過セサル者及六年間町村議員ノ職ニ居リ爾後六年ヲ經過セサル者

六　其他町村會ノ議決ニ於テ正當ノ理由アリト認ムル者

前項ノ理由ナクシテ名譽職ヲ拒辭シ又ハ任期中退職シ若クハ無任期ノ職務ヲ少クモ三年間擔當セス又ハ其職務ヲ實際ニ執行セサル者ハ町村會ノ議決ヲ以テ三年以上六年以下其町村公民タルノ權ヲ停止シ且同年

期間其負擔ス可キ町村費ノ八分一乃至四分一ヲ増課スルコトヲ得

前項町村會ノ議決ニ不服アル者ハ郡參事會ニ訴願シ其郡參事會ノ裁決ニ不服アル者ハ府縣參事會ニ訴願シ其府縣參事會ノ裁決ニ不服アル者ハ行政裁判所ニ出訴スルコトヲ得

本條町村公民の選擧に參與し又名譽職を擔任するの義務及之か免除の場合并懲罰出訴に關する事は市制と異なることなし同制第八條の註解を看るへし

〔參照〕町村ノ行政及代議ニ係ル無給職ニハ町村ノ選擧人タル右ノ町村住民ノミヲ選擧シ得ルナリ（孛國町村法第四條末項）

町村選擧人ハ町村ノ行政及代議ニ係ル無給職ヲ奉シ又三ヶ年間之ヲ務ムルノ義務アリ

選任ノ始メニ於テ辭退シ又ハ任期中ニ退職スルヲ得ルハ左ノ理由アル者トス

一　長病

二　營業ノ爲メ繁忙又ハ久シク旅行スル者

三　齡六十歳以上ノ者

四　既ニ無給職ヲ務メ了ハリテ未タ三年ヲ過キサル者

五　他ノ職務ニ任スル者

六　内外科開業醫

七　其外町村會ノ考察ニ依テ至當ノ理由アリト視做サレタル者

右ノ理由ナク町村行政又ハ代議ノ無給職ヲ奉スルヲ拒ミ又ハ奉職後三年ニ滿タスシテ之ヲ辭シ又ハ任期中現ニ執務セサル者ハ町村會ノ決議ニ依テ此法律ニ於テ町村選擧人ニ付與シタル權利ヲ三年乃至六年間剥奪スヘシ町村會

ノ決議ハ監督官廳ノ認可ヲ受クルヲ要ス（同上第百三十七條）

參決權ヲ有スルハ戸主ニシテ管内ニ住家アル者ニ限ル然レモ管外人ニシテ村内ニ地所ヲ所有シ其地所牛馬ヲ用ヒテ耕耘スヘキ程ノ田圃ナルカ或ハ製造所又ハ他ノ職業用ノ建築物アリテ其價直少ナクモ右田圃ニ同シケレハ村ノ住民ニアラスト雖氏（寄留人）亦參決權ヲ有スルヲ得ヘシ其村内ニ斯ノ如キ所有アル法人ニ於ケルモ亦同シ

其價直或ハ區域自餘ノ各地所ニ優リタルモノヲ所有スルモノニハ數人分ノ參決權ヲ與フルヲ得ヘシ

參決權ノ多寡ヲ區分スル爲メ村民ヲ數種ノ等級ニ分ツヿヲ得ヘシ

耕耘ノ爲メニ牛馬ヲ用フルヲ要セサルカ如キ小田圃ヲ所有スル者ハ數人相合シテ一人分ノ參決權（聯合參決權）ヲ有セシムルコトヲ得ヘシ右所有人ハ聯合中ヨリ短クシテ三年長クシテ六年ノ期限ヲ以テ選擧シタル代議人ヲ村會ニ出シ以テ代議セシムヘシ（同上村章程第五條）

〇區監タルヘキ者ハ温良篤實ノ君子ニシテ家屋ヲ所有スル者ニ限ル一旦區監ニ選任セラレタル者ハ控訴ヲ爲スニ依ルカ若クハ免除ノ理由アラサル限リハ決シテ之ヲ辭退スルヲ得ス若シ謂レナク就職ヲ肯ンセサルトキハ相當ノ罰ヲ科セラルヘシ區監奉職ノ義務ヲ免ルヽヲ得ヘキ者ハ概子寺區長ノ免除ニ同シ則チ現ニ奉職中ノ寺區長、僧務アル國寺ノ僧徒、國會兩院議員、治安裁判官、現ニ營業中ノ代言、代書人、内外科醫、定規ニヨル藥種商、民兵現役ノ下士兵卒、全給半給ノ陸海軍士官、一二ノ王室官吏及一般ノ收税并理財官吏ナリ（英國濟貧法條例等抄出）

〇町村代理員ノ選擧又ハ其代理會ニ參與スルノ權ヲ有スルニハ町村人民タルコトヲ要ス刑事ノ申渡ト共ニ選擧權被選擧權ノ剝奪ヲ申渡スヘキカ又其期限ノ如何ハ刑律中ニ規定スヘシ之ヲ規定スルマテハ左ノ人員ハ選擧權被選擧權ヲ有セサルモノトス

一　重罪ノ科ニ依リテ處刑セラレタル者

二　同科ニ依リテ糾問拘留中ノ者

三　竊盜詐僞不義ノ主從犯トシテ處刑セラレタル者（刑法第四百六十條第四百六十一條第四百六十四條）（澳國町村憲法第九條）

第九條　町村公民タル者第七條ニ掲載スル要件ノ一ヲ失フトキハ其公民タルノ權ヲ失フモノトス

町村公民タル者身代限處分中又ハ公權剝奪若クハ停止ヲ附加ス可キ重輕罪ノ爲メ裁判上ノ訊問若クハ勾留中又ハ租稅滯納處分中ハ其公民タルノ權ヲ停止ス

陸海軍ノ現役ニ服スル者ハ町村ノ公務ニ參與セサルモノトス

町村公民タル者ニ限リテ任ス可キ職務ニ在ル者本條ノ場合ニ當ルトキハ其職務ヲ解ク可キモノトス

本條は町村公民たる者公民權を失ふ場合を示したるものなり其詳細は市制第九條の部に就て看るへし

第三款　町村條例

此款には自治體の自主權に屬する町村條例設定の範圍を揭く

第十條　町村ノ事務及町村住民ノ權利義務ニ關シ此法律中ニ明文ナク又ハ特例ヲ設クルコトヲ許セル事項ハ各町村ニ於テ特ニ條例ヲ設ケテ之

ヲ規定スルコトヲ得

町村ニ於テハ其町村ノ設置ニ係ル營造物ニ關シ規則ヲ設クルコトヲ得」

町村條例及規則ハ法律命令ニ抵觸スルコトヲ得ス且之ヲ發行スルトキハ地方慣行ノ公告式ニ依ル可シ

本條は町村に町村條例及規則を設定するの權を付與したるものにして其順序幷解說は市制第十條の部に就て看るへし

〔參照〕各自參決權利ノ有無及村會ニ於テ參決スルノ方法ハ現行ノ村章程ヲ以テ之ヲ定ム(孛國村章程第三條)參決權ニ關スル村章程ノ文意明瞭ナラサルカ或ハ同章程中參決權ノ事ニ關シ大ナル缺漏アルカ殊ニ村費ヲ負擔スル割合ニ大ナル不權衡アルカ爲メ參決權ヲ更ニ確定シ或ハ其規則ヲ立ツル事ノ必要ナルニ至レハ第五條第六條ノ規定ニ從ヒ村會ノ決議ヲ以テ村章程ノ修補或ハ改正ヲ行フヘシ但其決議ハ縣廳ノ認可ヲ受クルヲ要ス右決議ノ調ハサルニ於テハ縣廳ハ郡會ノ意見ヲ聞キ且内務大臣ノ許可ヲ得第五條第六條ニ照依シ參決權ニ關シテ必要ナル村章程ノ修補或ハ改正ヲ規定スルノ權利ヲ有ス(同上第四條)

第二章　町村會

町村は市と同しく法人なるを以て其意想を顯發し其業務を代行する機關を具せさるへからす其機關の一は町村會にして其他は町村長とす而して本章第一款には町村會の組織及議員選擧の事を掲け第二款には町村會の職務權限幷處務規定の事を掲けたり

第一款　組織及選擧

此款には町村の代議機關の組織及其議員選擧の方法を掲く

第十一條　町村會議員ハ其町村ノ選擧人其被選擧權アル者ヨリ之ヲ選擧ス其定員ハ其町村ノ人口ニ準シ左ノ割合ヲ以テ之ヲ定ム但町村條例ヲ以テ特ニ之ヲ增減スルコトヲ得

一　人口千五百未滿ノ町村ニ於テハ　議員八人
一　人口千五百以上五千未滿ノ町村ニ於テハ　議員十二人
一　人口五千以上一萬未滿ノ町村ニ於テハ　議員十八人
一　人口一萬以上二萬未滿ノ町村ニ於テハ　議員二十四人
一　人口二萬以上ノ町村ニ於テハ　議員三十人

本條は町村會議員選擧の大要を示し幷議員の割合を定めたるものにして町村會議員定員の最下限を八人と定め其最上限を三十人と定めたるは現今各地方町村會の議員定數を標準に取り且歐洲各國の類例を裁酌したるものなるへく尤も市會と町村會との議員定數に等差を付したるは市と町村とは人口に多寡あり又情勢の同一ならさるに由るものと知るへし

〔參照〕村ノ建議ニ出ルトキハ村總會ヲ止メ選擧議員ヲ以テ村代議會ヲ設クルヲ得若シ之ヲ設ケントスレハ先ツ申合規則ヲ以テ其要則ヲ確定スヘシ殊ニ村議員ノ總數、任期、選擧人等級ノ區分、各級ヨリ選擧スヘキ議員ノ數及選擧章程ヲ定ムヘシ此申合規則ハ戸長及郡長ノ協力ヲ得、村ニ於テ起草シ先ツ之ヲ郡會ノ評議ニ付シタル後、縣廳及州長ノ意見ヲ副ヘ内務大臣ニ呈出シテ其認可ヲ受クヘシ(孛國村章程第八條)
○寺區ノ精選區會ノ議員ハ家屋稅ヲ納ムル者一千人毎ニ十二人ノ割合ヲ以テ之ヲ選擧シ其總數百二十人ヲ超過スルヲ得ス(英國濟貧法條例)

第十二條　町村公民(第七條)ハ總テ選擧權ヲ有ス但其公民權ヲ停止セラルヽ者(第八條第三項、第九條第二項)及陸海軍ノ現役ニ服スル者ハ此限ニ在ラス

凡内國人ニシテ公權ヲ有シ直接町村稅ヲ納ムル者其額町村公民ノ最多ク納稅スル者三名中ノ一人ヨリモ多キトキハ第七條ノ要件ニ當ラストモ選擧權ヲ有ス但公民權ヲ停止セラルヽ者及陸海軍ノ現役ニ服スル者ハ此限ニ在ラス

法律ニ從テ設立シタル會社其他法人ニシテ前項ノ場合ニ當ルトキモ亦同シ

本條第一項は町村公民は總て選擧權を有する旨を示し第二項第三項は其例外の選擧權お

る旨を示したり其詳細は市制第十二條の註解に就て看るへし

〔參照〕町村ノ民權ヲ有スル者ニアラサレハ選擧人被選擧人タルコトヲ得ス法則ニ從ヒ町村費ヲ課セラルヽ法人ハ同一ノ選擧權ヲ有ス（孛國町村法）

左ニ掲クル者ハ土地ヲ有スルニ因リ投票權ヲ有スルモ代理ヲ以テ之ヲ行ハシムヘキモノトス

一　幼年者ハ父、繼父或ハ後見人ヲシテ代理セシムヘシ

二　夫アル婦ハ夫ヲシテ代理セシムヘシ

此ニ掲クル父、繼父、後見人及夫ハ其村内ニ住シ殊ニ繼父ハ投票權ニ適スル土地ヲ耕シ後見人ハ村内ニ土地ヲ所有セサレハ代理セシムルヲ得ス若シ是等ノ人此規定ニ適セザルトキハ代理セシムル人ノ屬スル等級内又ハ近キ等級内ノ投票權ヲ有スル者ヲシテ代理セシムルコトヲ得

三　未婚ノ女

四　村外ニ住スル者及法人

第三第四ニ掲クル者ハ其等級内或ハ近キ等級内ノ投票權ヲ有スル者ヲシテ代理セシムルコトヲ得ス第四ニ掲クル者ハ其投票權ノ屬スル所有地ノ小作人或ハ使用人ヲシテ代理セシムヘシ（同上東六州村法第六條）

○納税額五十磅以下ノ人民ハ一個ノ投票權ヲ有シ五十磅以上ハ二十五磅毎ニ投票權一個ヲ増シ六個ヲ極度トス（共同財産ノ所有者ハ其各自ノ所屬財産額ニ對スル税額ニ應シ投票權ヲ有スヘシト雖モ若シ其所有者中ノ一人ノミ出席スルトキハ其總財産額ニ應スル投票權ヲ有ス有税會社ノ役員ハ會社ノ名代トシテ投票スルヲ得又三個月税金ヲ滯納シタル者ハ其投票權ヲ失フ）又法人及合本會社ハ選擧權ヲ有ス（英國濟貧法條例）

第十三條　選擧人ハ分テ二級ト爲ス

選擧人中直接町村税ノ納額多キ者ヲ合セテ選擧人全員ノ納ムル總額ノ半ニ當ル可キ者ヲ一級トシ爾餘ノ選擧人ヲ二級トス

一級二級ノ間納稅額兩級ニ跨ル者アルトキハ一級ニ入ル可シ又兩級ノ間ニ同額ノ納稅者二名以上アルトキハ其町村內ニ住居スル年數ノ多キ者ヲ以テ一級ニ入ル若シ住居ノ年數ニ依リ難キトキハ年齡ヲ以テシ年齡ニモ依リ難キトキハ町村長抽籤ヲ以テ之ヲ定ム可シ

選擧人每級各別ニ議員ノ半數ヲ選擧ス其被選擧人ハ同級內ノ者ニ限ラス兩級ニ通シテ選擧セラルヽコトヲ得

選擧人の等級を分つの利益及其理由は市制第十三條に述へたる所に同し只市制にては市を通して三級となし町村制にては單に二級となしたるは市は戶口多く且貧富の等差あること町村の比にあらさるを以てなり併し乍ら町村の選擧人中の二三非常に多額の稅金を納むるか或は大町村にて其納稅者の等差極めて甚しきの類にして二級選擧法を適當とせさる場合に於ては町村條例を以て三級選擧法を設くることを得へし選擧人等級分ち方の詳細は市制の部に就て看るへし

第十四條　特別ノ事情アリテ前條ノ例ニ依リ難キ町村ニ於テハ町村條例ヲ以テ別ニ選擧ノ特例ヲ設クルコトヲ得

本條は市制第十四條とは全く反對の場合を示したるものにして其特別の事情ある町村例

へは選擧人寡少にして其税額の等差も亦極めて少く選擧に等級を設くるの必要を見さる小町村に於ては前條の例に依り等級選擧を設けすして選擧を行ふか又は他の方法を設け選擧を行ふことを許せり然れとも此法律にて等級選擧を常例と定めたる以上は萬已むを得さるの事情あるにあらされは容易に特例を設くるの許可を得ること難かるへし

〔參照〕有税家屋所有者八百人以上ヲ有スル寺區ニ於テハ通常郡會ノ代リニ精選區會ヲ設クルヲ得（英國濟貧法條例）

第十五條　選擧權ヲ有スル町村公民（第十二條第一項）ハ總テ被選擧權ヲ有ス

左ニ掲クル者ハ町村會議員タルコトヲ得ス

一　所屬府縣郡ノ官吏

二　有給ノ町村吏員

三　檢察官及警察官吏

四　神官僧侶及其他諸宗教師

五　小學校教員

其他官吏ニシテ當選シ之ニ應セントスルトキハ所屬長官ノ許可ヲ受ク可シ

代言人ニ非スシテ他人ノ爲メニ裁判所又ハ其他ノ官廳ニ對シテ事ヲ辦スルヲ以テ業ト爲ス者ハ議員ニ選擧セラルヽコトヲ得ス

父子兄弟タルノ緣故アル者ハ同時ニ町村會議員タルコトヲ得ス其同時ニ選擧セラレタルトキハ投票ノ數ニ依テ其多キ者一人ヲ當選トシ若シ同數ナレハ年長者ヲ當選トス其時ヲ異ニシテ選擧セラレタル者ハ後者議員タルコトヲ得ス

町村長若クハ助役トノ間父子兄弟タルノ緣故アル者ハ之ト同時ニ町村會議員タルコトヲ得ス若シ議員トノ間ニ其緣故アル者町村長若クハ助役ニ選擧セラレ認可ヲ受クルトキハ其緣故アル議員ハ其職ヲ退ク可シ

本條は選擧權を有する者は被選擧權を有する旨を示し又其中に就て被選擧權を與へさる者あることを示したり其解說及理由は市制第十五條の部に就て看るへし

〔參照〕議員ハ課稅十磅ノ家屋ノ所有者トス若シ該資格ヲ有スル者三千人以上アルトキハ其準率ヲ增シテ四十磅トス（英國濟貧法條例）

○被選擧權ノ至要ノ資格ハ年齡滿二十四歲ナルト公權ヲ具有スルトニ在リ選擧權ヲ有セサル者ハ又被選擧權ヲ有スルコトナシ其他左ノ人員ハ皆被選擧權ヲ有セサルモノトス

一　貪利上ノ輕罪又ハ公ケノ風俗ヲ破リタル輕罪ノ科ニ依リ處罰セラレタル者

二　貪利上ノ違警罪又ハ刑法第五百一條第五百四條第五百十一條第五百十二條第五百十五條及第五百十六條ニ揭

載シタル風俗破壞ノ違警罪ノ科ニ依リテ處罰セラレタル者

三　身代限ノ處分ヲ受ケ未タ辨償ヲ終ヘサル者又ハ辨償處分ヲ受ケ未タ處分ヲ終ヘサル者又ハ右辨償又ハ處分ヲ終ヘタル後ト雖モ刑法第四百八十六條ニ掲載シタル輕罪ノ科ニ依リテ處罰セラレタル者

四　貪利上ノ懲戒犯罪ニ依リ公職又ハ公役ヲ免セラレタル者

本條ニ掲載シタル要件ハ選擧法ニ依ラスシテ代理會ニ參與スル町村人民ニモ亦適用スヘキモノトス（澳國町村憲法第十條）

第十六條　議員ハ名譽職トス其任期ハ六年トシ每三年各級ニ於テ其半數ヲ改選ス若シ各級ノ議員二分シ難キトキハ初回ニ於テ多數ノ一半ヲ解任セシム初回ニ於テ解任ス可キ者ハ抽籤ヲ以テ之ヲ定ム

退任ノ議員ハ再選セラルヽコトヲ得

町村會議員と市會議員との任期に等差あることなし又選擧上の手續等は市制第十六條以下の註解に就て看るへし

〔參照〕議員ハ每年其三分一ヲ改選ス（英國濟貧法條例）

第十七條　議員中闕員アルトキハ每三年定期改選ノ時ニ至リ同時ニ補闕選擧ヲ行フ可シ若シ定員三分ノ一以上闕員アルトキ又ハ町村會町村長若クハ郡長ニ於テ臨時補闕ヲ必要ト認ムルトキハ定期前ト雖モ其補闕選擧ヲ行フ可シ

補闕議員ハ其前任者ノ殘任期間在職スルモノトス
定期改選及補闕選擧トモ前任者ノ選擧セラレタル選擧等級ニ從テ之カ選擧ヲ行フ可シ

議員中缺員を生するも必す其時々選擧を行ふを要せす然れとも町村會、町村長若くは郡長に於て必要と認むるときは之を行ふへし其他は市制第十七條の部に就て看るへし

第十八條　町村長ハ選擧ヲ行フ毎ニ其選擧前六十日ヲ限リ選擧原簿ヲ製シ各選擧人ノ資格ヲ記載シ此原簿ニ據リテ選擧人名簿ヲ製ス可シ
選擧人名簿ハ七日間町村役場ニ於テ之ヲ關係者ノ縱覽ニ供ス可シ若シ關係者ニ於テ訴願セントスルコトアルトキハ同期限内ニ之ヲ町村長ニ申立ツ可シ町村長ハ町村會ノ裁決(第三十七條第一項)ニ依リ名簿ヲ修正ス可キトキハ選擧前十日ヲ限リテ之ニ修正ヲ加ヘテ確定名簿トナシ之ニ登錄セラレサル者ハ何人タリトモ選擧ニ關スルコトヲ得ス
本條ニ依リ確定シタル名簿ハ當選ヲ辭シ若クハ選擧ノ無效トナリタル場合ニ於テ更ニ選擧ヲ爲ストキモ亦之ヲ適用ス

町村の理事長なる町村長は議員選擧の準備をなすの責あることと市長に異なることゝなし選擧原簿及選擧人名簿調製の順序等は市制第十八條の註解に詳述せり

〔參照〕區監ニ於テ選擧人タルノ效力ナシト認ムルトキハ選擧人名簿ニ登記スルヲ故障スルコトヲ得其故障シタル人名ハ千八百四十四年公布濟貧法條例ノ規定ニ從ヒ二月五日ヨリ十五日マテノ間ニ於テ之ヲ公告シ其謄本ヲ保長ニ送付スヘシ又區監ハ時々選擧人名簿ヲ修正新調スヘシ（英國濟貧法條例）

第十九條　選擧ヲ執行スルトキハ町村長ハ選擧ノ場所日時ヲ定メ及選擧ス可キ議員ノ數ヲ各級ニ分チ選擧前七日ヲ限リテ之ヲ公告ス可シ各級ニ於テ選擧ヲ行フノ順序ハ先ツ二級ノ選擧ヲ行ヒ次ニ一級ノ選擧ヲ行フ可シ

前條の手續を了へ町村長に於て選擧を行はんとするときは某日某時某場所に於て何級の議員若干名を選擧すへき旨を公告する等の事は市制第十九條に異なることゝなし只選擧等級に二級と三級との差別あるのみ

第二十條　選擧掛ハ名譽職トシ町村長ニ於テ臨時ニ選擧人中ヨリ二名若クハ四名ヲ選任シ町村長若クハ其代理者ハ其掛長トナリ選擧會ヲ開閉シ其會場ノ取締ニ任ス

町村長の選擧掛を選任するは市長と異なることゝなし本條に市制第二十條の如き但書なき

は町村には選擧區を設くるの要なきに由れり其他は市制第二十條の部に就て看るへし

第二十一條　選擧開會中ハ選擧人ノ外何人タリトモ選擧會場ニ入ルコトヲ得ス選擧人ハ選擧會場ニ於テ協議又ハ勸誘ヲ爲スコトヲ得ス

第二十二條　選擧ハ投票ヲ以テ之ヲ行フ投票ニハ被選擧人ノ氏名ヲ記シ封緘ノ上選擧人自ラ掛長ニ差出ス可シ但選擧人ノ氏名ハ投票ニ記入スルコトヲ得ス

選擧人投票ヲ差出ストキハ自己ノ氏名及住所ヲ掛長ニ申立テ掛長ハ選擧人名簿ニ照シテ之ヲ受ケ封緘ノ儘投票函ニ投入ス可シ但投票函ハ投票ヲ終ル迄之ヲ開クコトヲ得ス

第二十三條　投票ニ記載ノ人員其選擧ス可キ定數ニ過キ又ハ不足アルモ其投票ヲ無效トセス其定數ニ過クルモノハ末尾ニ記載シタル人名ヲ順次ニ棄却ス可シ

左ノ投票ハ之ヲ無效トス

一　人名ヲ記載セス又ハ記載セル人名ノ讀ミ難キモノ

二　被選擧人ノ何人タルヲ確認シ難キモノ
三　被選擧權ナキ人名ヲ記載スルモノ
四　被選擧人氏名ノ外他事ヲ記入スルモノ
投票ノ受理並效力ニ關スル事項ハ選擧掛假ニ之ヲ議決ス可否同數ナルトキハ掛長之ヲ決ス
右三條は市制第二十一條第二十二條及第二十三條と異なることなし各條の註解に就て看るへし

〔參照〕各州ニ於テ選擧規則ヲ制定シ以テ町村代理會ノ搆成ヲ規定スヘシ但其規定ノ際多額納税者ノ利益ヲ保護スルコトニ注意スヘシ（澳國町村憲法第十一條）

第二十四條　選擧ハ選擧人自ラ之ヲ行フ可シ他人ニ託シテ投票ヲ差出スコトヲ許サス
第十二條第二項ニ依リ選擧權ヲ有スル者ハ代人ヲ出シテ選擧ヲ行フコトヲ得若シ其獨立ノ男子ニ非サル者又ハ會社其他法人ニ係ルトキハ必ス代人ヲ以テス可シ其代人ハ內國人ニシテ公權ヲ有スル獨立ノ男子ニ限ル但一人ニシテ數人ノ代理ヲ爲スコトヲ得ス且代人ハ委任狀ヲ選擧

掛ニ示シテ代理ノ證トス可シ

凡そ選擧人たる者は必す自ら選擧場に出頭して選擧を行ひ之を代人に委託するを痛く禁せり抑本制に此例を設けたるは選擧に關係なき輩の勸告又は誘惑に由り投票を託し選擧の自由を害ふことなく又選擧人自ら選擧場に出頭すれは投票の重複若くは僞造の弊なかるへきを以てなり既に近今地方に於て府縣會議員選擧上に起る紛紜は投票に關係するもの多し則ち本條の如きは未た雨ふらさるに牖戸を綢繆するの良法と謂ふも不可なかるへし又第二項の解說は市制第二十四條の部に詳なり就て看るへし

第二十五條　町村ノ區域廣濶ナルトキ又ハ人口稠密ナルトキハ町村會ノ議決ニ依リ區畫ヲ定メテ選擧分會ヲ設クルコトヲ得但特ニ二級選擧人ノミ此分會ヲ設クルモ妨ケナシ

分會ノ選擧掛ハ町村長ノ選任シタル代理者ヲ以テ其長トシ第二十條ノ例ニ依リ掛員二名若クハ四名ヲ選任ス

選擧分會ニ於テ爲シタル投票ハ投票函ノ儘本會ニ集メテ之ヲ合算シ總數ヲ以テ當選ヲ定ム

選擧分會ハ本會ト同日時ニ之ヲ開ク可シ其他選擧ノ手續會場ノ取締等

總テ本會ノ例ニ依ル

本條は市制第十四條に於て選擧區を設くる場合と粗ほ同しく一町村の區域廣濶なるか爲め選擧人をして一個の選擧場に出頭せしむるは頗る不便なるか又は人口非常に多くして選擧場に之を容るゝことを能はさるか如き場合には豫て町村會の評議を以て其町村内の便利を圖り數組に區畫をなし其組毎に選擧分會とて選擧場の出張所を設け此處にて其組内の選擧人の投票を受取ることを得るなり又或る町村に於て一級は少人數に付別に分會を要せさることあらは人數の多き二級選擧人に限り組合を設け分會にて投票せしむるも妨けなきなり

此分會にては町村長より選任したる町村長の代理者選擧掛長となり第二十條の例に依りて選擧掛を其分會に出頭したる選擧人中に就て選任するなり

分會にて投票を終りたるときは其投票函を開緘せす其投票を函に入れたる儘にて本會に持來りて之を開き本會の投票と合併計算して其當選者を定むへきものとす分會は市の選擧區と異にして單に投票取集め上の便利の爲め之を設くるに過きさるものと知るへし

分會は本會と同日同時に開くへく又其開閉取締等は第二十條に示す本會の例を用ふへし

第二十六條　議員ノ選擧ハ有效投票ノ多數ヲ得ル者ヲ以テ當選トス投票ノ數相同キモノハ年長者ヲ取リ同年ナルトキハ掛長自ラ抽籤シテ其當

選ヲ定ム

同時ニ補闕員數名ヲ選擧スルトキハ(第十七條)投票數ノ最多キ者ヲ以テ殘任期ノ最長キ前任者ノ補闕ト爲シ其數相同キトキハ抽籤ヲ以テ其順序ヲ定ム

本條は議員當選の認定法を示したるものなり投票にて當選を定むるは元來過半數の法を以て正則となすと雖も町村會議員の如きは正則に從ひ投票をなさしむれは空しく時日と手數を費し却て好結果を得さるへきにより此制にては便宜を圖り比較多數の法を用ひたり詳細は市制第二十六條の部に就て看るへし

第二十七條　選擧掛ハ選擧錄ヲ製シテ選擧ノ顚末ヲ記錄シ選擧ヲ終リタル後之ヲ朗讀シ選擧人名簿其他關係書類ヲ合綴シテ之ニ署名ス可シ投票ハ之ヲ選擧錄ニ附屬シ選擧ヲ結了スルニ至ル迄之ヲ保存ス可シ

選擧錄の調製及投票保存の順序及理由は市制に揭くる所と異なることなきを以て同制第二十六條の部に就て看るへし

第二十八條　選擧ヲ終リタル後選擧掛長ハ直ニ當選者ニ其當選ノ旨ヲ告知ス可シ其當選ヲ辭セントスル者ハ五日以内ニ之ヲ町村長ニ申立ツ可

シ

一人ニシテ兩級ノ選擧ニ當リタルトキハ同期限內何レノ選擧ニ應ス可キコトヲ申立ツ可シ其期限內ニ之ヲ申立テサル者ハ總テ其選擧ヲ辭スル者トナシ第八條ノ處分ヲ爲ス可シ

選擧を終りたる後當選者に告知する等の手續は市制に揭くる所に同し若し當選者にて當選を辭せんと欲するときは其旨を町村長に申立へく又等級選擧を行ふには第十九條第二項に明文ある如く先つ二級の選擧を行ひ次に一級の選擧を行ふへきを以て理論上にては重複して兩級より選擧せられ一級及二級の選擧に當ることなきか如くなれとも實際は地方の人望家に往々之あることにして其例各國に乏しからす本條も亦之を採用し萬一の用に備へたるものなるへし其他は市制第二十七條の部に就て看るへし

第二十九條　選擧人選擧ノ效力ニ關シテ訴願セントスルトキハ選擧ノ日ヨリ七日以內ニ之ヲ町村長ニ申立ツルコトヲ得（第三十七條第一項）町村長ハ選擧ヲ終リタル後之ヲ郡長ニ報告シ郡長ニ於テ選擧ノ效力ニ關シ異議アルトキハ訴願ノ有無ニ拘ラス郡參事會ニ付シテ處分ヲ行フコトヲ得

選擧ノ定規ニ違背スルコトアルトキハ其選擧ヲ取消シ又被選擧人中其資格ノ要件ヲ有セサル者アルトキハ其人ノ當選ヲ取消シ更ニ選擧ヲ行ハシム可シ

議員選擧上の異議は町村長に申立へし町村長選擧を終りたる後當選者の氏名等を郡長に報告す郡長に於て異議あるとき郡參事會に付して處分をなさしむるは恰も市會議員の選擧に異議あるとき府縣知事に於て府縣參事會に付し處分せしむると同一なり其他選擧取消等の塲合は市制第二十八條の註解に詳なり

第三十條　當選者中其資格ノ要件ヲ有セサル者アルコトヲ發見シ又ハ就職後其要件ヲ失フ者アルトキハ其人ノ當選ハ效力ヲ失フモノトス其要件ノ有無ハ町村會之ヲ議決ス

當選者中第七條に揭くる被選擧人たる資格の要件を失ふ塲合の處分は市制第二十九條の註解に同し

第三十一條　小町村ニ於テハ郡參事會ノ議決ヲ經町村條例ノ規定ニ依リ町村會ヲ設ケス選擧權ヲ有スル町村公民ノ總會ヲ以テ之ニ充ツルコトヲ得

人口稀疎又は區域狹少の町村に於ては本制の規定に從ひ正則の選擧會を開き議員を設くるの煩冗を避け町村内の選擧權を有する公民の總寄合相談會を開きて町村會の用に充つることを許せり是れは山間僻地等小町村の爲めには極めて簡便の法なり

〔參照〕通常區會ハ納稅者ノ總集會ナリ（英國濟貧法條例）

第二款　職務權限及處務規程

此款には町村會の職務章程、其權力の限界及事務執行の規則并程度を揭く

第三十二條　町村會ハ其町村ヲ代表シ此法律ニ準據シテ町村一切ノ事件并從前特ニ委任セラレ又ハ將來法律勅令ニ依テ委任セラルヽ事件ヲ議決スルモノトス

本條は町村會の性質及職務權限を明にしたるものにして其旨趣毫も市制第三十條と異なることなし詳細は同條の註解に就て看るへし

〔參照〕町村代理員ハ町村事務ヲ決議監督スヘキ機關ニシテ町村長ハ之ヲ監理施行スヘキ機關トス（澳國町村憲法第十二條）

第三十三條　町村會ノ議決ス可キ事件ノ概目左ノ如シ

一　町村條例及規則ヲ設ケ并改正スル事

二　町村費ヲ以テ支辨ス可キ事業但第六十九條ニ揭クル事務ハ此限ニ

在ラス

三　歳入出豫算ヲ定メ豫算外ノ支出及豫算超過ノ支出ヲ認定スル事

四　決算報告ヲ認定スル事

五　法律勅令ニ定ムルモノヲ除クノ外使用料、手數料、町村税及夫役現品ノ賦課徴收ノ法ヲ定ムル事

六　町村有不動産ノ賣買交換讓受讓渡并質入書入ヲ爲ス事

七　基本財産ノ處分ニ關スル事

八　歳入出豫算ヲ以テ定ムルモノヲ除クノ外新ニ義務ノ負擔ヲ爲シ及權利ノ棄却ヲ爲ス事

九　町村有ノ財産及營造物ノ管理方法ヲ定ムル事

十　町村吏員ノ身元保證金ヲ徴シ並其金額ヲ定ムル事

十一　町村ニ係ル訴訟及和解ニ關スル事

本條は前條に云ふ町村會の議決すへき事件の概目を示したるものにして市制と同樣なれは同制第三十一條の註解を看合すへし

第三十四條　町村會ハ法律勅令ニ依リ其職權ニ屬スル町村吏員ノ選擧ヲ行フ可シ

本條も市制第三十二條と同しく町村會は町村長其他の吏員を選擧するの權利義務ある旨を明示したるものなり此に所謂法律とは第五十三條を指したるものにして又勅令とあるは後來の爲めに餘地を存したるものなるへし

第三十五條　町村會ハ町村ノ事務ニ關スル書類及計算書ヲ檢閲シ町村長ノ報告ヲ請求シテ事務ノ管理、議決ノ施行並收入支出ノ正否ヲ監査スルノ職權ヲ有ス

町村會ハ町村ノ公益ニ關スル事件ニ付意見書ヲ監督官廳ニ差出スコトヲ得

町村會は町村長の執行する町村の行政事務を監査し町村會の議決の旨に違ふことなきや否を撿定し計算書類等を撿閲し及町村の公益に關する事件に付て意見書を內務大臣府縣知事及郡長に差出すことを得る等總て市制第三十三條の趣旨に同し

第三十六條　町村會ハ官廳ノ諮問アルトキハ意見ヲ陳述ス可シ

町村會は各省大臣府縣知事又は郡長より諮問とて其地方の利害に關する事柄に付て可否

の意見を尋ねられたるときは委しく吟味を遂け答議すへきの義務ありとす

第三十七條　町村住民及公民タル權利ノ有無、選擧權及被選擧權ノ有無、選擧人名簿ノ正否並其等級ノ當否、代理ヲ以テ執行スル選擧權（第十二條第二項）及町村會議員選擧ノ效力（第二十九條）ニ關スル訴願ハ町村會之ヲ裁決ス

前項ノ訴願中町村住民及公民タル權利ノ有無並選擧權ノ有無ニ關スルモノハ町村會ノ設ケナキ町村ニ於テハ町村長之ヲ裁決ス

町村會若クハ町村長ノ裁決ニ不服アル者ハ郡參事會ニ訴願シ其郡參事會ノ裁決ニ不服アル者ハ府縣參事會ニ訴願シ其府縣參事會ノ裁決ニ不服アル者ハ行政裁判所ニ出訴スルコトヲ得

本條ノ事件ニ付テハ町村長ヨリモ亦訴願及訴訟ヲ爲スコトヲ得

本條ノ訴願及訴訟ノ爲メニ其執行ヲ停止スルコトヲ得ス但判決確定スルニ非サレハ更ニ選擧ヲ爲スコトヲ得ス

本條は市制第三十五條の場合に同しく町村會は公法上の爭に付ては始審の裁決をなすの

權あることを示したるものにして第六條の町村住民及第七條の公民權の有無、議員選擧の權及議員に選擧せらるゝ權の有無、選擧人名簿の正否及選擧等級分ち方の當否婦人若くは會社等の法人より代人を出して執行する選擧權及町村會議員選擧の效力に關して關係人より異議の申立あるときは總て町村會にて之を裁決するなり

前に述ふる異議に關しては第三十一條の場合の如き町村會を設けさる町村は之を總會に申出てすして町村長に申出裁決を受くるものと定めたり而して其訴願すへき事項は町村住民及公民權の有無並選擧權の有無のみにして其他前項に記載しある事項は町村會に關するものにして町村會を設けさる町村には必要なきなり

訴願の始審廳たる町村會若くは町村長の裁決に不服ある者は郡參事會に不服の旨を申立再審を仰くへく其裁決にも不服あるときは府縣參事會に該參事會の裁決にも不服あるときは行政裁判所に訴ふる等其順序及理由は總て市制の規定と同一なれは市制第三十五條の註解を參看すへし

〔參照〕 村長又ハ助役ノ職ニ任スヘキ義務ノ有無幷ニ其辭退理由ノ有無及理由ナクシテ恣ニ之ヲ辭退スル者ノ科罰ニ關シテハ概ネ第八條ノ規則ヲ準用スヘキナレトモ自ラ小異アリ其郡會ニ代リテ村民總會若クハ村民代議會之ヲ處置シ又郡會ヨリ差遣スル委員ニ代リテ村長之ヲ處置シ其科罰トシテ郡稅ヲ增課スル例ニ依リ村稅ヲ增課スルコトヲ得ヘシ（孛國郡治章程第二十五條）

照考

凡ソ郡長タル者ハ其郡ノ行政及代議ノ事務ニ於テ無給ニテ職ヲ務ムヘキ義務ヲ帶フ

選任ノ初メ辭退又ハ任期滿限前ニ退職スルヲ得ルハ左ノ原因アル者ニ限ル

一 長病

二 營業ノ爲メ已ムヲ得ス頻繁ノ旅行又ハ經時ノ旅行ヲ爲ス者

三 年齡六十歲以上ノ者

四 官任吏員ニ轉スル者

五 其他郡會ノ酌量ニ由テ至當ノ理由ト見做スヘキ事情アル者

凡ソ任期三年以上ノ者タリトモ三年ノ後ハ自由ニ退職スルヲ得ヘシ

郡ノ行政及代議ノ事務ニ於テ已ニ成規ノ任期間無給職ヲ務メ了リシ者ハ爾後三年間舊職又ハ類職ニ就クヲ辭退スルコトヲ得ヘシ

上ニ言フ原因ナクシテ郡ノ行政若クハ代議事務上ノ無給職ヲ請クルコトヲ肯セス或ハ奉職中滿期前ニ退職スル者幷ニ郡總代ノ督責ヲ蒙ムルモ任期中現ニ執務セサル者ハ三年乃至六年間郡ノ行政及代議ニ參與スルノ權ヲ剝奪シ且同郡衆民ニ比スレハ郡稅ヲ八分一乃至四分一ヲ增課スルコトヲ得ヘシ

郡會ノ議本人ノ口實及所爲不理ナルコトニ決スルトキハ郡總代ニ於テ剝奪增課ノコトヲ判決シ不服ナル者ハ行政裁判所ニ控訴スルコトヲ許ス但郡總代ノ判決ヲ要スルニ當テハ郡會ニ於テ委員一名ヲ選擧シ其審判中原告ノ事務ヲ擔當セシム（孛國郡治章程第八條）

第三十八條 凡議員タル者ハ選擧人ノ指示若クハ委囑ヲ受ク可ラサルモノトス

本條は議員たる者の本分を示したるものなり詳細は市制第三十六條の部に就て看るへし

〔參照〕 代議員ハ自己ノ選擧者及選擧區ノ委囑ニ拘束セラルヘカラス（孛國町村法）

第三十九條　町村會ハ町村長ヲ以テ其議長トス若シ町村長故障アルトキハ其代理タル町村助役ヲ以テ之ニ充ツ

本條に於ては町村長若くは其代理者たる町村助役を以て町村會の議長と定め彼の市會(市制第三十七條を見合すへし)の如く其議員の互選を以て議長を定めしめさるものは蓋し故あるなり原來市は人口稠密なるのみならす村邑に比すれは其人民の智識も一般に進み居れは議長となりて議場を整理する等の事は其人に乏しきことなかるへきも町村の大半は(大町は例外となし)町村長及助役を除きて其他に事務に熟練の人を得る殊に難かるへきに由れり又町村會は往時の寄合相談會と其性質異ならされは町村長の之に上席して親密に町村の古老と其自治上の事務を相談する方實際の利便多かるへし

〔參照〕寺區會ノ議長ハ長老トス若シ長老出席セサレハ議員ノ互選ヲ以テ議長ヲ定ム(英國濟貧法條例)

第四十條　會議ノ事件議長及其父母兄弟若クハ妻子ノ一身上ニ關スル事アルトキハ議長ニ故障アルモノトシテ其代理者之ニ代ル可シ
議長代理者共ニ故障アルトキハ町村會ハ年長ノ議員ヲ以テ議長ト爲ス可シ

本條は町村會の議事議長又は其父母等の一身上の利害に關係あるときは議長必す其議席

を避けさるへからさる旨を示したるものなり市制第三十八條の註解を參看すへし

第四十一條　町村長及助役ハ會議ニ列席シテ議事ヲ辨明スルコトヲ得

町村の行政機關たる町村長及助役は町村會に列席して原案の辨明をなすの職權あり此場合に於ては町村長は議長及辨明員の兩者を兼ぬへし是れ市會と異にして大に簡略なる會議法なりと知るへし

〔參照〕町村長ハ毎會議ニ招集セラルヘク又町村會ハ町村長ノ代辨人ヲ出スコトヲ請求スルコトヲ得（孛國町村法）

第四十二條　町村會ハ會議ノ必要アル毎ニ議長之ヲ招集ス若シ議員四分ノ一以上ノ請求アルトキハ必ス之ヲ招集ス可シ其招集並會議ノ事件ヲ告知スルハ急施ヲ要スル場合ヲ除クノ外少クモ開會ノ三日前タル可シ

但町村會ノ議決ヲ以テ豫メ會議日ヲ定ムルモ妨ケナシ

本條にては町村會は其會議事件のある毎に之を開き從前の如き期日を定めて通常會を開くを例とせさるなり然れとも町村會の議決にて町村會は毎年幾回之を開くへく又は何月何日を定會日と定め置くも妨けなしとし之を町村の自由に任せたり詳細は市制第四十條第一項の註解に就て看るへし

〔參照〕町村會ハ事務上要用アル毎ニ開會スヘシ
町村會ノ決議ニ依テハ集會ノ定日ヲ確定スルコトヲ得

招集ハ議長ヨリ之ヲ爲スヘシ其方法ハ町村會ニ於テ確定スヘシ
招集ヲ爲ストキハ必ス開會ノ事由ヲ指示スヘク且招集ハ至急ヲ要スル場合ノ外少クモ四日前タルヘシ(孛國町村法)
○組合會議ハ少クモ三日以前ニ其場所時刻及會議ヲ要スル事件ノ公ケナル報告ヲ日曜日ニ組合内ノ長老アル寺院ニ於テ禮拜ノ間又ハ禮拜ヲ終ルノ後ニ爲シ且其寺院ノ門戸ニ筆記又ハ印刷セル張札ヲ爲スニアラサレハ之ヲ開クコトヲ得ス(英國組合總會法)

第四十三條　町村會ハ議員三分ノ二以上出席スルニ非サレハ議決スルコトヲ得ス但同一ノ議事ニ付招集再回ニ至ルモ議員猶三分ノ二ニ滿タサルトキハ此限ニ在ラス

本條は町村會は議員三分の二以上出席するにあらされは議事を開かさるを正則となすと雖も又議員其議權を抛擲し出席定數に充たさるときは其儘にて開會するを得る旨を示したるものにして其解說は市制第四十一條に同し

〔參照〕町村會ハ議員半數以上出席スルトキノミ決議スルコトヲ得但同事件ニ付三回招集シ尚ホ半數以上ニ至ラサルトキハ格別ナリトス
第二回第三回ノ招集ニハ若シ半數以上ニ至ラサルモ其出席議員ノミニテ決議スヘキ旨ヲ明ニ指示スヘシ(孛國町村法)
○總テ町村事務ハ決議ニ必要ナル員數ノ代理員出席シタルトキ其過半數ニ依リテ之ヲ決ス(澳國町村法第十四條第一項)

第四十四條　町村會ノ議決ハ可否ノ多數ニ依リ之ヲ定ム可否同數ナルト

キハ再議議決ス可シ若シ猶同數ナルトキハ議長ノ可否スル所ニ依ル
町村會の議決は過半多數法に依る其可否同數なるときと雖も議長直に其可否を決せすして再ひ其可否を議場に問ひ猶ほ過半數を得さるときに限りて議長に於て之を決すへし
第四十五條　議員ハ自己及其父母兄弟若クハ妻子ノ一身上ニ關スル事件ニ付テハ町村會ノ議決ニ加ハルコトヲ得ス
議員ノ數此除名ノ爲メニ減少シテ會議ヲ開クノ定數ニ滿タサルトキハ郡參事會町村會ニ代テ議決ス
町村會議員も亦議長と同しく一身上に關係ある議事の議決に加はるを得す又缺席の爲め議員定數に滿たす議事を開くことを得さる場合に於て郡參事會の町村會に代て議決するは恰も府縣參事會の市會に代て議決するに同し
〔參照〕町村ノ權利義務ニ係ル會議ニ當リ其利害ノ町村ノ利害ト相反スル議員ハ其會議ニ與カルヲ得ス（孛國町村法）
第四十六條　町村會ニ於テ町村吏員ノ選擧ヲ行フトキハ其一名毎ニ匿名投票ヲ以テ之ヲ爲シ有效投票ノ過半數ヲ得ル者ヲ以テ當選トス若シ過半數ヲ得ル者ナキトキハ最多數ヲ得ル者二名ヲ取リ之ニ就テ更ニ投票セシム若シ最多數ヲ得ル者三名以上同數ナルトキハ議長自ラ抽籤シテ

其二名ヲ取リ更ニ投票セシム此再投票ニ於テモ猶過半數ヲ得ル者ナキトキハ抽籤ヲ以テ當選ヲ定ム其他ハ第二十二條、第二十三條、第二十四條第一項ヲ適用ス

前項ノ選擧ニハ町村會ノ議決ヲ以テ指名推選ノ法ヲ用フルコトヲ得

町村會に於て町村長助役の選擧を行ふには第五十三條に掲けたる其町村の公民中年齡滿三十歳以上にして選擧權を有する者の中より町村長又は助役に適當と認むる人の氏名を記載し匿名の投票をなすへし其投票の順序又は當選者を定むる手續幷指名推薦の方法は市制第四十四條の註解に就て看るへし

第四十七條　町村會ノ會議ハ公開ス但議長ノ意見ヲ以テ傍聽ヲ禁スルコトヲ得

町村會の會議は公然の會議にして傍聽を禁せさるを正則とす然れとも秘密を要する議事あるときは議長の職權を以て之を禁することを得へし

〔參照〕　町村會ハ傍聽ヲ許ス但或ル議件ニ付格別ノ決議ヲ以テ傍聽ヲ禁シ秘密會議ヲ爲スコトヲ得（孛國町村法）

第四十八條　議長ハ各議員ニ事務ヲ分課シ會議及選擧ノ事ヲ總理シ開會閉會幷延會ヲ命シ議塲ノ秩序ヲ保持ス若シ傍聽者ノ公然賛成又ハ擯斥

ヲ表シ又ハ喧擾ヲ起ス者アルトキハ議長ハ之ヲ議場外ニ退出セシムルコトヲ得

本條は議長の職務を明にしたるものなり其詳細は市制第四十六條の註解に就て看るへし

〔參照〕議長ハ議事ヲ指揮シ會議ヲ開閉シ會場ノ秩序ヲ保持シ放言或ハ從邇ヲ爲ス明證アル者或ハ騷擾ヲ來ス所ノ傍聽人ヲ會場ヨリ退去セシムルコトヲ得（孛國町村法）

第四十九條　町村會ハ書記ヲシテ議事錄ヲ製シテ其議決及選擧ノ顚末並出席議員ノ氏名ヲ記錄セシム可シ議事錄ハ會議ノ末之ヲ朗讀シ議長及議員二名以上之ニ署名ス可シ

町村會ノ書記ハ議長之ヲ選任ス

町村會は其會議にて議決したる事件の要領又吏員の選擧をなしたるときは其選擧の結果并當選者の氏名等を書記に命して記錄せしむへし此簿冊を議事錄と謂ふなり議事錄は會議の終りに書記之を朗讀し議長及議員中の二名之に署名して其正確を證すへし町村會の書記は議長之を選任す然れとも實際は町村役場の書記をして臨時兼務せしむるに至るへし

第五十條　町村會ハ其會議細則ヲ設ク可シ其細則ニ違背シタル議員ニ科

ス可キ過怠金二圓以下ノ罰則ヲ設クルコトヲ得

町村會は會議に係る細則を設け之に違背したる者の過怠金二圓以下の罰則を附することを得るなり其理由は市制第四十八條の註解に詳なり

第五十一條　第三十二條ヨリ第四十九條ニ至ルノ規定ハ之ヲ町村總會ニ適用ス

第三十二條より第四十九條に至るまての各條に掲けたる町村會の職務權限及處務規程に係る事項は第三十一條の町村會を設けすして町村總會を設くる處にも之を適用すへきものとす

第三章　町村行政

代議機關と行政機關とは自治體に偏廢すへからさるの要具なり而して町村の行政とは町村の代議機關なる町村會の議決の方針に從ひて町村長之を執行する所の行爲即ち是なり本章第一款に掲くるは町村行政の機關たる町村長及町村吏員の組織選任の事其第二款に掲くるは町村長及町村吏員の職務章程其權力の限界の事其第三款に掲くるは町村長助役其他有給吏員の給料及他の給與の事なり

第一款　町村吏員ノ組織選任

此款には町村行政の機關たる町村長及町村吏員組織幷選擧任命の事を掲く

第五十二條　町村ニ町村長及町村助役各一名ヲ置ク可シ但町村條例ヲ以テ助役ノ定員ヲ增加スルコトヲ得

町村の行政は之を町村長一人に任し補助員即ち助役一名若くは數名を置き之を補助せしむるものとす此法律に於て町村には所謂る特任制を用ひ市行政を市參事會の集議體に任せたる例を取らさるなり抑も地方の自治行政には集議制を以てするに若くものあらさるへしと雖も集議制は頗る錯綜に涉るの弊ありて本邦今日の民度に於て都會の地を除くの外他の町村には該制の實行を望むへからす因て此法律に於て町村の行政は力めて簡易の方法を用ひ集議制を用ひさりしは能く實際の情況を裁酌し其宜に適ふものと謂ふへし町村長は町村の統轄者にして助役は其補助員なり故に助役の町村長に屬するは市助役の市長に於けるか如く集議體を爲すにあらす只町村長の指揮に從ひ之を補助するものなれは町村役塲の事務は皆町村長の專決する所となり從て其責任も町村長一人に在りと知るへし又助役は各町村に一名を置くを通例とすれとも其地方の情況に應して已を得さるときは之を增加することの自由を町村條例の規定に任せり又町村長は町村の行政機關なれは其國に對する關係に於て中央官廳の行政官吏とは自ら直接間接の別なきを得す然れとも町村は市と同樣に國の最下級の自治體にして素より國の一部なれは國は其事務の一部

を以て町村に委任することを得又其場合に於て町村長の之を執行せさるへからさる等の事は市制第八十九條の部に說き明したるか如し

〔參照〕 村務吏員ハ村長一名ト助役二名トス助役ハ村長ノ行務ヲ輔佐シ其疾病事故アルトキ之ヲ代理ス

若シ村務ノ爲メ尚ホ多數ノ吏員ヲ置ク成規アルノ地ニ在テハ仍ホ舊例ヲ存スヘシ

村民ノ申立ニ依テハ郡總代ニ於テ區長ノ意見ヲ聞キ村助役ヲ增員スルヲ得ヘシ（孛國郡治章程第二十二條）

照考

郡總代ハ其增員ノ當否ヲ議決ス其議決ニ對シ不服ナルニ依リ縣議事官ニ就キ訴願スルハ唯村民ノ申立ヲ否決シタルトキニ限ル右權限法第四十四條ヲ參看スヘシ

○寺區ノ主務吏ハ每年三月二十五日後十四日以內ニ治安裁判官ノ任命スル貧民監督即チ區監トス區監ノ數ハ二人乃至四人ヲ定例トスト雖モ區域狹少ナル寺區ニテハ一人トナス又寺區會ハ區監ノ職務ノ全部又ハ一部ヲ行フヘキ爲メ區監補ヲ選擧スルヲ得ト雖モ之ヲ任命スルハ治安裁判官ナリ又一人ニテ區監及區監補ヲ兼ヌルコトヲ得ス

（英國濟貧法條例）

○町村ハ其事務ニ於テ代議員ト町村長トヲ以テ其代理員トス町村ハ定期ヲ以テ其代理員ヲ選擧ス其選擧法ヲ行ハサルモ各町村人民自ラ出頭シ又ハ代理ヲ立テ、代理會ニ參照シ得ヘキカ又其參照ノ制限ノ如何ハ州法ヲ以テ之ヲ定ムヘシ（澳國町村憲法第八條）

第五十三條　町村長及助役ハ町村會ニ於テ其町村公民中年齡滿三十歲以上ニシテ選擧權ヲ有スル者ヨリ之ヲ選擧ス

町村長及助役ハ第十五條第二項ニ揭載スル職ヲ兼ヌルコトヲ得ス

父子兄弟タルノ緣故アル者ハ同時ニ町村長及助役ノ職ニ在ルコトヲ得

ス若シ其縁故アル者助役ノ選擧ニ當ルトキハ其當選ヲ取消シ其町村長ノ選擧ニ當リテ認可ヲ得ルトキハ其縁故アル助役ハ其職ヲ退ク可シ

本條は町村長及助役たる者の資格を定めたる者にして其資格は第八條の公民にして年齢は滿三十歳以上にして選擧權を有する者に限れり即ち市制第五十四條の名譽職參事會員の資格と同一なり又町村會議員と町村長及助役との間に年齢の等差を付したるは蓋し議政と行政とは自ら別ありて行政には學識の外に熟練を要するを以てなり

町村長及助役をして第十五條第二項に揭くる府縣郡の吏員其他の職務を兼任するを得せしめさるは議員の例に同し

父子兄弟の縁故ある者同時に町村長及助役の職に在るを禁したるは事務執行上に公平を失するの恐れあれはなり故に父兄町村長たるとき若し其子弟助役の選擧に當りたるときは其當選を取消し又父兄助役たるとき若し其子弟町村長に當選したるときは其父兄は助役の職を退くを法とす

〔參照〕 村長及村助役ハ村民總會若クハ代議會ニ於テ村民中選擧權ヲ有スル者ヨリ過半數ノ同意ニ依テ選擧スヘシ

父子同時ニ村吏ニ任スルヲ得ス

選擧ハ附録選擧規則ニ從ヒ之ヲ行フ（孛國郡治章程第二十三條）

照考

權限法第四十五條ニ依テ右本文ヲ補足ス即チ左ノ如シ

村民總會ノ決議或ハ代議會議員選擧ニ參與スル權利ノ有無ニ就キ又ハ村長助役其他ノ村吏若クハ代議會員選擧ノ不當ナルコトニ就キ選擧會員ヨリ十日以內ニ異議ヲ起セシトキハ村長若クハ(代議會ノ設ケアル地ニ於テハ)村會ニ於テ之ヲ裁決スヘシ

異議者其裁決ニ不服ナルトキハ十日以內ニ郡總代ニ出訴スルノ權利ヲ有ス但郡總代ノ裁決ハ假リニ施行スルヲ得ヘキモノナレトモ若シ其選擧成法ニ於テ上司ノ認允ヲ經ヘキモノナルトキハ其認允確定ノ日ニ至ルマテハ補闕選擧ヲ爲スヲ得ス

○選擧人ハ代理ヲ以テ保長ヲ選擧スルコトヲ得ス

毎年三月二十五日以後十四日間ニ區監ヲ選任スヘシ

區監ニ選擧セラレタル者正當ノ事故ナクシテ職務ヲ離ルヽトキハ二十志ノ科料ニ處ス

治安裁判官ニ於テ寺區內ニ二名以上區監ニ適當ノ人ナシト認ムルトキハ一名ノ區監ヲ置キ又其寺區內ニ適當ノ人ナシト認ムルトキハ隣接寺區ノ家屋所有者ヲ區監ニ選任シ給料ヲ與フルコトヲ得(英國濟貧法條例)

第五十四條　町村長及助役ノ任期ハ四年トス

町村長及助役ノ選擧ハ第四十六條ニ依テ行フ可シ但投票同數ナルトキハ抽籤ノ法ニ依ラス郡參事會之ヲ決ス可シ

本條町村長及助役の任期は市長及助役の任期と異にして之を四年と定めたり故に町村會は四年毎に更に第四十六條に示す手續により新規の町村長及助役を選擧すへし尤も選擧の際投票同數なるときは他の吏員を選擧するときの如く抽籤法に依らすして郡參事會にて其當選を決すへし蓋し町村長及助役は郡參事會の監督に屬するにより監督者の見込を以て技能を選はしむるを當然となすを以てなり市制第五十一條を見合すへし

〔參照〕村長及助役ノ任期ハ六年トス(孛國郡治章程第二十四條)
○區監ハ每年之ヲ選擧ス(英國濟貧法條例)

第五十五條　町村長及助役ハ名譽職トス但第五十六條ノ有給町村長及有給助役ハ此限ニ在ラス
町村長ハ職務取扱ノ爲メニ要スル實費辨償ノ外勤務ニ相當スル報酬ヲ受クルコトヲ得助役ニシテ行政事務ノ一部ヲ分掌スル塲合(第七十條第二項)ニ於テモ亦同シ

町村長及助役は名譽職とて町村會議員と同樣に義務として其町村の爲め無給にて勤むる職務なり是れ町村自治の原則に依れるものなり併し乍ら第五十六條の已を得さる塲合ありて町村長に給料を與ふる町村の町村長は本條の例外にして名譽職にあらさること言を俟たさるなり
町村長は原來無給なりと雖も執務上に要する旅費辨當料等の實費は町村より之を補給して本人に損失を負はしめさるへきは勿論其勞動に相當する報酬金を町村より受くるの權あるへし尤も報酬は給料と其性質異なるものなれは從て其金額に多少の別あるへし又第七十條第二項の助役の町村長の事務を分掌する代理をなす塲合に於ては町村長と同しく報酬を受くるの權あるへし

〔參照〕村長ハ職務上現費支出ノ辨償及行務勞力至當ノ報酬金ヲ要請スルノ權アリトス
右金額ヲ賦課及支辨スルコトハ村民ノ擔任ナリトス
從前私領主ヨリ報酬トシテ年々村長ヘ金員及現品ヲ寄贈セシ成例ハ自今廢止スヘシ
又從前報酬トシテ村長ニ貸與セシ土地ハ本章程ヲ施行スルカ爲メニ其返却ヲ要請スルヲ得ス私領主ヨリ土地ノミヲ貸與セシカ或ハ別ニ金員若クハ現品ヲ寄贈シアリシトキ私領主ハ其報酬トシテ自今亦其村長ニ私領地長ヲ勤メシメ又ハ舊例ニ依テ自己ノ代理ヲナサシムルヲ得ヘシ
私領主及村民ハ村長ニ要求シテ其贈金贈品ヲ歇メ且貸與地返却ノ償ヲ賠與ヘテ右等ノ舊約ヲ解クヲ得ヘシ但其賠償ニ換ヘ舊貸與地ヲ付與シテ全ク私有ニ歸セシムルモ專ラ村民ノ意ニ在リトス
右協議ノ際ニ方テハ第四十一條乃至第四十五條ノ條例ニ依準スヘキモノナレトモ第四十五條中第一節ノ入費ハ村民ハ勿論私領主ト雖モ之ヲ寄贈スルヲ要セス
助役ハ多クハ無給料ニシテ唯其現費支出ノ辨償ヲ要請スルヲ得ルノミ（孛國郡治章程第二十八條）

照考

權限法ニ於テ本條ヲ補足セリ即チ左ノ如シ
郡總代ハ人民及村長等ノ申立ニ依リ村長ノ報酬金助役ノ現費支出私領地長代理（郡治章程第二十八條及第三十四條）及其他村吏ノ報酬ヲ評議確定ス
人民村長等若シ郡總代ノ決議ニ不服ナルトキハ二十一日以內ニ口演審判ヲ郡總代ニ願出ツルヲ得ヘシ（第四十七條）
郡總代ハ郡治章程第二十八條中第六節及第四十一條ニ照準シテ私領主ト村民又ハ村長附屬ノ土地ヲ所有スル者ト村民ノ協議約定セシモノヲ認允ス
若シ之ヲ認允セサルトキハ約定者雙方ノ出願ニ依リ縣行政裁判所ニ回送シテ其判決ヲ請フヘシ（第四十八條）

第五十六條　町村ノ情況ニ依リ町村條例ノ規定ヲ以テ町村長ニ給料ヲ給スルコトヲ得又大ナル町村ニ於テハ町村條例ノ規定ヲ以テ助役一名ヲ

有給吏員ト爲スコトヲ得

有給町村長及有給助役ハ其町村公民タル者ニ限ラス但當選ニ應シ認可ヲ得ルトキハ其公民タルノ權ヲ得

町村長は名譽職として無給にて町村公民の勤むる義務職なる事は前にも述へ置きたりと雖も若し其町村内に吏務に慣れたる者なきか又は其町村の事務繁雜にして專ら一身を之に委ねされは到底町村長の職務を行ひ能はさる如き事情ある地方にては町村條例の規定を以て第五十五條の明文に拘はらす本條に於て町村長に給料を與ふることを得せしめたり原來本制の町村長は其取扱事務は概ね現今の戸長に異ならさるへきも其性質は全く別異にして自治體の行政機關なれは其町村より給料を受くるの謂なきなり然れとも本邦現今の情況は全國の町村皆悉く無給の町村長にて差閊なしと斷定し能はされは本條に於て姑く實際活用の途を設け萬已を得さるときに限り有給町村長を置くことを許せり又大町村にては其平常取扱の事務繁劇なるを以て町村條例の規定に依り助役一名に給料を與へ町村長を補助執務せしむることを許せり

右有給の町村長及有給の助役は其町村會に於て議員の多數か適任と認むる者を選擧せしむるの趣意にして被選擧人は必すしも其町村内の公民に限らさるものとす而して第五十三條に於て町村長及助役の資格を定めたるは該職務は素是公民の無給義務職なるか爲な

りと雖も本條の如く町村條例を以て有給吏員と爲したる上は其選擧に町村の内外を論せす廣く適當の人物を求むるを第一の主眼となさゝるを得さるなり又他貫の人を町村長若くは助役に選任し府縣知事の認可を得たる上は其當選に應したる町村長若くは助役は其在職の間は勿論退任後と雖も公民と同樣の權利を得へし尤も本條は第五十三條及第五十五條の例外にして町村長の有給は一の變例なりと知るへし

第五十七條　有給町村長及有給助役ハ三ケ月前ニ申立ツルトキハ隨時退職ヲ求ムルコトヲ得此場合ニ於テハ退隱料ヲ受クルノ權ヲ失フモノトス

前條の有給町村長及有給助役は名譽職にあらすして畢竟相當の給料を受けて其町村の爲め服務する者に過きさるを以て其進退去就ともに其人の隨意たるへし然れとも本條に於て其退職申出の期限を三箇月前と定めたるは町村會をして代員選任の爲め十分の餘日を有せしむるに在り又退隱料を受くるの權を失ふものと定めたるは町村と年期の約束を履行せす半途にして退任したるにより養老金を與ふるの理由なく又義務なきに由れり

第五十八條　有給町村長及有給助役ハ他ノ有給ノ職務ヲ兼任シ又ハ株式會社ノ社長及重役トナルコトヲ得ス其他ノ營業ハ郡長ノ認許ヲ得ルニ

非サレハ之ヲ爲スコトヲ得ス

本條は有給町村長及有給助役の服務紀律にして有給町村長及有給助役は其町村より相當の給料を受け專ら町村の爲めに鞠躬盡力すへき責あるは市長及助役の市に對するの責あるに異ならさるなり故に市長と同しく他に給料を受け職務を兼任し又は株式會社の役員たるを禁せりと雖も通常の營業は郡長の認許を受くるときは之を爲すことを得るなり其理由は市制第五十六條の註解に就て看るへし

第五十九條　町村長及助役ノ選擧ハ府縣知事ノ認可ヲ受ク可シ

町村會に於て町村長及助役を選擧したるときは其給料の有無に拘はらす監督權ある府縣知事の認可を受くるを必要となすこと市の助役に同しく又町村長及助役の認可を町村直接の監督者なる郡長になさしめすして其上級の府縣知事に於て之を行ふは本邦目下の情況に於て亦已を得さることにして其選擇を鄭重になすものなりと云ふへし

〔參照〕　村長及助役ヲ選擧シタルトキハ郡長ノ認允ヲ受クルコトヲ要ス

照考

村長及助役ノ選擧ヲ不當ナリト思惟スル者ハ權限法第四十五條ニ言フ手續前ニ見ユニ依テ之ヲ異議スルヲ得ヘシ故ニ異議或ハ出訴期限ノ經過シテ異議或ハ出訴スル者ナカリシ後ニ至ラスンハ認允スルヲ得ス但出訴セシトキハ右第四十五條中第二節ニ依準シ選擧認允ノ後ニアラスンハ補闕選擧ヲ爲スヲ得ス認允ノ前先ツ區長ヲ呼テ其意見ヲ聞クヘシ

郡長ハ郡總代ノ許諾ヲ得テ認允セサルコトヲ得ヘシ(孛國郡治章程第二十六條)

照考

郡總代ノ議決ヲ以テ其不認允ヲ許諾セシトキ村民ハ二十一日以内ニ州議事官ニ訴願スルコトヲ得ヘシ若シ之ヲ許諾セサリシトキハ則チ其議決ニ止マルモノトス

認允ヲ得サルトキハ新ニ選擧ヲ爲スヘシ其選擧モ亦認允ヲ得サルトキハ直ニ之ヲ選擧シ認允ヲ得ル迄ハ區長ノ推薦ニ依リ郡長郡總代ノ許諾ヲ得テ其代理者ヲ任ス

選擧ノ終ニ行ハレサルトキモ亦同シ

照考

權限法ニ依テ本條ヲ補足セリ即チ左ノ如シ

郡治章程第二十六條中第三節及第三十三條ニ依準シテ村吏及私領地長選擧ノ認允ヲ得サリシトキハ村民若クハ私領主ハ州議事官ニ訴願スルノ權アリトス但同章程第二十六條中第四節第五節第三十四條ニ依準シテ其代理者ヲ任セシトキ之ニ不服ナルヲ以テ訴願スルコトヲ許サス(第四十六條)

村長及助役ハ未タ執務セサル前ニ郡長若クハ其命ヲ受ケタル區長ノ面前ニ於テ誓約ヲ爲スヘシ(同上第二十七條)

第六十條　府縣知事前條ノ認可ヲ與ヘサルトキハ府縣參事會ノ意見ヲ聞クコトヲ要ス若シ府縣參事會同意セサルモ猶府縣知事ニ於テ認可ス可カラスト爲ストキハ自己ノ責任ヲ以テ之ニ認可ヲ與ヘサルコトヲ得

府縣知事ノ不認可ニ對シ町村長又ハ町村會ニ於テ不服アルトキハ内務大臣ニ具申シテ認可ヲ請フコトヲ得

府縣知事に於て前條町村會より認可を仰ける當選町村長若くは助役の人物又は技能を査察し其果して職務に適當するものと認むるときは直に認可を與ふへきも若し不適任と思惟するときは府縣參事會に付して其意見を申出しむへし府縣參事會に於ても同しく不適任と認むるときは其當選を拒け再ひ選擧を行はしむるは辨を俟たされとも假令ひ府縣參事會に於て府縣知事の意見に反し其當選者を適任と認めたるときと雖も猶ほ府縣知事に於て不適任と認めたれは其監督權を以て斷然之に認可を與へさることとありと定めたり右の如く本條に於て府縣知事に認可上の專權を與へたるは行政監督上の必要に出たりと雖も又一方に於ては府縣知事の處分に不服の者は其事由を最上級の監督官廳なる內務大臣に具申して更に認可を得るの途あるなり是れ蓋し間接に地方長官の處置專橫偏頗に流るゝを豫防するの一方法なるへし

第六十一條　町村長及助役ノ選擧其認可ヲ得サルトキハ再選擧ヲ爲ス可シ

再選擧ニシテ猶其認可ヲ得サルトキハ追テ選擧ヲ行ヒ認可ヲ得ルニ至ルノ間認可ノ權アル監督官廳ハ臨時ニ代理者ヲ選任シ又ハ町村費ヲ以テ官吏ヲ派遣シ町村長及助役ノ職務ヲ管掌セシム可シ

前條の手續に依り內務大臣又は府縣知事より認可を得さるときは町村會は町村長若くは助役の再選擧を行ふへし其再選擧に於て當選したる者を以て更に前條々の順序を踐み認可を仰くも內務大臣又は府縣知事に於て之を認可せさるときは已を得す其監督官廳なる郡長より臨時に吏員を派遣し又は代理者を選任して當分の內町村長等の職務を掌らしむへし本條の場合は恰も市制第五十條市長の裁可を得さる場合に同しけれは詳細は該條の註解に就て看るへし

郡長ハ府縣知事ノ誤

第六十二條　町村ニ收入役一名ヲ置ク收入役ハ町村長ノ推薦ニ依リ町村會之ヲ選任ス

收入役ハ有給吏員ト爲シ其任期ハ四年トス

收入役ハ町村長及助役ヲ兼ヌルコトヲ得ス其他第五十六條第二項、第五十七條及第七十六條ヲ適用ス

收入役ノ選任ハ郡長ノ認可ヲ受ク可シ若シ認可ヲ與ヘサルトキハ郡參事會ノ意見ヲ聞クコトヲ要ス郡參事會之ニ同意セサルモ猶郡長ニ於テ認可ス可カラスト爲ストキハ自己ノ責任ヲ以テ之ニ認可ヲ與ヘサルコトヲ得其他第六十一條ヲ適用ス

郡長ノ不認可ニ對シ町村長又ハ町村會ニ於テ不服アルトキハ府縣知事ニ具申シテ認可ヲ請フコトヲ得
收入支出ノ寡少ナル町村ニ於テハ郡長ノ許可ヲ得テ町村長又ハ助役ヲシテ收入役ノ事務ヲ兼掌セシムルコトヲ得

町村に會計事務吏員として收入役一名を置き町村の出納を掌とらしむる爲め町村長より適當の人物を推薦し町村會にて之を選任するを法とす又本條に於て收入役は名譽職にあらされは相當の給料を與へ其一任期を町村長及助役と同しく四年と定めたり

收入役をして町村長又は助役の職を兼任するを得せしめさるは要するに收支命令者と出納者とを分離獨立せしむるに在り然れとも收入支出の僅少なる町村にして別に收入役を置くときは其費用に堪へさるか如き地方にては郡長の許可を得て町村長又は助役に於て收入役の事務を兼ぬることを許せり此場合に於ても收支命令者と出納者とを判然區別するの原則に依り實際助役にて出納を掌り町村長は之か命令者たるを可なりとす

又收入役の選任に監督官廳なる郡長の認可を要するは其職掌助役に亞き重要なるを以てなり其認可を與へさるとき郡參事會の意見を聞き其結極の處分に於て代理者を選任し又は官吏を派遣するに至るは町村長及助役を府縣知事に於て認可せさる場合に異ならさるなり故に本條に於ても亦郡長の不認可の處分に對して不服ある者は府縣知事に其事由を

具申して認可を請ふことを許せり
町村の收入役は其管掌する所の金額市の收入役の管掌する所の金額に比すれは大概は少額なるへし故に市制第五十八條には收入役は身元保證金を出すへしとの明文ありと雖も本條には此の如き明文を掲けす之を出さしむると否とは單に町村會の議決に委任したり
（第三十三條第十を見合すへし）

第六十三條　町村ニ書記其他必要ノ附屬員並使丁ヲ置キ相當ノ給料ヲ給ス其人員ハ町村會ノ議決ヲ以テ之ヲ定ム但町村長ニ相當ノ書記料ヲ給與シテ書記ノ事務ヲ委任スルコトヲ得
町村附屬員ハ町村長ノ推薦ニ依リ町村會之ヲ選任シ使丁ハ町村長之ヲ任用ス

書記其他筆生小使等の定員は町村會の議決に依り之を定め又附屬員の選任は町村會之を行ふと雖も小使を任用するは町村長の專權に屬せり小町村に於ては其町村會の議決を以て町村長に書記料を給して書記の事務を請負はしむることを得るなり此方法は至極簡便にして且町村費の節減にもなるへけれは公務上差閊を生せさる限りは當務者は務めて之を行ふことに注意すへし又書記料の定額は町村會の議決を以て之を定むへきものとす例

へは書記料として年額十圓を町村長に與ふるの類なり

〔參照〕人口二千以上ヲ有スル寺區ノ區會ハ地方政務局ヨリ受ケタル所ノ命令ニ從ヒ有給ノ常置書記ヲ選擧スルヲ得其書記ノ職務ハ寺保及區監ノ所管事務ヲ行ヒ又ハ之ヲ補佐スルニアリ(英國濟貧法條例)

第六十四條　町村ノ區域廣濶ナルトキ又ハ人口稠密ナルトキハ處務便宜ノ爲メ町村會ノ議決ニ依リ之ヲ數區ニ分チ毎區區長及其代理者各一名ヲ置クコトヲ得區長及其代理者ハ名譽職トス

區長及其代理者ハ町村會ニ於テ其町村ノ公民中選擧權ヲ有スル者ヨリ之ヲ選擧ス區會(第百十四條)ヲ設クル區ニ於テハ其區會ニ於テ之ヲ選擧ス

本條に於て區域の廣濶なるか又は人口の稠密なる町村は市と同樣に數區に分畫し毎區に無給の區長及其代理者を置き町村の事務を分擔せしむることを許せり其詳細は市制第六十條の註解を參看すへし

第六十五條　町村ハ町村會ノ議決ニ依リ臨時又ハ常設ノ委員ヲ置クコトヲ得其委員ハ名譽職トス

委員ハ町村會ニ於テ町村會議員又ハ町村公民中選擧權ヲ有スル者ヨリ

選擧シ町村長又ハ其委任ヲ受ケタル助役ヲ以テ委員長トス

常設委員ノ組織ニ關シテハ町村條例ヲ以テ別段ノ規定ヲ設クルコトヲ得

委員に臨時及常設の二種あり町村會の議決を以て之を置き別に給料を給せす委員には町村會議員又は町村公民を以て之に充て町村の行政機關たる町村長又は助役之か委員長となりて自治の事務を共同處理するの良慣習を養成するの利益は市制第六十一條の註解に述へたれは玆に略せり宜しく該條を參看すへし尤も町村は市と異なれは委員の選擧上に付ては市と自ら其趣を異になせり又委員の組織に關しては必すしも本條の如くなすを要せされは町村條例を以て別段に組織方法を設くることを得るものと知るへし

第六十六條　區長及委員ニハ職務取扱ノ爲メニ要スル實費辨償ノ外町村會ノ議決ニ依リ勤務ニ相當スル報酬ヲ給スルコトヲ得

區長及委員は無給なりと雖も執務上に要する實費の外に町村會の議決に依り其勤務に相當する報酬金を給する等總て市制第六十二條の場合に同し該條の註解を參看すへし

第六十七條　町村吏員ハ任期滿限ノ後再選セラルヽコトヲ得

町村吏員及使丁ハ別段ノ規定又ハ規約アルモノヲ除クノ外隨時解職ス

ルコトヲ得
任期ある町村吏員其任期滿限の後再選せらるゝを得るは其理由第十六條の議員に同し又任期等の定めなき町村吏員及ひ小使を何時にても解職し得るは市制第六十三條の吏員及小使と同樣なり

第二款　町村吏員ノ職務權限

此款には町村長及町村吏員の職務章程及其權力の限界の事を揭く

第六十八條　町村長ハ其町村ヲ統轄シ其行政事務ヲ擔任ス
町村長ノ擔任スル事務ノ槪目左ノ如シ
一　町村會ノ議事ヲ準備シ及其議決ヲ執行スル事若シ町村會ノ議決其權限ヲ越エ法律命令ニ背キ又ハ公衆ノ利益ヲ害スト認ムルトキハ町村長ハ自己ノ意見ニ依リ又ハ監督官廳ノ指揮ニ依リ理由ヲ示シテ議決ノ執行ヲ停止シ之ヲ再議セシメ猶其議決ヲ更メサルトキハ郡參事會ノ裁決ヲ請フ可シ其權限ヲ越エ又ハ法律勅令ニ背クニ依テ議決ノ執行ヲ停止シタル塲合ニ於テ府縣參事會ノ裁決ニ不服ア

ル者ハ行政裁判所ニ出訴スルコトヲ得

二　町村ノ設置ニ係ル營造物ヲ管理スル事若シ特ニ之カ管理者アルトキハ其事務ヲ監督スル事

三　町村ノ歳入ヲ管理シ歳入出豫算表其他町村會ノ議決ニ依テ定マリタル收入支出ヲ命令シ會計及出納ヲ監視スル事

四　町村ノ權利ヲ保護シ町村有ノ財産ヲ管理スル事

五　町村吏員及使丁ヲ監督シ懲戒處分ヲ行フ事其懲戒處分ハ譴責及五圓以下ノ過怠金トス

六　町村ノ諸證書及公文書類ヲ保管スル事

七　外部ニ對シテ町村ヲ代表シ町村ノ名義ヲ以テ其訴訟並和解ニ關シ又ハ他廳若クハ人民ト商議スル事

八　法律勅令ニ依リ又ハ町村會ノ議決ニ從テ使用料、手數料、町村税及夫役現品ヲ賦課徴收スル事

九　其他法律命令又ハ上司ノ指令ニ依テ町村長ニ委任シタル事務ヲ處

理スル事

町村長の職掌に町村の固有の事務を處理すると國の委任の事務を處理するの二者あるは市制第六十七條の部に述へたるか如し又本條第二項以下は町村長の職權を示したるものにして町村長は市制に於ける市參事會の如く其町村の行政事務を負擔執行するを掌るなり而して其市參事會と町村長と異なる所は彼は集議制にして此は獨任制に依れるの一點なり其他擔任事務の類別概目は市制第六十四條の趣旨と總て同一なるを以て該條の部に就て其詳細を參看すへし

〔參照〕村長ハ一村ノ首長タリ若シ區長（第五十六條中第五節）ヲ兼子サルトキハ區長ノ警察事務ヲ補佐ス是故ニ村長ハ公共ノ安寧靜謐及秩序ヲ保持スルカ爲メ急速ニ警察處分ヲ要スルトキニ際シテハ假リニ相當ノ處置ヲ號令シテ之ヲ實施セシムルノ權利且義務アルナリ（孛國郡治章程第二十九條）

村長ハ左ノ權利義務ヲ有ス

一　千八百五十年二月十二日公布ノ人身保護律第二條中第一項及第六條ニ依準シテ人ヲ押執拘留スル事但其際ハ二十四時間ヲ出テサル内ニ之ヲ區長ニ屆出テ區長ハ其拘留若クハ解放スヘキカヲ決答シテ而ル后右同律ノ條例ニ從テ後ノ處分ヲ爲スヘシ

二　警察監視ニ處セラレタル者ヲ監視スル事

三　區長小檢事若クハ警察檢事ヨリ命スル所ノ警察處分ヲ執行シ又ハ糺問ヲ爲ス事

四　千八百四十二年十二月三十一日公布ノ轉任規則第八條以下ニ制定スル屆出ヲ聞ク事（同上第三十條）

村ノ決議書、證書、委任狀等ハ左ノ例式ヲ履マサルヘカラス

一　決議書ニハ出席村民ノ氏名ヲ記載シ且戶長及出席シタル村助役ノ外尚ホ其出席シタル居附ノ村民三名以上之

ニ署名スルヲ要ス

二　村ノ他人ニ對シテ義務ヲ負擔スヘキ契約書ハ村ノ名ヲ以テ戸長ト村助役ト之ニ署名シ村ノ印章ヲ捺シ且該結約ノ基タル村決議書及管轄官衙ノ許可書若クハ裁決書ニ證印シテ之ヲ其契約書ニ添付スヘシ

三　村ノ委任狀ハ其村ノ名ヲ記載シ村ノ印章ヲ捺シ而シテ戸長ト村助役ト之ニ署名シ且成規ノ手續ニ依リテ各參決權所有者ヲ召集シタル總會ノ決議ニ據リテ之ヲ作リタル旨ノ戸長及村助役ノ保證書アルトキハ村ニ於テ之ヲ無效トナスヲ得ス其他法律ニ於テ委任狀ニ裁判所又ハ公證人ノ奥印ヲ要スルトキモ亦右ノ委任狀ヲ以テ足レリトス是ニ由リテ裁判章程第一編第三欵第四十條乃至第四十二條ハ廢止ス

四　一村ニ於テ地所或ハ之ニ齊シキ權利ヲ購得賣却スル際其特ニ村ノ爲メニ設ケタル手續ヲ經タル保證ハ縣廳ヨリ下附シタル保證書ヲ以テ足レリトス（同上村章程第十條）

○區監ハ濟貧事務ノ外ニ陪審官、國會議員選擧人名簿ノ調製ヲ掌ル（英國濟貧法條例）

○町村職掌ヲ分ツテ左ノ二トス即チ

一　固有ノ職掌

二　委任ノ職掌（澳國町村憲法第四條）

固有ノ職掌トハ町村自己ノ全權ヲ以テ帝國及各州ノ成法ニ準據シテ專ラ處分規定シ得ル所ノ職權ナリ其區域ハ直接ニ町村ノ利害ニ關係スルモノニシテ其地域內ニ於テ自ラ處理決行シ得ヘキ一切ノ事項ヲ含蓄スルモノトス之ヲ列擧スレハ即チ左ノ如シ

一　町村共有財産及其組合ノ庶務ヲ自由ニ管理スル事

二　人身及所有物ノ安全ヲ擔保スル事

三　町村ノ道路、街巷、橋梁ノ保存幷水陸交通ノ安全及便益ヲ擔保スル事及田野警察ヲ理治スル事

四　飮食物ノ警察ヲ理治スル事、市場ノ交通及殊ニ度量衡ヲ監視スル事

五　衞生警察ヲ理治スル事

六　雇人警察及職工警察ヲ理治スル事、役夫條例ヲ施行スル事

七　風俗警察ヲ理治スル事

八　教育事務及町村立ノ慈惠場ヲ管理スル事
九　建築警察及火災警察ヲ理治スル事、建築條例ヲ施行スル事、警察上ノ建築許可ヲ付與スル事
十　法律ノ規定ニ從テ町村擔當ノ中小學校ノ學務ニ干渉スル事、小學校ノ設立保存及費用ヲ負擔スル事
十一　町村ニ於テ選擧シタル信任者ヲシテ爭訟ヲ歔解セシムル事
十二　動産物ノ行商ヲ許可スル事
國家一般ノ利害ヨリシテ町村ニ依リテハ其警察事務ノ幾分ヲ各州特別ノ官吏ニ委任スルコトアルヘシ但其際ハ法律ヲ以テ規定スヘシ(同上第五條)
町村長ハ一切ノ事務上町村ニ對シテ責任ヲ有ス但委任ノ職掌上ニ於テハ政府ニ對シテモ亦責任ヲ有スルモノトス
(同上第十三條)

第六十九條　町村長ハ法律命令ニ從ヒ左ノ事務ヲ管掌ス
一　司法警察補助官タルノ職務及法律命令ニ依テ其管理ニ屬スル地方警察ノ事務但別ニ官署ヲ設ケテ地方警察事務ヲ管掌セシムルトキハ此限ニ在ラス
二　浦役場ノ事務
三　國ノ行政並府縣郡ノ行政ニシテ町村ニ屬スル事務但別ニ吏員ノ設ケアルトキハ此限ニ在ラス
右三項中ノ事務ハ監督官廳ノ許可ヲ得テ之ヲ助役ニ分掌セシムルコト

ヲ得

本條ニ掲載スル事務ヲ執行スルカ爲メニ要スル費用ハ町村ノ負擔トス

本條は國の委任の事務にして町村長の管掌する事務の類別を示したるものなり司法警察補助官たるの職務、浦役塲の事務及國府縣郡の行政にして町村に屬する事務等是なり町村長に於て監督官廳即ち郡長の認可を受けたるときは町村の固有事務と同しく委任事務を助役に分掌せしむるを得又委任事務の費用を町村に於て負擔するの理由其他詳細の事は市制第七十四條の部に就て看るへし

〔參照〕町村ノ委任ノ職掌トハ官治行政ニ町村ノ助力スヘキ義務ヲ云フ其區域ハ帝國法律又該法律ノ範圍内ニ在リテハ州法ヲ以テ之ヲ制定スヘシ（澳國町村憲法第六條）

第七十條　町村助役ハ町村長ノ事務ヲ補助ス

町村長ハ町村會ノ同意ヲ得テ助役ヲシテ町村行政事務ノ一部ヲ分掌セシムルコトヲ得

助役ハ町村長故障アルトキ之ヲ代理ス助役數名アルトキハ上席者之ヲ代理ス可シ

町村助役は町村長の補助員なれは町村の行政事務執行上に於て町村長故障あるとき其代

理をなすものとす

町村長は町村會の同意を得て町村の行政事務の一部を助役に分掌せしむること市長の市参事會員に於けるに異なることなし其詳細は市制第六十九條の評に就て看るへし

第七十一條　町村收入役ハ町村ノ收入ヲ受領シ其費用ノ支拂ヲ爲シ其他會計事務ヲ掌ル

本條は收入役の職務を示したるものにして則ち町村稅其他の收入を受領し町村の費用を支拂ひ其外會計一切の事務を掌ること市の收入役に同し

第七十二條　書記ハ町村長ニ屬シ庶務ヲ分掌ス

書記は町村長に屬する町村行政上の機械なり町村長の指揮命令に從ひ庶務に從事すること現今の戶長役場用掛若くは筆生に類するものなり

第七十三條　區長及其代理者ハ町村長ノ機關トナリ其指揮命令ヲ受ケテ區內ニ關スル町村長ノ事務ヲ補助執行スルモノトス

第六十四條の區長及其代理者は町村長の指揮命令を受けて其區內の行政事務を掌理するものなり

第七十四條　委員（第六十五條）ハ町村行政事務ノ一部ヲ分掌シ又ハ營造

物ヲ管理シ若クハ監督シ又ハ一時ノ委託ヲ以テ事務ヲ處辨スルモノトス

委員長ハ委員ノ議決ニ加ハルノ權ヲ有ス助役ヲ以テ委員長ト爲ス場合ニ於テモ町村長ハ隨時委員會ニ出席シテ其委員長ト爲リ幷其議決ニ加ハルノ權ヲ有ス

常設委員ノ職務權限ニ關シテハ町村條例ヲ以テ別段ノ規定ヲ設クルコトヲ得

第六十五條の委員は町村行政事務の一部例へは土木、衞生若くは學務を分掌し又は學校、病院、水道其他營造物の管理若くは監督の常務に專任し又臨時事件の爲め其調査をなし又は其處辨をなすなり又委員長たる町村長は委員の議決に加はり又町村長自ら委員長とならす助役を委員長となすときと雖も其會議に出席して議決に加はること隨意なり市制第七十三條の註解を參看すへし

第三款　給料及給與

此款には有給町村吏員の給料及他の給與の事を揭く

第七十五條　名譽職員ハ此法律中別ニ規定アルモノヲ除クノ外職務取扱

ノ爲メニ要スル實費ノ辨償ヲ受クルコトヲ得

實費辨償額、報酬額及書記料ノ額(第六十三條第一項)ハ町村會之ヲ議決ス

名譽職員は原來無給なりと雖も此法律中別に給與の規定あるものを除き其他職務取扱の爲めに要する實費は必す其辨償を町村より受くへく又之を受くるの權あり

實費辨償額とて町村公務の爲めに要する旅費日當等の額及町村長に書記の事務を兼ねしむるときの書記料の額は町村會の議決を以て之を定むるものとす

第七十六條　有給町村長有給助役其他有給吏員及使丁ノ給料額ハ町村會ノ議決ヲ以テ之ヲ定ム

町村會ノ議決ヲ以テ町村長及助役ノ給料額ヲ定ムルトキハ郡長ノ許可ヲ受クルコトヲ要ス郡長ニ於テ之ヲ許可ス可カラスト認ムルトキハ郡參事會ノ議決ニ付シテ之ヲ確定ス

有給町村長以下の給料は其人毎に付て之を定むるものにして又之を定むるは町村會の權に屬すと雖も町村長及助役の給料額の當否は郡長の認定を受けさるへからす又郡長に於て其額を不相當なりと認むるときは郡參事會の集議に付して之を確定し町村會をして之

を遵奉せしむるの權あり

第七十七條　町村條例ノ規定ヲ以テ有給吏員ノ退隱料ヲ設クルコトヲ得

吏員に退隱料を給せさるへからさるの理由は市制第七十七條の部に詳述せり宜しく之を參看すへし

第七十八條　有給吏員ノ給料、退隱料其他第七十五條ニ定ムル給與ニ關シテ異議アルトキハ關係者ノ申立ニ依リ郡參事會之ヲ裁決ス其郡參事會ノ裁決ニ不服アル者ハ府縣參事會ニ訴願シ其府縣參事會ノ裁決ニ不服アル者ハ行政裁判所ニ出訴スルコトヲ得

有給吏員の給料退隱料實費辨償額及書記料等は該吏員より町村に請求して之を受取るの權利あり故に給與上に關して異議あるときは上級官廳に訴願の末結極行政裁判所まて訴出て裁決を仰くことを許せり

第七十九條　退隱料ヲ受クル者官職又ハ府縣郡市町村及公共組合ノ職務ニ就キ給料ヲ受クルトキハ其間之ヲ停止シ又ハ更ニ退隱料ヲ受クルノ權ヲ得ルトキ其額舊退隱料ト同額以上ナルトキハ舊退隱料ハ之ヲ廢止ス

町村より退隱料を受くる者他の職務に就き給料を受くるときは其就職中のみ退隱料を停止すると雖も更に他より退隱料を受け其額舊退隱料より多きときは全く之か給與を廢止することと市吏員の退隱料と同し市制第七十九條を見合すへし

第八十條　給料、退隱料、報酬及辨償等ハ總テ町村ノ負擔トス

前條々の給料等總て町村行政事務に關する給與は町村費より之を支辨すへきものと定めたり

第四章　町村有財產ノ管理

町村は市と同しく自ら其町村の事務を執行するに付ては之に要する資金なかるへからさるを以て此法律にて其財產權を有することと一個人に同しく又固有の經濟を理するの專權を與へたり然れとも町村の財產の管理及徵税の方法にして苟も其宜を失ふときは法人たる町村の命脈は此に絕滅するに至るへし故に町村の財務に愼重を要するは市の財務に愼重を要すると些も殊別あることなし本章第一款に揭くるは町村有財產及町村税の事第二款に揭くるは町村の歲入出及決算の事なり

第一款　町村有財產及町村税

第八十一條　町村ハ其不動產、積立金穀等ヲ以テ基本財產ト爲シ之ヲ維

持スルノ義務アリ

臨時ニ收入シタル金穀ハ基本財産ニ加入ス可シ但寄附金等寄附者其使用ノ目的ヲ定ムルモノハ此限ニ在ラス

町村は法人なり故に基本財産を要すること市に同し本條の財産蓄積の順序等に關しては市制第八十一條の部に就て看るへし

第八十二條　凡町村有財産ハ全町村ノ爲メニ之ヲ管理シ及共用スルモノトス但特ニ民法上ノ權利ヲ有スル者アルトキハ此限ニ在ラス

本條は第六條と互に照應せしめたるものにして彼は住民の權利上より財産共用の事を說き此は財産の性質上より之を共用する事を示したり其他民法上の關係等は市制第八十二條以下の部に解說を加へたれは同條の註解を參看すへし

第八十三條　舊來ノ慣行ニ依リ町村住民中特ニ其町村有ノ土地物件ヲ使用スル權利ヲ有スル者アルトキハ町村會ノ議決ヲ經ルニ非サレハ其舊慣ヲ改ムルコトヲ得ス

本條は此法律施行の際使用權上に誤謬の及はんを憂ひ町村會の議決を經るにあらされは舊慣を改むるを得さるの明文を揭けたり詳細は市制第八十三條の部に就て看るへし

第八十四條　町村住民中特ニ其町村有ノ土地物件ヲ使用スル權利ヲ得ントスル者アルトキハ町村條例ノ規定ニ依リ使用料若クハ一時ノ加入金ヲ徴收シ又ハ使用料加入金ヲ共ニ徴收シテ之ヲ許可スルコトヲ得但特ニ民法上使用ノ權利ヲ有スル者ハ此限ニ在ラス

本條は前條の場合に反し新規に土地物件の使用を許すときは總て町村條例の規定に準據せさるへからさる旨を明にしたるものなり使用料等の徴收並民法上の例外に付ては市制第八十四條の註解を參看すへし

第八十五條　使用權ヲ有スル者（第八十三條第八十四條）ハ使用ノ多寡ニ準シテ其土地物件ニ係ル必要ナル費用ヲ分擔ス可キモノトス

舊來の慣行に依ると又新規に使用するとに拘はらす其使用土地物件に必要なる費用例へは田地には用水費家屋には修繕費の幾部を其使用者に分擔せしむるものとす

第八十六條　町村會ハ町村ノ爲メニ必用ナル場合ニ於テハ使用權（第八十三條第八十四條）ヲ取上ケ又ハ制限スルコトヲ得但特ニ民法上使用ノ權利ヲ有スル者ハ此限ニ在ラス

本條町村は町村の多數の公益の爲めに少數使用者の利益を犠牲に供する場合を示したる

ものにして市制第八十六條の註解を參看すへし

第八十七條　町村有財產ノ賣却貸與又ハ建築工事及物品調達ノ請負ハ公ケノ入札ニ付ス可シ但臨時急施ヲ要スルトキ及入札ノ價額其費用ニ比シテ得失相償ハサルトキ又ハ町村會ノ認許ヲ得ルトキハ此限ニ在ラス

町村有財產の賣却等一切賣買上の事件は公けの入札法を用ひ町村民の嫌疑を避けさるへからさる事及之か例外の塲合は市制第八十七條に異なることなし同條の註解を參看すへし

第八十八條　町村ハ其必要ナル支出及從前法律命令ニ依テ賦課セラレ又ハ將來法律勅令ニ依テ賦課セラルヽ支出ヲ負擔スルノ義務アリ

町村ハ其財產ヨリ生スル收入及使用料、手數料（第八十九條）幷科料、過怠金其他法律勅令ニ依リ町村ニ屬スル收入ヲ以テ前項ノ支出ニ充テ猶不足アルトキハ町村稅（第九十條）及夫役現品（第百一條）ヲ賦課徵收スルコトヲ得

本條は町村に二種の負擔義務ある事及之か支辨の方法を示したるものにして第一に町村は必す其町村に屬する百般の經費を支出すへく第二に從前既に町村の負擔と定められた

る支出又は將來法律勅令を以て町村に賦課せらるゝ費用は總て之を負擔するの義務あることを示したるなり其支出は町村の諸收入を以て之に充てたる上仍ほ不足あるときに限り町村稅等を徵收する等總て市制第八十八條に同し

〔參照〕町村共有物ノ收入ヲ以テ町村ノ費用ニ充テ仍ホ不足アルトキハ町村ノ決議ヲ以テ直稅又ハ消費稅ノ增加稅若クハ他ノ賦金ヲ徵收スルコトヲ得ヘシ
州法ヲ以テ右增加稅徵收ノ定限ヲ立テ而シテ此定限ヲ超過スルトキハ郡會若クハ州會ノ許可ヲ受ケシメ又ハ特別ノ州法ニ準據セシムヘシ
消費稅ノ增加稅ハ町村內ノ消費高ニノミ賦課スヘクシテ其製造及商業ニハ之ヲ賦課スルコトヲ得ス
上文記載ノ增加稅ノ種類ニ屬セサル租稅ヲ設ケ又ハ右等成規ノ租稅ヲ增額スルニハ州法ニ準據スルコトヲ要ス
各町村人民ノ町村稅ヲ納ムル方法及程度ハ州法ニ定ムル所ノ範圍內ニアリテ町村自ラ之ヲ規定スヘシ（澳國町村憲法第十五條）

第八十九條　町村ハ其所有物及營造物ノ使用ニ付又ハ特ニ數個人ノ爲メニスル事業ニ付使用料又ハ手數料ヲ徵收スルコトヲ得

町村は其所有物品及學校病院等營造物の使用又は數個人即ち町村內一部人民の爲めにする事業を興したるとき使用料等を徵收するを得るなり市制第八十九條の部に就て看るへし

第九十條　町村稅トシテ賦課スルコトヲ得可キ目左ノ如シ

一　國稅府縣稅ノ附加稅

二 直接又ハ間接ノ特別税

附加税ハ直接ノ國税又ハ府縣税ニ附加シ均一ノ税率ヲ以テ町村ノ全部ヨリ徴收スルヲ常例トス特別税ハ附加税ノ外別ニ町村限リ税目ヲ起シテ課税スルコトヲ要スルトキ賦課徴收スルモノトス

町村税（現今の町村費に當る）として賦課すへき種目は左の二種類とす

一 國税又は府縣税（現今の地方税に當る）の割増税

二 市限り特別に種目を起したる税

附加税は地租其他直接の國税又は府縣税に割合せ均一の準率を以て町村の全部より徴收するを常例となす特別税は國税府縣税の準率に依らす別種の税を起し例へは三百圓以下の所得に對して其町村限りの所得税を課するの類又は國税等のなき物品即ち其地方特有物産等に課税するの類なり

〔參照〕村費或ハ夫役ヲ分賦スル準率ニ就テ村章程ノ文意明瞭ナラス或ハ時勢ニ適合セス或ハ慣行成例（孛國法律綱領第二篇第七款第三十一條乃至第三十九條）ノ確實ナラス或ハ慣行成例ヲ守ルカ為メ甚シキ弊害ヲ生スルニ至レハ第十二條ノ規定ニ從ヒ村ノ決議ヲ以テ村章程ノ修補又ハ改正ヲ行フヘシ但其決議ハ縣廳ノ認可ヲ受ルコトヲ要ス右決議ノ調ハサルニ於テハ縣廳ハ郡會ノ意見ヲ聞キ且内務大臣ノ許可ヲ得費用或ハ夫役分賦ノ方法ニ付キ村章程ノ修補或ハ改正ヲ規定スルノ權利ヲ有ス（孛國村章程第十一條）

村費等ヲ新ニ分賦スルニハ（第十一條）村民各自所有地ノ廣狹及等級ニ依テ之ヲ割合ヒ而シテ村ノ各人或ハ其各等

級ニ賦課スル割合ハ各人若クハ各等級ノ其村内ニテ享受スル權利及利益ニ相當スルコトニ注意スヘシ（同上第十二條）

第十二條ノ規則ハ地所ヲ分割シ或ハ新ニ殖民地移任地又ハ村落ヲ開設スルニ方リ其住民ニ村費等賦課ノ準率ヲ決議スルニモ亦之ヲ準用スヘシ（同上第十三條）

○寺區稅ハ區監ノ賦課スル所ノ濟貧稅ニシテ聯區財產價格表ニ依リ各寺區内ノ土地及家屋ノ價格ニ對スル每一磅ノ稅率ヲ定メ之ヲ平等均一ニ賦課スルモノトス（英國濟貧法條例）

第九十一條　此法律ニ規定セル條項ヲ除クノ外使用料（手數料（第八十九條）特別稅（第九十條第一項第二）及從前ノ町村費ニ關スル細則ハ町村條例ヲ以テ之ヲ規定スヘシ其條例ニハ科料一圓九十五錢以下ノ罰則ヲ設クルコトヲ得

科料ニ處シ及之ヲ徵收スルハ町村長之ヲ掌ル其處分ニ不服アル者ハ令狀交付後十四日以内ニ司法裁判所ニ出訴スルコトヲ得

此法律に明文あるものゝ外別に土地家屋營造物使用料等に係る細則幷に現今の區町村費（町村制施行の際の）に關する細則は町村條例を以之を定め且之に裁制を付し又之を申渡す等の事は總て市制第九十一條の趣旨に異なることなし同條の註解を參看すへし

第九十二條　三ヶ月以上町村内ニ滯在スル者ハ其町村稅ヲ納ムルモノトス但其課稅ハ滯在ノ初ニ遡リ徵收ス可シ

本條は本邦にては新規の課税法なり覊旅の人と雖も三ヶ月以上町村に滯在するときは其町村稅を納むるの義務を生すへし而して其課稅は滯在の初めに遡るを法とすること市制第九十二條に同し

第九十三條　町村內ニ住居ヲ構ヘス又ハ三ヶ月以上滯在スルコトナシト雖モ町村內ニ土地家屋ヲ所有シ又ハ營業ヲ爲ス者（店舖ヲ定メサル行商ヲ除ク）ハ其土地家屋營業若クハ其所得ニ對シテ賦課スル町村稅ヲ納ムルモノトス其法人タルトキモ亦同シ但郵便電信及官設鐵道ノ業ハ此限ニ在ラス

町村內に土地家屋を所有し又は町村內にて營業を爲す者（呼賣商を除く）は總て町村稅を納むるの義務あること幷郵便電信等に町村稅を賦課するを得さる理由は市制第九十三條の部に就て看るへし

第九十四條　所得稅ニ附加稅ヲ賦課シ及町村ニ於テ特別ニ所得稅ヲ賦課セントスルトキハ納稅者ノ町村外ニ於ケル所有ノ土地家屋又ハ營業（店舖ヲ定メサル行商ヲ除ク）ヨリ收入スル所得ハ之ヲ控除ス可キモノトス

本條は町村稅は其財產所在地に就て之を賦課するの趣旨を明にしたることと市制第九十四條に同し又其解說も同條の部に詳なれは宜しく就て看るへし

第九十五條　數市町村ニ住居ヲ搆ヘ又ハ滯在スル者ニ前條ノ町村稅ヲ賦課スルトキハ其所得ヲ各市町村ニ平分シ其一部分ニノミ課稅ス可シ但土地家屋又ハ營業ヨリ收入スル所得ハ此限ニ在ラス

一人にして數市町村に住居を搆へ又は滯在する者に町村稅を平分して賦課するの理由及之か例證は市制第九十五條の註解に在り就て看るへし

第九十六條　所得稅法第三條ニ揭クル所得ハ町村稅ヲ免除ス

現行所得稅法第三條に揭くる左の所得は町村稅をも免除するなり

一　軍人從軍中に係る俸給

二　官私より受くる旅費傷痍疾病者の恩給金及孤兒寡婦の扶助料

三　營利の事に屬せさる一時の所得

第九十七條　左ニ揭クル物件ハ町村稅ヲ免除ス

一　政府、府縣郡市町村及公共組合ニ屬シ直接ノ公用ニ供スル土地、營造物及家屋

二　社寺及官立公立ノ學校病院其他學藝美術及慈善ノ用ニ供スル土地營造物及家屋

三　官有ノ山林又ハ荒蕪地但官有山林又ハ荒蕪地ノ利益ニ係ル事業ヲ起シ内務大臣及大藏大臣ノ許可ヲ得テ其費用ヲ徴收スルハ此限ニ在ラス

新開地及開墾地ハ町村條例ニ依リ年月ヲ限リ免税スルコトヲ得

本條に揭くる物件は町村税を免除せらるへし市制第九十七條の註解に就て其詳細を看るへし

第九十八條　前二條ノ外町村税ヲ免除ス可キモノハ別段ノ法律勅令ニ定ムル所ニ從フ皇族ニ係ル町村税ノ賦課ハ追テ法律勅令ヲ以テ定ムル迄現今ノ例ニ依ル

前二條に明文なきものは町村税の免除を得さること市税に同し故に爾後町村税の免除は法律勅令に依るにあらされは何人にても其特權を得る能はさるへし又皇族に係る町村税を從前の儘に据置くことは市制第九十八條に同し

第九十九條　數個人ニ於テ專ラ使用スル所ノ營造物アルトキハ其修築及

保存ノ費用ハ之ヲ其關係者ニ賦課ス可シ
町村內ノ一部ニ於テ專ラ使用スル營造物アルトキハ其部內ニ住居シ若クハ滯在シ又ハ土地家屋ヲ所有シ營業（店舗ヲ定メサル行商ヲ除ク）ヲ爲ス者ニ於テ其修築及保存ノ費用ヲ負擔ス可シ但其一部ノ所有財產アルトキハ其收入ヲ以テ先ツ其費用ニ充ツ可シ

町村住民中數個人を限りて專用する營造物の修築保存費は一般の町村稅より支出せすして之を關係者に賦課する事又町村內の一部（恰も市の一區の如し）に於て專用する營造物ある場合も前項に同しく其部內に住居する者等より其費用を徵收すへし且其一部の所有財產ありて之か收入利益あるときは之を以て先つ其費用に充ること市制第九十九條に同し

第百條　町村稅ハ納稅義務ノ起リタル翌月ノ初ヨリ免稅理由ノ生シタル月ノ終迄月割ヲ以テ之ヲ徵收ス可シ
會計年度中ニ於テ納稅義務消滅シ又ハ變更スルトキハ納稅者ヨリ之ヲ町村長ニ屆出ツ可シ其屆出ヲ爲シタル月ノ終迄ハ從前ノ稅ヲ徵收スルコトヲ得

本條は町村稅徵收免除の計算法を定めたることと市制第百條に同じ其徵收順序等は同條註解に詳なり就て看るへし

第百一條　町村公共ノ事業ヲ起シ又ハ公共ノ安寧ヲ維持スルカ爲メニ夫役及現品ヲ以テ納稅者ニ賦課スルコトヲ得但學藝、美術及手工ニ關スル勞役ヲ課スルコトヲ得ス

夫役及現品ハ急迫ノ場合ヲ除クノ外直接町村稅ヲ準率ト爲シ且之ヲ金額ニ算出シテ賦課ス可シ

夫役ヲ課セラレタル者ハ其便宜ニ從ヒ本人自ラ之ニ當リ又ハ適當ノ代人ヲ出スコトヲ得又急迫ノ場合ヲ除クノ外金圓ヲ以テ之ニ代フルコトヲ得

本條は町村の公共事業として道路開修等又は公共安寧の維持として水害火災等の防禦をなし其町村內の靜謐を保たんか爲めには其町村內にて町村稅を納むる資格ある者に夫役牛馬幷藁繩等の現品を賦課することを得るなり本邦には從前此種の稅法ありて各地方の慣例となり居たれとも却て維新以後其慣例を破り大に町村の不便を感する處多しと聞けり因て本條にて其慣例を復すると同時に賦課上に制限を加へたれは本制施行の上は地方の課

税上に著しき改良を見るに至るへし
夫役現品は必す金額に算出する事及代人料を出す場合等は市制第百一條の註解に詳なり

第百二條　町村ニ於テ徴收スル使用料、手數料（第八十九條）町村税（第九十條）夫役ニ代フル金圓（第百一條）共有物使用料及加入金（第八十四條）其他町村ノ收入ヲ定期内ニ納メサルトキハ町村長ハ之ヲ督促シ猶之ヲ完納セサルトキハ國税滞納處分法ニ依リ之ヲ徴收ス可シ其督促ヲ為スニハ町村條例ノ規定ニ依リ手數料ヲ徴收スルコトヲ得
納税者中無資力ナル者アルトキハ町村長ノ意見ヲ以テ會計年度内ニ限リ納税延期ヲ許スコトヲ得其年度ヲ越ユル場合ニ於テハ町村會ノ議決ニ依ル
本條ニ記載スル徴收金ノ追徴、期滿得免及先取特權ニ付テハ國税ニ關スル規則ヲ適用ス
本條は市制第百二條と同しく總て町村に納むへき税金料金等の滞納者に對する督促法及ひ徴收猶豫并滞納處分法を示したるものにして現行の徴税法に比して利益あるの點等は市制の註解に述へ置きたり宜しく參看すへし

第百三條　地租ノ附加税ハ地租ノ納税者ニ賦課シ其他土地ニ對シテ賦課スル町村税ハ其所有者又ハ使用者ニ賦課スルコトヲ得

地租に附加する町村税は地租の納税者即ち現今にては地劵記名者又は質入地ならは其質取主に賦課し其他反別割等の法に依り徴收する町村税は其地主又は地借人に便宜賦課するを得ること市制と同様なり

第百四條　町村税ノ賦課ニ對スル訴願ハ賦課令狀ノ交付後三ヶ月以內ニ之ヲ町村長ニ申立ツ可シ此期限ヲ經過スルトキハ其年度內減税免税及償還ヲ請求スルノ權利ヲ失フモノトス

町村税の賦課に付て不服あり訴願をなさんとする者は必す本條に示す如く三ヶ月以內に町村長に申立更正を求むへし若し其期限を過きたるときは其年度內は要求の權利を失ふの理由等は載せて市制第百四條の註解に在り

第百五條　町村税ノ賦課及町村ノ營造物、町村有ノ財產幷其所得ヲ使用スル權利ニ關スル訴願ハ町村長之ヲ裁決ス但民法上ノ權利ニ係ルモノハ此限ニ在ラス

前項ノ裁決ニ不服アル者ハ郡參事會ニ訴願シ其郡參事會ノ裁決ニ不服

アル者ハ府縣參事會ニ訴願シ其府縣參事會ノ裁決ニ不服アル者ハ行政裁判所ニ出訴スルコトヲ得

本條ノ訴願及訴訟ノ爲メニ其處分ノ執行ヲ停止スルコトヲ得ス

本條は町村稅の賦課及町村の財產に關する訴願及訴訟の順序を示したるものにして右の訴願は最初に町村長にて之を裁決す此塲合に於て町村長は訴願の始審廷なり但町村の一個人たる塲合例へは町村に貸金ある銀行より其償還を求むる等の類民法上の權利は行政上の處分を訴願せす直に其町村を被告として民事裁判所へ出訴すへきなり又町村長の裁決に不服ある者は郡參事會に訴願する順序は前に述へたる例に同し

本條訴願及訴訟の塲合に於て處分の執行を停止せさる理由は市制第百五條に述へ置きたり就て看るへし

第百六條　町村ニ於テ公債ヲ募集スルハ從前ノ公債元額ヲ償還スル爲メ又ハ天災時變等已ムヲ得サル支出若クハ町村永久ノ利益トナル可キ支出ヲ要スルニ方リ通常ノ歲入ヲ增加スルトキハ其町村住民ノ負擔ニ堪ヘサルノ塲合ニ限ルモノトス

町村會ニ於テ公債募集ノ事ヲ議決スルトキハ倂セテ其募集ノ方法、利息ノ定率及償還ノ方法ヲ定ム可シ償還ノ初期ハ三年以内ト爲シ年々償還ノ歩合ヲ定メ募集ノ時ヨリ三十年以内ニ還了ス可シ定額豫算内ノ支出ヲ爲スカ爲メ必要ナル一時ノ借入金ハ本條ノ例ニ依ラス其年度内ノ收入ヲ以テ償還ス可キモノトス

本條は町村は法人たるを以て負債を起す權利を有すへきも其方法宜を失へは其町村に萬世の憂を遺すへきを以て本制には容易に之を起すことを許さゝるなり而して其趣旨幷募集の方法は市制第百六條と同一なれは玆に其解説を畧せり宜しく同條の註解を參看すへし

第二款　町村ノ歳入出豫算及決算

此款には町村の每會計年度經費收入支出の豫算表調製及決算報告の事を掲く

第百七條　町村長ハ每會計年度收入支出ノ豫知シ得可キ金額ヲ見積リ年度前二ヶ月ヲ限リ歳入出豫算表ヲ調製ス可シ但町村ノ會計年度ハ政府ノ會計年度ニ同シ

內務大臣ハ省令ヲ以テ豫算表調製ノ式ヲ定ムルコトヲ得

町村長は每年度町村の收入支出の豫算を立て每年一月三十一日(政府現今の會計年度に

依る)を限り豫算表を調製すへし其書式は内務省令に依るへし

第百八條　豫算表ハ會計年度前町村會ノ議決ヲ取リ之ヲ郡長ニ報告シ幷地方慣行ノ方式ヲ以テ其要領ヲ公告ス可シ

豫算表ヲ町村會ニ提出スルトキハ町村長ハ併セテ其町村事務報告書及財産明細表ヲ提出ス可シ

前條の豫算表調製を了れは直に町村會に付し其議決を取り郡長に報告し幷他の公文と同一の手續に據り其豫算の大科目を公告すへし又右等の事は總て四月(會計年度の始)前に之を行ふへきものなり

町村長より豫算表を町村會に提出するときは之と共に前年度中施行せし町村の事務報告書及現在の財産明細表を提出し町村會の撿閲に供すへし

第百九條　定額豫算外ノ費用又ハ豫算ノ不足アルトキハ町村會ノ認定ヲ得テ之ヲ支出スルコトヲ得

定額豫算中臨時ノ場合ニ支出スルカ爲メニ豫備費ヲ置キ町村長ハ豫メ町村會ノ認定ヲ受ケスシテ豫算外ノ費用又ハ豫算超過ノ費用ニ充ツル

コトヲ得但町村會ノ否決シタル費途ニ充ツルコトヲ得ス

本條は豫算外の費用支出の方法を示したるものにして其詳細は市制第百九條の註解によりて參看すへし

第百十條　町村會ニ於テ豫算表ヲ議決シタルトキハ町村長ヨリ其謄寫ヲ以テ之ヲ收入役ニ交付ス可シ其豫算表中監督官廳若クハ參事會ノ許可ヲ受ク可キ事項アルトキハ（第百二十五條ヨリ第百二十七條ニ至ル）先ツ其許可ヲ受ク可シ

收入役ハ町村長（第六十八條第二項第三）又ハ監督官廳ノ命令アルニ非サレハ支拂ヲ爲スコトヲ得ス又收入役ハ町村長ノ命令ヲ受クルモ其支出豫算表中ニ豫定ナキカ又ハ其命令第百九條ノ規定ニ依ラサルトキハ支拂ヲ爲スコトヲ得ス

前項ノ規定ニ背キタル支拂ハ總テ收入役ノ責任ニ歸ス

町村會に於て議決したる豫算表の謄寫は町村長より之を町村の收入役に交付すへし（町村長にて收入役を兼ぬるときは例外とす）尤も第百二十五條の內務大臣の許可第百二十

六條の內務大藏兩大臣の許可第百二十七條の郡參事會の許可を要する場合は其許可を受け其豫算確定したる後之を交付すへきものとす

收入役は町村長より第六十八條第二項第三の明文に依り發する命令又は內務大臣府縣知事郡長の命令あるに非されは決して町村公金の支拂を爲すを得す又縱令ひ町村長即ち收支命令者の命令なりと雖も豫算外の事件又は第百九條に依り町村會の認定を得さるものは均しく支拂を拒絕すへきの義務あり故に收入役若し前項の規則を犯し漫りに支拂をなし之か爲に町村に損失を蒙らしめたるときは其損金は收入役之を辨償すへし

第百十一條　町村ノ出納ハ每月例日ヲ定メテ檢査シ及每年少クモ一回臨時檢査ヲ爲ス可シ例月檢査ハ町村長又ハ其代理者之ヲ爲シ臨時檢査ハ町村長又ハ其代理者ノ外町村會ノ互選シタル議員一名以上ノ立會ヲ要ス

收入役の取扱ひたる金圓の出納は每月一次町村長又は其代理者にて檢査を爲し又臨時に議員一名以上立會の上檢査をなすこと市制第百十一條に同し

〔參照〕濟貧局ノ命ニ依リ檢査員ハ保長區監其他役員ノ會計帳簿ヲ檢査スヘシ保長區監等ニ於テ其檢査ヲ拒ムトキハ五磅以上ノ科料ニ處シ其金圓ハ其寺區若クハ聯區ノ收入トス（英國濟貧法條例）

第百十二條　決算ハ會計年度ノ終ヨリ三ヶ月以內ニ之ヲ結了シ證書類ヲ

併セテ收入役ヨリ之ヲ町村長ニ提出シ町村長ハ之ヲ審査シ意見ヲ附シテ之ヲ町村會ノ認定ニ付ス可シ第六十二條第六項ノ場合ニ於テハ前例ニ依リ町村長ヨリ直ニ之ヲ町村會ニ提出ス可シ其町村會ノ認定ヲ經タルトキハ町村長ハ之ヲ郡長ニ報告ス可シ

本條は決算報告の順序を示したるものなり抑決算報告の目的は會計上の審査と行政上の審査との二者にして其會計上の審査は出納計算の當否と實際の出納其收支命令と適合するや否を審査するに在り又行政上の審査は實際の出納と定額豫算表又は追加豫算若くは豫算變更の議決又は法律命令と適合するや否を查定するに在り故に會計審査は會計主任者に對し又行政審査は町村理事者に對し町村會之を行ふものなり收入役は每年六月以前に前會計年度の經費決算を結了し之に諸證書類を添へ町村長に提出し町村長に於て會計審査をなし不都合なきときは之を町村會に送り該會に於て會計及行政上の審査を遂け其決算を認定したるときは町村長は郡長に之を報告すへし又本條に云ふ町村長意見を付するとは所謂る添書の類にして其會計は不都合なき云々の旨を記載するに過きさるものと知るへし

第六十二條第六項町村長にして收入役を兼ぬる場合に於ては前項の例を履むに由なきを

以て町村長より直に町村會に提出すへし

第百十三條　決算報告ヲ爲ストキハ第四十條ノ例ニ準シテ議長代理者共ニ故障アルモノトス

町村會に前條の決算報告を爲すときは議長たる町村長幷其代理者は第四十條の例に準し自己の一身上に關する議事と見做し其議席を避け議事の公平を保つへし又收支命令者（町村長助役）にして町村會議員を兼ぬるときも亦同しく其議決に加はるを得さるものとす

第五章　町村內各部ノ行政

本章には一町村內の區又は部にして別に一區を爲す處に關する行政の事を揭く

第百十四條　町村內ノ區（第六十四條）又ハ町村內ノ一部若クハ合併町村（第四條）ニシテ別ニ其區域ヲ存シテ一區ヲ爲スモノ特別ニ財產ヲ所有シ若クハ營造物ヲ設ケ其一區限リ特ニ其費用（第九十九條）ヲ負擔スルトキハ郡參事會ハ其町村會ノ意見ヲ聞キ條例ヲ發行シ財產及營造物ニ關スル事務ノ爲メ區會又ハ區總會ヲ設クルコトヲ得其會議ハ町村會ノ例ヲ適用スルコトヲ得

本條は市制第百十三條と同樣の塲合に必要なるものにして原來本制は市町村の統一を尙ふものにして理論上より云ふときは一自治團結內に更に獨立の小組織を存續するの謂れなきか如し然れとも實際に就て之を見れは從來の慣行に依り現今の町村區域內に特別の財產を有する部落あるは勿論本條施行の際現今の小町村を合併すれは更に幾多の部落ある町村を生するは實際免れさる所のものなり故に本條に於ては此等各部落に特別の財產を有し又は特別の組織を要するの事情あらは務めて其舊樣を存し各部落の利害をして互に抵觸するを避けしむるの主旨に外ならさるなり

町村內の區又は部落にして全町村の共用に屬せさる財產を所有し若くは學校病院等を設け其區又は部落限りの共用に供し其區又は部落限り其費用を負擔するときは郡參事會は其町村會の意見を聞き條例を發して右事務措辨の爲めにのみ區會(町村會に準し區會議員を選擧するの制)又は區總會(議員を選擧せす區內關係者の總寄合相談會)を設けしむるを得但其區會の組織等は町村會の例に依準すへきものとす

第百十五條　前條ニ記載スル事務ハ町村ノ行政ニ關スル規則ニ依リ町村長之ヲ管理ス可シ但區ノ出納及會計ノ事務ハ之ヲ分別ス可シ

前條の如く町村內の區又は部落の財產又は營造物に關する事務の爲め設けたる區會の議

決は町村の行政規則に依りて町村長之を管理執行すへし(區會議決の執行を其町村の理事者たる町村長に委任したるものなり)但其區內の費金出納及會計の事務は一般の會計と區別して混同せさる樣に注意すへし

第六章　町村組合

本章の町村の組合を必要とするは水利土功の聯合又は學校維持の聯合等の如き已を得さるもの又は古來の慣習に於て調和を得さる町村の如きは到底合併を施し得さるへきを以て事務共同の爲め强制して組合を爲さしむるの類あれはなり

第百十六條　數町村ノ事務ヲ共同處分スル爲メ其協議ニ依リ監督官廳ノ許可ヲ得テ其町村ノ組合ヲ設クルコトヲ得

法律上ノ義務ヲ負擔スルニ堪フ可キ資力ヲ有セサル町村ニシテ他ノ町村ト合併(第四條)スルノ協議整ハス又ハ其事情ニ依リ合併ヲ不便ト爲ストキハ郡參事會ノ議決ヲ以テ數町村ノ組合ヲ設ケシムルコトヲ得

數町村の事務例へは水利土功敎育等の事務を處分する爲め聯合を必要とするときは關係町村協議の上郡長の許可を得て之を設くることを得

又相當の資力を有せすして町村たるに必要の支出を爲すを得さる如き貧乏なる小町村に

して古來の慣習に依て調和せさるもの又は道路隔離して合併を不便となす事情あるときは郡參事會の權力を以て事務共同の爲め强て組合を設けしむることを得るなり

第百十七條　町村組合ヲ設クルノ協議ヲ爲ストキハ(第百十六條第一項)組合會議ノ組織事務ノ管理方法並其費用ノ支辨方法ヲ併セテ規定ス可シ

前條第二項ノ場合ニ於テハ其關係町村ノ協議ヲ以テ組合費用ノ分擔法等其他必要ノ事項ヲ規定ス可シ若シ其協議整ハサルトキハ郡參事會ニ於テ之ヲ定ム可シ

前條第一項の組合を設くる協議を爲すときは組合に必要なる會議方法其他の事項をも同時に併せ協議を遂け規則を設くへし

前條第二項の場合に於て組合をなすときは其組合町村の費用各自の分擔額其他の事項をも協議を遂け其規則を設くへし若し其協議整はさるときは郡參事會に於て之を定むるを法とす

第百十八條　町村組合ハ監督官廳ノ許可ヲ得ルニ非サレハ之ヲ解クコトヲ得ス

町村組合は協議を以て成立したるものなれは又協議に依りて解散するを得へしと雖も一旦成立したる上は行政監督上郡長に於て之を許可するにあらされは解散するを得さるものとす

第七章　町村行政ノ監督

此法律は分權の主義に依り行政の事務を地方に委任し國民をして之を負擔せしめ以て自治の實を全からしむるの精神なれとも又一方には之を統一して其機軸を執り以て地方事務をして放漫に流れしめさるの撿束法なかるへからす是れ本章地方行政の監督條規ある所以なり

第百十九條　町村ノ行政ハ第一次ニ於テ郡長之ヲ監督シ第二次ニ於テ府縣知事之ヲ監督シ第三次ニ於テ內務大臣之ヲ監督ス但法律ニ指定シタル塲合ニ於テ郡參事會及府縣參事會ノ參與スルハ別段ナリトス

町村の行政は町村會の議決に依り町村の行政機關なる町村長之を執行し妄りに官府の干渉を許さゝるは言を俟たす然れとも町村は市と均しく國の一部なれは官府の之を監督し其秩序を保持せしむるは即ち國の主權に屬する事柄なり故に本條には其監督の序次を示し町村は行政の階級上に於ては國府縣郡の下班に位する最下級の區域なれは(市も同し

く最下級の區域なれとも郡の監督に屬せす直に府縣の監督に屬す是れ市と町村と異なる所なり）町村の直接の監督官廳は郡長にして其上班の監督官廳は府縣知事其最上班の監督官廳を內務大臣なりとす但此法律中郡參事會及府縣參事會の監督事務に參與する場合は格別にして此場合に於ける郡參事會は即ち第一次の監督官廳にして府縣參事會は第二次の監督官廳なり

第百二十條　此法律中別段ノ規定アル場合ヲ除クノ外凡町村ノ行政ニ關スル郡長若クハ郡參事會ノ處分若クハ裁決ニ不服アル者ハ府縣知事若クハ府縣參事會ニ訴願シ其府縣知事若クハ府縣參事會ノ裁決ニ不服アル者ハ內務大臣ニ訴願スルコトヲ得

町村ノ行政ニ關スル訴願ハ處分書若クハ裁決書ヲ交付シ又ハ之ヲ告知シタル日ヨリ十四日以內ニ其理由ヲ具シテ之ヲ提出ス可シ但此法律中別ニ期限ヲ定ムルモノハ此限ニ在ラス

此法律中ニ指定スル場合ニ於テ府縣知事若クハ府縣參事會ノ裁決ニ不服アリテ行政裁判所ニ出訴セントスル者ハ裁決書ヲ交付シ又ハ之ヲ告

知シタル日ヨリ二十一日以内ニ出訴スヘシ
行政裁判所ニ出訴スルコトヲ許シタル場合ニ於テハ内務大臣ニ訴願スルコトヲ得ス
訴願及訴訟ヲ提出スルトキハ處分又ハ裁決ノ執行ヲ停止ス但此法律中別ニ規定アリ又ハ當該官廳ノ意見ニ依リ其停止ノ爲メニ町村ノ公益ニ害アリト爲ストキハ此限ニ在ラス

本條は監督官廳の處分若くは裁決に不服ある者の訴願又は出訴の順序及期限を示したるものにして其詳細は市制第百十六條の註解に就て看るへし

第百二十一條　監督官廳ハ町村行政ノ法律命令ニ背戻セサルヤ其事務錯亂澁滯セサルヤ否ヲ監視ス可シ監督官廳ハ之カ爲メニ行政事務ニ關シテ報告ヲ爲サシメ豫算及決算等ノ書類帳簿ヲ徴シ並實地ニ付テ事務ノ現況ヲ視察シ出納ヲ檢閲スルノ權ヲ有ス

本條は監督官廳の職權を示したるものなり市制第百十七條の註解を參看すへし

〔參照〕政府ハ町村ノ其職掌權限ヲ超過セサルカ否又法律ニ悖戻セサルカ否ヲ監督スヘシ
政府ハ町村長ノ處分ヲ以テ成法ニ悖戻シ又ハ成法ノ適用ヲ失シタリト爲ス所ノ訴願ヲ裁決スヘシ但町村代理會ノ

決議ニシテ之ニ對シ第十八條第三項ニ從テ郡會ニ訴願スルヲ得ヘキモノハ此限ニ在ラス(澳國町村憲法第十六條第一第二項)

第百二十二條　町村又ハ其組合ニ於テ法律勅令ニ依テ負擔シ又ハ當該官廳ノ職權ニ依テ命令スル所ノ支出ヲ定額豫算ニ載セス又ハ臨時之ヲ承認セス又ハ實行セサルトキハ郡長ハ理由ヲ示シテ其支出額ヲ定額豫算表ニ加ヘ又ハ臨時支出セシム可シ

町村又ハ其組合ニ於テ前項ノ處分ニ不服アルトキハ府縣參事會ニ訴願シ其府縣參事會ノ裁決ニ不服アルトキハ行政裁判所ニ出訴スルコトヲ得

町村又は其組合に於て法律勅令に依て町村又は組合の負擔と確められたる事務の費用を其町村經費豫算中に載せす又は支出の命令に應せさる等のことあるときは郡長に於て其職權を以て强て之を行はしむることを得るは恰も市に對して府縣知事の處分を爲すに異ならさるなり其他訴願及出訴に關しては市制第百十八條の註解を參看すへし

第百二十三條　凡町村會ニ於テ議決ス可キ事件ヲ議決セサルトキハ郡參事會代テ之ヲ議決ス可シ

町村會に於て其爲すへき事務を爲さゝるときは郡參事會に於て之を議決處理すへし是れ萬已を得さる時の臨機處分法を設けたるものなり

第百二十四條　內務大臣ハ町村會ヲ解散セシムルコトヲ得解散ヲ命シタル場合ニ於テハ同時ニ三ヶ月以內更ニ議員ヲ改選ス可キコトヲ命ス可シ但改選町村會ノ集會スル迄ハ郡參事會町村會ニ代テ一切ノ事件ヲ議決ス

內務大臣は其職權に依り町村會を解散せしむることを得其改選町村會の集會する迄の間に會議を要する事件あらは郡參事會は町村會の代議を爲すものとす市制第百二十條の部を參看すへし

〔參照〕町村代理會ハ州廳ノ命ヲ以テ解散セシムルコトヲ得ヘシ但町村ハ其處分ニ對シ內閣ニ訴願スルヲ得ヘシト雖モ訴願ノ爲メ處分ノ執行ヲ中止セサルモノトス解散ノ命ヲ得タルトキハ爾後六週日以內ニ新ニ選擧ヲ爲サヽルヘカラス(澳國町村憲法第十六條末項)

第百二十五條　左ノ事件ニ關スル町村會ノ議決ハ內務大臣ノ許可ヲ受クルコトヲ要ス

一　町村條例ヲ設ケ幷改正スル事

二 學藝美術ニ關シ又ハ歴史上貴重ナル物品ノ賣却讓與質入書入交換若クハ大ナル變更ヲ爲ス事

前項第一ノ場合ニ於テ人口一萬以上ノ町村ニ係ルトキハ勅裁ヲ經テ之ヲ許可ス可シ

本條に於て第三十三條町村會の議決中內務大臣の許可を受くるを要する事件及其所以は市制第百二十一條と同一なり同條の註解を參看すへし又條例の勅裁を要するあるは市の例に則れり

第百二十六條　左ノ事件ニ關スル町村會ノ議決ハ內務大臣及大藏大臣ノ許可ヲ受クルコトヲ要ス

一 新ニ町村ノ負債ヲ起シ又ハ負債額ヲ增加シ及第百六條第二項ノ例ニ違フモノ但シ償還期限三年以內ノモノハ此限ニ在ラス

二 町村特別稅幷使用料手數料ヲ新設シ增額シ又ハ變更スル事

三 地租七分ノ一其他直接國稅百分ノ五十ヲ超過スル附加稅ヲ賦課スル事

四　間接國稅ニ附加稅ヲ賦課スル事
五　法律勅令ノ規定ニ依リ官廳ヨリ補助スル歩合金ニ對シ支出金額ヲ定ムル事
本條に於て第三十三條町村會の議決中內務大藏兩大臣の許可を受くるを要する事件及其所以は市制第百二十二條と同一なり同條の註解を參看すへし

第百二十七條　左ノ事件ニ關スル町村會ノ議決ハ郡參事會ノ許可ヲ受クルコトヲ要ス
一　町村ノ營造物ニ關スル規則ヲ設ケ並改正スル事
二　基本財產ノ處分ニ關スル事（第八十一條）
三　町村有不動產ノ賣却讓與並質入書入ヲ為ス事
四　各個人特ニ使用スル町村有土地使用法ノ變更ヲ為ス事（第八十六條）
五　各種ノ保證ヲ與フル事
六　法律勅令ニ依テ負擔スル義務ニ非スシテ向五ヶ年以上ニ亘リ新ニ

町村住民ニ負擔ヲ課スル事

七　均一ノ税率ニ據ラスシテ國税府縣税ニ附加税ヲ賦課スル事（第九十條第二項）

八　第九十九條ニ從ヒ數個人又ハ町村内ノ一部ニ費用ヲ賦課スル事

九　第百一條ノ準率ニ據ラスシテ夫役及現品ヲ賦課スル事

本條に於て第三十三條の町村會の議決中郡參事會の許可を受くるを要する事件及其所以は市制第百二十三條府縣參事會の許可を受くる場合に同し同條の註解を參看すへし

〔參照〕町村ノ事ニ關シテハ州法ヲ以テ左ノ事務ヲモ郡會ニ委付スルコトヲ得

一　町村及其公立設營ニ屬スル傳來ノ財産ニシテ減少スルコトナキカ否ヲ監督スルコト

二　重大ナル決議殊ニ町村ノ理財ニ關スル決議ヲ認可スルコト

三　官ヨリ委任セサル一切ノ町村事務ニ關スル代理會ノ決議ニ對スル訴願ヲ裁決スルコト

郡會ヲ設ケサル地方又ハ右三項ノ事務ヲ郡會ニ委任セサル地方ニ在リテハ州會ノ常置委員ニ於テ此事務ヲ擔任スヘシ

官ヨリ町村ニ委任シタル事務ニ對スル訴願ハ中央官廳ニ申立ツヘキモノトス（澳國町村憲法第十八條）

第百二十八條　府縣知事郡長ハ町村長、助役、委員、區長其他町村吏員ニ對シ懲戒處分ヲ行フコトヲ得其懲戒處分ハ譴責及過怠金トス郡長ノ處分ニ係ル過怠金ハ十圓以下府縣知事ノ處分ニ係ルモノハ二十五圓以下ト

ス

追テ町村吏員ノ懲戒法ヲ設クル迄ハ左ノ區別ニ從ヒ官吏懲戒例ヲ適用ス可シ

一　町村長ノ懲戒處分(第六十八條第二項第五)ニ不服アル者ハ郡長ニ訴願シ其郡長ノ裁決ニ不服アル者ハ府縣知事ニ訴願シ其府縣知事ノ裁決ニ不服アル者ハ行政裁判所ニ出訴スルコトヲ得

二　郡長ノ懲戒處分ニ不服アル者ハ府縣知事ニ訴願シ府縣知事ノ懲戒處分及其裁決ニ不服アル者ハ行政裁判所ニ出訴スルコトヲ得

三　本條第一項ニ掲載スル町村吏員職務ニ違フコト再三ニ及ヒ又ハ其情狀重キ者又ハ行狀ヲ亂リ廉耻ヲ失フ者、財産ヲ浪費シ其分ヲ守ラサル者又ハ職務擧ラサル者ハ懲戒裁判ヲ以テ其職ヲ解クコトヲ得其隨時解職スルコトヲ得可キ者ハ(第六十七條)懲戒裁判ヲ以テスルノ限ニ在ラス

總テ解職セラレタル者ハ自己ノ所爲ニ非スシテ職務ヲ執ルニ堪ヘ

サルカ爲メ解職セラレタル場合ヲ除クノ外退隱料ヲ受クルノ權ヲ失フモノトス

四　懲戒裁判ハ郡長其審問ヲ爲シ郡參事會之ヲ裁決ス其裁決ニ不服アル者ハ府縣參事會ニ訴願シ其府縣參事會ノ裁決ニ不服アル者ハ行政裁判所ニ出訴スルコトヲ得

監督官廳ハ懲戒裁判ノ裁決前吏員ノ停職ヲ命シ并給料ヲ停止スルコトヲ得

町村長以下の懲戒を行ふは府縣知事郡長と定めたるは凡そ監督權ある者は懲戒を行ふへき權ある旨を採りたるものなり本制に於て懲戒の罰を三種に分つ事其他懲戒訴願出訴の順序及理由は市制第百二十四條の註解に詳なり就て看るへし

〔參照〕村長村助役及私領地長ノ行務過失ハ概子千八百五十二年七月二十一日公布ノ懲戒例ニ據リ之ヲ處分スヘキモノナレトモ自ラ少違アリ即チ左ノ如シ

一　郡總代ハ從前縣廳ノ任ヲ承繼キ郡長ハ縣知事ノ任ヲ承繼キ縣行政裁判所々長ハ主任大臣ノ任ヲ承繼キ縣行政裁判所ハ内閣ノ任ヲ承繼キ各其分ヲ修ムヘシ

二　下吟味ノ效績ニ依テ本裁判ヲ欵ムルト否トハ唯郡總代ノ決議ニ在ルモノトス

三　懲戒裁判所ノ意見ヲ取ルヲ要ス

四　縣行政裁判所ニ於ケル審判ハ必ス口演ニテ爲スヘシ

五　縣行政裁判所々長ヨリ控訴ノ時ニ備フル撿事官代理一名ヲ任スヘシ

六　郡長懲戒裁判ニ不服ナル訴願ハ縣行政裁判所ニ於テ判決スヘシ(孛國郡治章程第六十條)

照考

權限法ノ出ツルニ依テ全ク本條ヲ廢止シ同法第六十一條ヲ以テ之ニ換フ即チ左ノ如シ

區長村長助役私領地長及其他ノ村吏區吏ノ行務過失ハ概子千八百五十二年七月二十一日公布ノ懲戒例ニ據テ之ヲ處分スヘキモノナレトモ自ラ少違アリ即チ左ノ如シ

一　村長村助役私領地長及其他ノ村吏區吏ニ在テハ郡長之ニ懲戒ヲ加フルノ權ヲ有ス而シテ從前州内諸官廳ノ掌握セシ懲戒權ハ自今縣知事之ヲ有スヘシ

二　區長ヲ懲戒スルコトニ至テハ郡總代從前州内諸官廳ノ掌握セシ權ヲ承繼キ又縣議事官ハ從前主任大臣ノ權ヲ承繼キテ之ヲ處分ス

郡長ハ區長ニ懲戒ヲ加フルノ權ナシ

三　郡長若クハ郡總代ノ懲戒處分ニ不服ナル者ハ二十一日以内ニ縣行政裁判所ニ出訴シ又縣知事若クハ縣議事官ノ處分ニ不服ナル者ハ同期内ニ總理行政裁判所ニ出訴スヘシ

四　黜免ニ處スヘキ行務過失ニ因テ懲戒裁判ヲ開クトキハ郡長若クハ縣知事ノ命ヲ以テス且郡長若クハ縣知事ヨリ糺問委員及撿事官代理者ヲ任ス

始審ノ判決所ハ郡總代ナリ

郡總代ノ判決ニ不服ナル者ハ成法ノ期限内ニ(第四十二條以下)縣行政裁判所ニ控訴スヘシ其裁判ハ口演ヲ用フ縣知事ハ控訴ノトキニ備フル撿事官代理者ヲ任シ置クヘシ

下吟味ノ調濟ニ依テ本裁判ヲ歇ムルト否トハ唯郡總代ノ決議ニアルモノトス

懲戒裁判所ノ意見ヲ取ルヲ要ス

第百二十九條　町村吏員及使丁其職務ヲ盡サス又ハ權限ヲ越エタル事ア

ルカ爲メ町村ニ對シテ賠償ス可キコトアルトキハ郡參事會之ヲ裁決ス其裁決ニ不服アル者ハ裁決書ヲ交付シ又ハ之ヲ告知シタル日ヨリ七日以內ニ府縣參事會ニ訴願シ其府縣參事會ノ裁決ニ不服アル者ハ行政裁判所ニ出訴スルコトヲ得但訴願ヲ爲シタルトキハ郡參事會ハ假ニ其財產ヲ差押フルコトヲ得

本條は町村吏員の過誤怠慢より生したる損害を賠償せしむる旨を示したり市制第百二十五條の註解を參看すへし

第八章　附則

附則は此制度に附加したる規則にして其施行の際一時の要用に充る爲めの規定なり

第百三十條　郡參事會、府縣參事會及行政裁判所ヲ開設スル迄ノ間郡參事會ノ職務ハ郡長、府縣參事會ノ職務ハ府縣知事、行政裁判所ノ職務ハ內閣ニ於テ之ヲ行フ可シ

此法律施行の後郡參事會府縣參事會の設立に至る迄の間郡參事會の職務は郡長府縣參事會の職務は府縣知事之を行ひ又行政裁判所設立に至る迄の間は其職務を內閣にて行ふは

蓋し一時の便宜法たるに過きさるなり

第百三十一條　此法律ニ依リ初テ議員ヲ選擧スルニ付町村長及町村會ノ職務幷町村條例ヲ以テ定ム可キ事項ハ郡長又ハ其指命スル官吏ニ於テ之ヲ施行ス可シ

此法律を初めて施行すへき地に於て議員選擧の準備及町村條例を以て定むへき事項は郡長自ら之を施行し又は指命したる官吏をして之を施行せしむ是亦施行の際一時の便宜法たるに過きさるなり

第百三十二條　此法律ハ北海道、沖繩縣其他勅令ヲ以テ指定スル島嶼ニ之ヲ施行セス別ニ勅令ヲ以テ其制ヲ定ム

此町村制は北海道沖繩縣其外勅令を以て追て指定せらるゝ島々には本制を施行せす別に簡易なる規則を發布せらるへし

第百三十三條　前條ノ外特別ノ事情アル地方ニ於テハ町村會及町村長ノ具申又ハ郡參事會ノ具申ニ依リ勅令ヲ以テ此法律中ノ條規ヲ中止スルコトアル可シ

前條北海道等の外內地と雖も此町村制の或る部分を施行し能はさる事情ある地方にては

町村會及町村長又は郡參事會よりの具申に依り其事情已を得さるときは勅令を以て其條規の施行を中止せらるゝなり市制には此の如き必要なきも町村制には必要の事柄なり

第百三十四條　社寺宗教ノ組合ニ關シテハ此法律ヲ適用セス現行ノ例規及其地ノ習慣ニ從フ

氏子講中等社寺宗教の組合は此制度に關係なきものなれは從前の通にて毫も變更することなしとす

第百三十五條　此法律中ニ記載セル人口ハ最終ノ人口調査ニ依リ現役軍人ヲ除キタル數ヲ云フ

第十一條の人口は最も新き調査の人口中より陸海軍現役者を取除きたる數に依り計算すへし

第百三十六條　現行ノ租稅中此法律ニ於テ直接稅又ハ間接稅トス可キ類別ハ内務大臣及大藏大臣之ヲ告示ス

現行の租稅に付此法律中に云ふ直接稅と間接稅との區別は追て内務大臣大藏大臣の告示を以て之を定めらるへし

第百三十七條　此法律ハ明治二十二年四月一日ヨリ地方ノ情況ヲ裁酌シ

府縣知事ノ具申ニ依リ內務大臣ノ指揮ヲ以テ之ヲ施行ス可シ

此法律は本邦未曾有の分權自治の大典なるにより若し施行の際其地方の情勢及民度に適合せさるものあれは其法は完美なるも只一片の空文たるを免れさるのみならす地方人民に害毒を流すこと無きを期せさるなり是を以て此法律に限りては他の法律と其施行の順序を異にして府縣知事に於て其一府縣內の情況此制度を實行するに適ひ其實行の機熟せりと認め內務大臣に具申したる後該大臣に於て更に其適否を查察し果して之を實行するを得ると認定したるとき初めて之を實行せしむるを法則とす

第百三十八條　明治九年十月第百三十號布告各區町村金穀公借共有物取扱土木起功規則、明治十一年七月第十七號布告郡區町村編制法第六條及第九條但書、明治十七年五月第十四號布告區町村會法、明治十七年五月第十五號布告、明治十七年七月第二十三號布告、明治十八年八月第二十五號布告其他此法律ニ抵觸スル成規ハ此法律施行ノ日ヨリ總テ之ヲ廢止ス

〔參看〕明治九年十月第百三十號布告各區町村金穀公借共有物取扱土木起功規則

第一條　凡一區ニ於テ金穀ヲ公借シ若クハ共有ノ地所建物等ヲ賣買スルトキハ正副區戸長並ニ其區內毎町村ノ總代二名

ツヽノ内六分以上之ニ連印スルヲ要スヘシ

第二條　凡町村ニ於テ金穀ヲ公借シ若クハ共有ノ地所建物等ヲ賣買スル𪜈ハ正副區戸長並ニ其町村内不動産所有ノ者六部以上之ニ連印スルヲ要スヘシ

第三條　凡區内若クハ町村内ニテ土木ヲ起功スル𪜈ハ其區ト町村ナルトニ隨ヒ各第一條若シクハ第二條ニ傚フヘシ

第四條　若シ第一條第二條及ヒ第三條ニ指示セル場合ニ於テ唯正副區戸長ノ印ノミヲ鈐シ其須要ナル連印ナキモノハ總テ之ヲ該區戸長限リノ私借若クハ私ノ土木起功ト看做スヘシ其正副區戸長ノ印ノミヲ以テ共有ノ地所建物等ヲ賣買シタル者ハ總テ賣買ノ効ヲ有セス

明治十一年七月第十七號布告郡區町村編制法

第六條　毎町村ニ戸長各一員ヲ置ク又數町村ニ一員ヲ置クヿヲ得

但シ區内ノ町村ハ區長ヲ以テ戸長ノ事務ヲ兼ヌルヿヲ得

第九條　第三條第四條第七條第八條ノ施行ヲ要スルトキハ府知事縣令ヨリ内務卿ニ具狀シ政府ノ裁可ヲ受クヘシ

但シ町村區域名稱ノ變更ハ内務卿ノ認可ヲ受クヘシ

明治十七年五月第十四號布告區町村會法

第一條　區町村會ハ區町村費ヲ以テ支辨スヘキ事件及其經費ノ支出徵收方法ヲ議定ス

第二條　區町村會ノ會期、議員ノ員數、任期、改選及其他ノ規則ハ府知事縣令之ヲ定ム

第三條　區會ハ區長之ヲ招集シ其議按ヲ發ス町村會ハ戸長之ヲ招集シ其議按ヲ發ス

第四條　區會ノ評決ハ區長之ヲ施行シ町村會ノ評決ハ戸長之ヲ施行ス若シ其評決ヲ不適當ナリトスルトキハ其施行ヲ止メ府知事縣令ニ具狀シテ指揮ヲ請フ可シ

第五條　區長ニ於テ區會、郡區戸長ニ於テ町村會ノ議事若シ法ニ背キ又ハ治安ヲ害スルコトアリト認ムルトキハ其會議ヲ中止シ府知事縣令ニ具狀シテ指揮ヲ請フ可シ

第六條　府知事縣令ニ於テハ町村會ノ議事若シ法ニ背キ又ハ治安ヲ害スルコトアリト認ムルトキハ何時タリトモ區町村會ヲ停止シ又ハ之ヲ解散シテ改選セシムルコトヲ得

第七條　前條ノ場合ニ於テ停止又ハ解散ヲ命シタルトキハ更ニ開會ヲ命シ又ハ改選スル迄ノ間區長戸長ハ經費ノ支出徴收方法ヲ定メ府知事縣令ノ認可ヲ得テ施行スルコトヲ得

第八條　區町村ニ於テ議員ヲ選擧セス又ハ議員招集ニ應セスシテ會議ヲ開クヲ得ス及議定スヘキ議按ヲ議定セス又ハ會期内ニ於テ議按ヲ評決シ終ラサルトキハ前條ノ例ニ依ル

第九條　議員ヲ選擧スルヲ得ヘキ者ハ滿二十歳以上ノ男子ニシテ其區町村ニ住居シ其區町村內ニ於テ地租ヲ納ル者ニ限ル但府縣會規則第十三條第一欵第二欵第三欵ニ觸ルヽ者及陸海軍々人現役ノ者ハ選擧人タルコトヲ得ス

第十條　議員タルコトヲ得ヘキ者ハ滿二十歳以上ノ男子ニシテ其區町村ニ住居シ其區町村內ニ於テ地租ヲ納ル者ニ限ル但府縣會規則第十三條第一欵第二欵第三欵第四欵ニ觸ルヽ者ハ議員タルコトヲ得ス

第十一條　區會ノ議長ハ區長町村會ノ議長ハ戸長ヲ以テ之ニ充ツ區長戸長若シ事故アルトキハ區長戸長ニ於テ議員中ヨリ議長ヲ指定スルコトヲ得

第十二條　府知事縣令其管轄內ニ於テ町村會ヲ開設シ得ヘカラサル狀況アルヲ認ムルトキハ內務卿ニ具狀シテ指揮ヲ請フ可シ

第十三條　府知事縣令ハ數區町村ニ關渉スル事件アルトキ其區域ヲ定メテ聯合區町村會ヲ開設スルコトヲ得

第十四條　府知事縣令ハ水利土功ニ關スル事件ニシテ區町村會若クハ聯合區町村會ニ於テ評決スルヲ得サルモノアルトキ特ニ其區域ヲ定メテ水利土功會ヲ開設スルコトヲ得

第十五條　聯合區町村會及水利土功會ハ總テ本法ニ準據ス其區域區長戸長數人ノ所轄ニ渉ルモノハ府知事縣令便宜區長ヲシテ之ヲ管理セシム但戸長ヲシテ其評決ヲ施行セシムルコトアルヘシ

明治十七年五月第十五號布告

區町村會ニ於テ評決シタル區町村費及ヒ水利土功會ニ於テ評決シタル土木費ノ怠納者ハ總テ明治十年十一月第七十九號布告ニ據リ處分ス可シ若シ財産公賣ノ際買受望人ナキトキハ官沒ノ手續ヲ爲サス郡區長又ハ戸長ニ於テ之ヲ管掌シ會議ノ評決ヲ取リ府知事縣令ノ認可ヲ得テ處分ス可シ

明治十七年七月第二十三號布告

區町村會ニ於テ評決シタル區町村費ニ關シ不服アリテ出訴セントスルモノハ都テ明治十五年五月第二十二號布告ニ依ル可シ

明治十八年八月第二十五號布告

土地ニ賦課スル區町村費ハ明治十九年度ヨリ地租七分ノ一ヲ超過スルヲ得ス

但非常ノ費用ハ豫知スヘカラサル天災時變ノ費用ヲ云

別ニ賦課スルヲ得此場合ニ於テハ區町村會若クハ水利土功會ノ評決ヲ取リ府知事縣令ノ指揮ヲ請フヘシ

右參看に掲けたる布告其他此法律に牴觸する規則は此町村制を施行する地方には其施行の日より廢止に屬すへし故に當分の內は日本帝國中に右參看に掲くる布告の依然行れ居る地方(町村制施行前の地方)と全く廢止に屬する地方(町村制を施行したる地方)とあるへし

第百三十九條　內務大臣ハ此法律實行ノ責ニ任シ之カ爲メ必要ナル命令及訓令ヲ發布ス可シ

本條は此法律實行の責任者は內務大臣にして之を實行するか爲め必要なる省令及訓令を發せさるへからさることを明示したるなり

市制町村制理由

本制ノ旨趣ハ自治及分權ノ原則ヲ實施セントスルニ在リテ現今ノ情勢ニ照シ程度ノ宜キニ從ヒ以テ立法上其端緒ヲ開キタルモノナリ此法制ヲ施行セントスルニハ必先ツ地方自治ノ區ヲ造成セサル可カラス地方ノ自治區ハ特立ノ組織ヲ爲シ公法民法ノ二者ニ於テ共ニ一個人民ト權利ヲ同クシ之カ理事者タルノ機關ヲ有スルモノナリ其機關ハ法制ノ定ムル所ニ依テ組織シ自治體ハ即チ之ニ依テ其意想ヲ表發シ之ヲ執行スルコトヲ得ルモノトス故ニ自治區ハ法人トシテ財產ヲ所有シ之ヲ授受賣買シ他人ト契約ヲ結ヒ權利ヲ得義務ヲ負ヒ又其區域內ハ自ラ獨立シテ之ヲ統治スルモノナリ然リト雖モ其區域ハ素ト國ノ一部分ニシテ國ノ統轄ノ下ニ於テ其義務ヲ盡サヽルヲ得ス故ニ國ハ法律ヲ以テ其組織ヲ定メ其負擔ノ範圍ヲ設ケ常ニ之ヲ監督ス可キモノトス

國內ノ人民各其自治ノ團結ヲ爲シ政府之ヲ統一シテ其機軸ヲ執ルハ國家ノ基礎ヲ鞏固ニスル所以ナリ國家ノ基礎ヲ固クセントセハ地方ノ區畫ヲ以テ自治ノ機體ト爲シ以テ其部內ノ利害ヲ負擔セシメサル可カラス

現今ノ制ハ府縣ノ下郡區町村アリ區町村ハ稍自治ノ體ヲ存スト雖モ未タ完全ナル自治ノ制アルヲ見ス郡ノ如キハ全ク行政ノ區畫タルニ過キス府縣ハ素ト行政ノ區畫ニシテ幾分カ自治ノ制ヲ兼子有セルカ如シト雖モ是亦全ク自治ノ制アリト謂フ可カラス今前述ノ理由ニ依リ此區

畫ヲ以テ悉ク完全ナル自治體ト爲スヲ必要ナリトス即府縣郡市町村ヲ以テ三階級ノ自治體ト爲サントス此階級ヲ設クルハ分權ノ制ヲ施スニ於テモ亦緊要ナリトス蓋自治區ニハ其自治體共同ノ事務ヲ任ス可キノミナラス一般ノ行政ニ屬スル事ト雖モ全國ノ統治ニ必要ニシテ官府自ラ處理スヘキモノヲ除クノ外之ヲ地方ニ分任スルヲ得策ナリトス故ニ其町村ノ力ニ堪フル者ハ之ヲ其負擔トシ其力ニ堪ヘサル者ハ之ヲ郡ニ任シ郡ノ力ニ及ハサル者ハ之ヲ府縣ノ負擔トス可シ是階級ノ重複スルヲ厭ハスシテ却テ利益アリト爲ス所以ナリ

維新ノ後政務ヲ集攬シテ一ニ之ヲ中央ノ政府ニ統ヘ地方官ハ各其職權アリト雖モ政府ノ委任ニ依テ代テ事ヲ處スルニ過キス今地方ノ制度ヲ改ムルハ即チ政府ノ事務ヲ地方ニ分任シ又人民ヲシテ之ニ參與セシメ以テ政府ノ繁雜ヲ省キ併セテ人民ノ本務ヲ盡サシメントスルニ在リ而シテ政府ハ政治ノ大綱ヲ握リ方針ヲ授ケ國家統御ノ實ヲ擧クルヲ得可ク人民ハ自治ノ責任ヲ分チ以テ專ラ地方ノ公益ヲ計ルノ心ヲ起スニ至ル可シ蓋人民參政ノ思想發達スルニ從ヒ之ヲ利用シテ地方ノ公事ニ練習セシメ施政ノ難易ヲ知ラシメ漸ク國事ニ任スルノ實力ヲ養成セントス是將來立憲ノ制ニ於テ國家百世ノ基礎ヲ立ツルノ根源タリ

故ニ分權ノ主義ニ依リ行政事務ヲ地方ニ分任シ國民ヲシテ公同ノ事務ヲ負擔セシメ以テ自治ノ實ヲ全カラシメントスルニハ技術專門ノ職若クハ常職トシテ任ス可キ職務ヲ除クノ外概子地方ノ人民ヲシテ名譽ノ爲メ無給ニシテ其職ヲ執ラシムルヲ要ス而シテ之ヲ擔任スルハ其地

方人民ノ義務ト爲ス是國民タル者國ニ盡スノ本務ニシテ丁壯ノ兵役ニ服スルト原則ヲ同クシ更ニ一步ヲ進ムルモノナリ然レトモ人民ヲシテ普ク此義務ヲ帶ハシムルトキハ其任又輕シトスルモノニアラス殊ニ國家ノ公務ニ任スル者ハ其責重キヲ以テ人民ノ義務ト爲サス故ニ一朝ニシテ此制ヲ實行セントスルハ頗ル難事ニ屬スト雖モ其目的タル國家永遠ノ計ニ在リテ效果ヲ速成ニ期セス漸次參政ノ道ヲ擴張シテ公務ニ練熟セシメントスルニ在リ是ヲ以テ力メテ多ク地方ノ名望アル者ヲ擧ケテ此任ニ當ラシメ其地位ヲ高クシ待遇ヲ厚クシ無用ノ勞費ヲ負ハシメス倦怠ノ念ヲ生セサラシムルトキハ漸ク其責任ノ重キヲ知リ參政ノ名譽タルヲ辨スルニ至ラントス且本邦舊來ノ制ヲ考フルニ無給職ニシテ町村ノ事務ニ任スルノ例アリ各地方ノ習慣固ヨリ一定ナルニ非ス且維新後數次ノ變革ニ依テ頗ル此習慣ヲ破リタリト雖モ今日ニ及テ之ヲ襲用スルコト猶難カラサル可シ是此制ヲ實施スルニ方テ多少ノ困難アルニ拘ラス漸次其目的ヲ達センコトヲ期シテ疑ハサル所以ナリ

然レトモ他ノ一方ヨリ之ヲ見ルトキハ又地方ノ情況ニ依リ多少ノ酌量ヲ加ヘサルヲ得サルモノアリ是ヲ以テ町村長ハ公選ト爲スト雖モ其選擧宜キヲ得サルトキハ臨時官選ヲ許シ或ハ官吏ヲ派遣シテ其事務ヲ執ラシムルノ例アリ又島嶼ノ地其他特別ノ事情アリテ此制ヲ實施シ難キ地方ニハ之ヲ行ハサルヲ許スノ例アリ(町村制第六十一條第百三十二條第百三十三條)其他十分ニ實地活用ノ方ヲ與ヘタレハ各地ノ實況ニ照シテ之ニ應スルノ便アルヲ信ス固ヨリ此等ノ法令ハ人民ノ情態ニ依リ智識ノ度ニ應シテ宜キヲ取ラサルヲ得ス徒ニ自治ノ理論ニ據テ俄

ニ其完備ヲ求ムルカ如キハ立法者ノ愼重ヲ加フ可キ所ナリトス是本制多少ノ斟酌ナキヲ得サル所以ナリ

本制ヲ施行スルニ付テハ漸ヲ以テ郡府縣ノ制度ノ改正ニ及ハサルヲ得サルモノアリ今其概畧ヲ擧クレハ郡ニ郡長ヲ置キ府縣ニ府縣知事ヲ置キ其選任組織等固ヨリ舊ノ如クシテ之ヲ改メスト雖モ府縣會ノ外新ニ郡會ヲ開キ府縣郡ニ各參事會ヲ設ケサルヲ得ス然レトモ是等ノ事ハ府縣郡制ノ制定アルヲ待テ始メテ定マル可キ事ニシテ今只之ヲ以テ本制ノ參考ニ供スルノミ

本制ニ制定スル市町村ハ共ニ最下級ノ自治體ニシテ市ト云ヒ町村ト云ヒ都鄙ノ別ニ依テ其名ヲ異ニスルニ過キス其制度ヲ立ツルノ原質ニ至テハ彼此相異ナル所ナシ元來町ト村トハ人民生計ノ情態ニ於テ其趣ヲ同クセサルモノアリテ細カニ之ヲ論スレハ均一ノ準率ニ依リ難キモノナキニ非スト雖モ本邦現今ノ狀況ヲ察シ舊來ノ慣習ニ依テ之ヲ考フルニ都會輻湊ノ地ヲ除クノ外宿驛ト稱シ町ト稱スルモノ施政ノ大體ニ於テ村落ト異同アルコトナシ故ニ今之ヲ同一制度ノ下ニ立タシメントス其施治ノ細目ニ至テハ或ハ多少ノ差異ヲ見ルコトアルヘシト雖モ此等ハ制度ノ範圍內ニ於テ執行者ノ處分斟酌宜キヲ得ルト否トニ在ル可キモノトス然レトモ都會ノ地ニ至テハ大ニ人情風俗ヲ異ニシ經濟上自ラ差別アリ故ニ之ヲ分離シテ別ニ市制ヲ立テ機關ノ組織及行政監督ノ例ヲ異ニセリ是固ヨリ町村制ト其性質ヲ異ニスルニ非ス其市民ノ

便益ト實際ノ必要トニ出テ然ラサルヲ得サルナリ即現行ノ區制ニ繼續スル所ノモノナリト雖モ從來ノ區ハ郡ノ疆域ヲ離レスシテ行政上別ニ吏員ヲ置キ事務ヲ處理スルニ過キサリシモ今改メテ獨立分離セシメ從來區ノ下ニ町アリシモ之ヲ改メテ市ヲ最下級ノ自治體ト爲サントス而シテ三府市街ノ如キハ其情況又他ノ都會ノ地ト同シカラサルモノアルヲ以テ市制中機關ノ組織等ニ於テ二三ノ特例ヲ設クルモノアリ今此市制ヲ施行セントスルモノハ三府其他人口凡二萬五千以上ノ市街地ニ在リトス尤郡制制定ノ時ニ至テ其要件ヲ確定スルコトアル可シト雖モ今内務大臣ノ定ムル所ニ從テ之ヲ施行セントス區ノ名稱ヲ改メテ市ト爲スハ三府ノ如キ一府内ノ區ト混同スルヲ避クルナリ町村ハ通シテ其組織ヲ同スル可キハ前述ノ如シト雖モ其大小廣狹ニ依リ又ハ貧富繁閑ニ依リテ自ラ事情ヲ異ニスルモノナキニ非ス故ニ或ハ一定ノ例規ヲ適用シ難キモノアリ是亦酌量ヲ加ヘ法律ノ範圍ヲ廣クシテ地方ノ便宜ヲ與ヘントスルナリ(町村制第十一條、第十四條、第二十五條、第三十一條、第五十二條、第五十六條、第六十三條、第六十四條、第百三十三條)

市制町村制第一章　總則

凡市町村ハ他ノ自治區ト同ク二箇ノ元素ヲ存セサル可カラス即チ疆土ト人民ト是ナリ此二者其一ヲ缺クトキハ市町村ノ自治體ヲ爲スニ足ラサルナリ而シテ市町村ノ制度ハ法律ヲ以テ之ヲ定ムト雖モ或ル界限内ニ在テ市町村ニ自主ノ權ヲ付與スルモノトス是ヲ市町村ノ基礎トス」

第一款ハ市制町村制ヲ施行スルノ地ヲ定メ(市制町村制第一條)法律上市町村ノ性質ヲ明カニシ(市制町村制第二條)次テ第一元素タル疆土ニ關スル條件ヲ定ム(市制町村制自第三條至第五條)

第二款ハ第二元素ニ關スル條件、住民權公民權ノ得喪及住民權公民權ヨリ生スル權利義務ヲ規定ス(市制町村制自第六條至第九條)

第三款ハ市町村ニ付與スル自主權ノ範圍ヲ示ス(市制町村制第十條)

第一款　市町村及其區域

市町村ノ區域ハ一方ニ在テハ國土分畫ノ最下級ニシテ即國ノ行政區畫タリ一方ニ在テハ獨立シタル自治體ノ疆土タリ其疆土ハ自治體カ公法上ノ權利ヲ執行シ義務ヲ踐行スルノ區域ナリ」故ニ市町村ノ區域ハ從來ノ成立ヲ存シテ之ヲ變更セサルヲ以テ原則トス然レトモ町村ノ力貧弱ニシテ其負擔ニ堪ヘス自ラ獨立シテ其本分ヲ盡スコト能ハサルモノアリ是其町村自己ノ不利タルノミナラス國ノ公益ニ非サルナリ是ヲ以テ有力ノ町村ヲ造成シ維持スルハ國ノ利害ニ關スル所ニシテ町村ノ廢置分合若クハ區域ノ變更等ニ付キ國ノ干渉ヲ要スルコト明ナリ固ヨリ關係アル土地ノ所有主及自治區ヲシテ利害ノ關スル所ニ依テ各其意見ヲ達スルノ機會ヲ得セシメ其意見一般ノ公益ヲ害セサル限リハ之ヲ採用セサル可カラス尤他ノ一方ヨリ論スルトキハ其關係者タルモノハ動モスレハ自己ノ利害ニ偏シ永遠ノ得失ヲ顧サルカ如キコトアルヲ

免レス故ニ一ニ其承諾ニ依テ決スルコトヲ得ス假令其承諾ナキモ之ヲ斷行スルノ權力アルヲ要ス然レトモ此等ノ處置タルヤ地方ノ情況ニ通曉スルヲ要シ且公平ヲ示サンカ爲メニ高等自治區參事會ノ議決ニ任スルヲ至當トス（市制町村制第四條）

本制ハ町村ノ分合ニ就テ詳細ナル規則ヲ設ケス各地ノ情況ヲ斟酌スルノ餘地ヲ存スルナリ唯十分ノ資力ヲ有セサル町村ハ比隣相合併ス可キノ例ヲ設ク此ノ如キ町村ハ獨立ヲ有タシムルコトヲ得サルヲ以テ假令其承諾ナキモ他ノ町村ニ合併シ又ハ數箇相合シテ新町村ヲ造成セサル可カラス固ヨリ本制ニ定ムルカ如ク各市町村從前ノ區域ヲ變更セサルハ其原則ナリト雖モ現今各町村ノ大半ハ狹小ニ過キ本制ニ據テ獨立町村タル資格ヲ有スルヲ得サルモノ蓋少カラス故ニ合併ノ處分ヲ爲スモ亦已ムヲ得サル所ナリ然レトモ分合ノ例規ハ詳ニ之ヲ法律ニ制定セス其緩急ヲ行政廳ノ見ル所ニ任スルモノハ各地ノ地形人情及古來ノ沿革ヲ參酌スルノ自由ヲ得セシメントスルニ在リ若シ其實行ニ方テ執行者ノ標準ヲ定ムルカ如キハ時ニ臨テ訓令ヲ發スルコトアル可シ之ヲ要スルニ町村ハ舊來ノ區域ヲ存シテ改メサルヲ原則トシ資力ナキモノハ之ヲ合併シテ以テ法律ノ冀望スル有力ノ町村ヲ造成センコトヲ期スルニ在リ又合併ノ爲メニ其區域廣濶ニ過キテ地形人情ノ自然ヲ失ヒ共有物ノ區域ヲ混シ其使用ノ便ヲ害スル等ノ事ナキヲ要ス然レトモ今日ニ在テハ事情已ムヲ得サルモノアリテ十全ノ合併ヲ爲スコトヲ得ス又ハ合併ヲ以テ不便ト爲スカ如キコトアルヘシ故ニ町村制第百十六條ニ於テ町村組合ヲ設ク

ルノ便法ヲ存セリ其組合町村ハ各獨立ヲ保チ而シテ共同シテ一定ノ事務ヲ處辦スルモノナリ其共同事務ノ範圍等ハ實地ノ需要ニ依テ便宜之ヲ議定スルニ任ス

凡區域ヲ變更スルニ方テハ必關係者ノ協議ヲ以テ財產處分又ハ費用ノ分擔ヲ定ムルヲ要ス是亦一定ノ例規ヲ示サス蓋此等ノ處分ハ强チ法理ニ泥マス專ラ情義ニ依ルヲ以テ穩當トス但其專斷偏私ノ弊ナカラシメンカ爲メ其處分ヲ參事會ニ任セリ而シテ其參事會ノ議決ニ對シテハ司法ノ裁判ヲ仰クヲ許サス

市町村經界ノ爭論ハ公法上ノ權利ノ廣狹ニ關スルヲ以テ公法ニ屬セリ故ニ此類ノ爭論ハ司法裁判ヲ求ムルヲ許サスシテ參事會ノ裁決ニ付シ終審ニ於テハ行政裁判所ノ判決ニ任セリ(市制町村制第五條)若シ之ニ反シテ民法上ノ所有權若クハ使用權ニ關スル爭論ハ固ヨリ司法裁判ニ屬スヘキヲ以テ其爭論者ノ一方若クハ雙方トモ市町村ニ係ルト雖モ參事會ノ裁決ニ付セス行政裁判ニ屬セサルハ勿論ナリ

第二款　市町村住民籍及公民權

町村ト人民トノ關係ハ現行ノ法ニ於テ本籍寄留ノ別アリ現實ノ住居地ハ必シモ本籍地ナラス本籍ハ殆ント虛名ヲ存スルニ過キサルモノアリ而シテ府縣會議員ノ選擧ノ如キ公法上ノ權利ハ本籍ニ屬シテ寄留地ニ屬セサルモノアリ甚タ事實ト相適セス蓋公法上ノ權利ヲ行フハ現實ノ利害ニ基ク可クシテ虛名ニ依ル可カラス故ニ本制ニ於テハ現行本籍寄留ノ法ニ依ラス凡市

町村内ニ住居ヲ定ムル者ハ即市町村住民ニシテ本籍寄留ノ別アルコトナシ尤市町村住民籍即屬籍ノ例規ハ別ニ法令ヲ以テ之ヲ制定センコトヲ期ス故ニ玆ニ之ヲ詳述セスト雖モ要スルニ本制ノ行ハルヽ日ヨリ人民ト町村トノ關係即町村ノ屬籍ニ付テハ從來本籍寄留ノ例ヲ一變スルモノナリ但戶籍上ノ事即戶主家族ノ關係ニ於テハ之ト相關スルコトナク從前ノ戶籍法ヲ存シテ之ヲ變更セサルナリ

市町村住民ノ權利ハ市町村ノ營造物ヲ共用シ其財產所得ノ使用ニ參與スルニ在リ但法律及市町村ノ條例規則ニ據ル可キハ固ヨリ言ヲ俟タス其義務ハ市町村ノ負擔ヲ分任スルニ在リ其義務ノ生スルハ即市町村ニ住居ヲ定メ住民ト爲リシ時ニ起ル但シ市町村內ニ住居ヲ定メス一時滯在スル者即其市町村住民ニ非サル者ト雖モ其滯在ノ久キニ至テハ市町村ノ負擔ニ任セシムルヲ當然トス(市制町村制第九十二條)故ニ身羇旅ニ在ル者ト一時ノ滯在者トヲ除クノ外凡市町村內ニ住居ヲ定ムル者ハ即皆市町村住民タリ軍人官吏ノ如キモ亦皆然リ然リト雖モ軍人官吏ハ公民權ヲ行ヒ及市町村ノ負擔ヲ分任スル上ニ於テ例外ニ置クヲ必要ト爲スノ條件アリ即市制第八條、第九條、第十二條、第十五條、第五十五條、第九十六條、町村制第八條、第九條、第十二條、第十五條、第五十三條、第九十六條ニ定ムル所ノ如シ又皇族ハ市町村ノ屬籍外タルコト勿論ナレハ敢テ本制ニ揭載セス

市町村住民中公務ニ參與スルノ權アリ又義務アル者ハ別ニ要件ヲ定メテ其資格ニ適フ者ニ限

ル之ヲ公民トス（市制町村制第七條）
公民ハ住民中ニ在テ特別ノ權利ヲ有シ重大ノ負擔ヲ帶ヒタル者トス其資格ノ要件ハ自ラ民度風俗ニ從ヒ各地方ノ情況ヲ酌ミ以テ其宜ヲ制スルヲ便ナリトス故ニ市町村ノ自主ノ權ニ任セ適宜之ヲ制定セシム可キカ如シト雖モ又一方ヨリ考フレハ各地方區々ニ出テヽ權利上公平ヲ失スルノ恐ナキ能ハス各國ノ例ヲ案スルニ是亦異同アリテ一定セス今本制ハ本邦ノ民度情體ヲ察シ併セテ各國ノ制ヲ參酌シ之ヲ制定セリ
各國ノ例ヲ案スルニ大略二類アリ一ハ則市町村住民ニシテ法律上ノ要件ニ適スルトキハ直ニ公民トナルノ法トシ一ハ則特別ノ手續ニ依テ公民權ヲ得ルノ法トス今第一ノ例ヲ以テ適當ト爲ス故ニ本制ハ市町村住民中市制町村制第七條ニ規定シタル要件ニ適スルトキハ直ニ公民タルヲ得ルモノトス
外國人及公權ヲ有セサル者ニハ公民權ヲ與フ可カラサルコト疑ヲ容レス本制ニ於テハ婦人及獨立セサル者モ亦皆公民外ニ置クヲ通例トス但市制町村制第十二條、第二十四條ニ於テハ之ニ選擧權ヲ與フルノ特例アリ官府其他總テ法人タル者モ亦之ニ準ス其他ハ一般ニ二年以來市制町村制第七條ニ列記シタル要件ヲ有スルヲ要ス然ルニ一般ニ二年以上ノ制限アルハ或ハ不公平ヲ生スルノ恐アリト雖モ市町村會ニ於テ之ヲ特免スルノ權利ヲ有スルヲ以テ其甚シキニ至ラサル可シ其他多額ノ納税者ニ就テモ亦之ニ類スル特例ヲ設ク（市制町村制第十二條）甲市町村ノ住民ニシテ乙市町村內ニ土地ヲ所有シ若クハ營業ヲ爲スカ爲メニ市制町村制第九十三條ニ從ヒ市町村稅ヲ負擔スル者アリ此ノ如キ者ニハ固ヨリ完全ノ公民權ヲ與ヘストㅤ雖モ市制町村制第十二條ニ從テ特ニ選擧權ヲ行ハシムルモノトス蓋本制ニ定ムル要件中納稅額ノ制限ヲ設クル所以ハ市町村ヲ以テ其盛衰ニ利害ノ關係ヲ有セサル無智無產ノ小民ニ放任スルコトヲ欲セサルカ爲メナリ然レ𪜈本制ニハ二級若クハ三級選擧法ヲ行フニ依テ幸ニ小民ノ多數ヲ以テ資產者ヲ抑壓スルノ患ヲ免ル可キカ故ニ其制限ハ之ヲ低度ニ定ムルモ妨ケナシ元來選擧權ヲ擴充シ以テ細民不滿ノ念ヲ絕タンコトヲ期スルハ此選擧法ノ他ニ優レリトスル所ナリ故ニ本制ニ於テハ二年以來町村內ニ於テ地租ヲ納ムル者ハ其制限額ヲ設ケス其他ノ納稅者ハ二圓以上トセリ而シテ其稅額直接國稅ヲ標準ト爲シ市制町村制第十二條、第十三條ノ塲合ノ如ク市町村稅ヲ標準トセサル所以ノモノハ現今町村費ノ賦課法タル各地方異同アリテ未タ完全ノ域ニ達セサルヲ以テ町村稅ニ依リ其標準ヲ立ツルハ頗ル難事ニ屬スルヲ以テナリ

公民權ヲ得ルノ要件アル以上ハ其要件ヲ失フ者ハ又其權ヲ喪フ可シ(市制町村制第九條)即公民權ハ左ノ事件ト共ニ消滅スルモノトス

一國民籍ヲ失フ事

二公權ヲ失フ事

三市町村內ニ住居セサル事即住民權ヲ失フ事

四公費ヲ以テ救助ヲ受クル事
五獨立ヲ失フ事即一戸ヲ搆フルコトヲ止メ又ハ治產ノ禁ヲ受クル事
六市町村負擔ノ分任ヲ止ムル事
七市町村內ノ所有地ヲ他人ニ讓リ又ハ直接國稅貳圓以上ヲ納メサル事
租稅滯納處分中ノ者ハ公民權ヲ喪失スルニアラスシテ停止セラルヽモノナリ其他市制町村制第九條第二項ニ記載セル塲合ハ總テ之ニ同シ喪失ト停止トノ區別ハ停止ノ時ハ其權利ヲ存シテ只法律ニ定メタル事由ノ存スル間之カ執行ヲ止ムルニ在リ
公民權ヲ有スル者ハ一方ニ在テハ選擧被選擧ノ權利ヲ有シ一方ニ在テハ市町村ノ代議及行政上ノ名譽職ヲ擔任ス可キ義務ヲ負フモノトス此義務ハ渾テ法律上ノ義務ニ於ケルカ如ク强制シテ之ヲ履行セシメサル可カラス固ヨリ直接ニ之ヲ强制スルヲ得スト雖モ故ナク名譽職ヲ拒辭シ退職シ又ハ實際執務セサル者ヲ懲罰スルニ公務ニ參與スルノ權ヲ停止シ並市町村稅ヲ增課スルノ例アルハ即間接ノ裁制ヲ存スル所以ナリ(市制町村制第八條)
其裁制ヲ行フノ權ハ之ヲ市町村會ニ付與シ、住民權公民權ノ有無等ニ關スル爭論モ亦之ヲ市町村會ノ議決ニ任シ(市制第三十五條町村制第三十七條)之ニ關スル訴願ハ參事會ノ議決ニ付シ行政裁判所ニ出訴スルヲ許シテ以テ其權利ヲ保護スルハ皆本制大體ノ精神ヨリ出ツル所ナリ

第三款　自主ノ權

自主ノ權トハ市町村等ノ自治體ニ於テ其内部ノ事務ヲ整理スルカ爲メニ法規ヲ立ツルノ權利ヲ謂フ所謂自治ノ義ト混同ス可カラス自治トハ國ノ法律ニ遵依シ名譽職ヲ以テ事務ヲ處理スルヲ謂フ元來法規ヲ立ツルハ國權ニ屬スルモノナリト雖モ或ル範圍内ニ於テ之ヲ自治區ニ付與スル所以ノモノハ一國ノ立法權ヲ以テ周ク地方ノ情況ヲ酌量シ其特殊ノ需要ニ應スルコト能ハサルニ因ル固ヨリ市町村ノ法規ハ其市町村ノ區域内ニ限リ且國ノ法律ヲ以テ其自主權ニ任シタル事件ニ限リ效力アルモノトス其委任ノ範圍ノ如キハ古來ノ沿革及人民政治上ノ教育ノ度ニ伴隨ス可キモノニシテ其範圍ノ廣狹ニ依テ利害ノ分ルヽ所立法官タル者最愼マサル可カラス今本邦各地方ノ情況ヲ裁酌シ自主ノ權ヲ適實ニ施行ス可キノ望ナキモノハ法律ヲ以テ之ヲ規定シ或ハ法律ヲ以テ模範ヲ示シ猶地方ノ情況ニ依リ自主ノ權ヲ以テ之ヲ增減斟酌スルヲ許サントス

市町村ノ自主ノ權ヲ以テ設クル所ノ法規ニ條例及規則ノ別アリ規則トハ市町村ノ營造物（瓦斯局、水道、病院ノ類）ノ組織及其使用法ヲ規定スルモノヲ謂ヒ條例トハ市町村ノ組織又ハ市町村ト其住民トノ關係即市町村ノ組織中ニ在テ權利義務ヲ規定スルモノヲ謂フ其法律命令ニ抵觸スルヲ得サルハ二者共ニ相同シ但條例ニ在テハ此外猶制限アリ即法律ニ明文ヲ揭ケテ特例ヲ設クルコトヲ許シ或ハ法律ノ明條ナクシテ自主ノ權ヲ許シタル塲合ニ限ルモノトス明文ヲ以テ條例ヲ設クルコトヲ許シタル場合ヲ列擧スレハ市制ニ在テハ第十一條、第十四條、第四十九條、第六十一條、第六十九條、第七十三條、第七十七條、第八十四條、第九十一條、第九十七條、第百二條、第百十三條、町村制ニ在テハ第十一條、第十四條、第三十一條、第五十二條、第五十六條、第六十五條、第七十四條、第七十七條、第八十四條、第九十一條、第九十七條、第百二條、第百十四條トス其他本制ニ於テ條例ト謂ハスシテ條例ニ均シキ規定ヲ許シタル場合モ亦少カラス其條例ト明言セサル所以ハ專ラ許可ヲ要セサルニ在リ(市制第四十條、第四十八條、第六十條、町村制第四十二條、第五十條、第六十四條)

條例規則ヲ新設改正スルハ市町村會之ヲ議決シ(市制第三十一條第一、町村制第三十三條第一)市制第百二十一條第一及第百二十三條第一、町村制第百二十五條第一及第百二十七條第一ニ依リ許可ヲ受ク可キモノトス但町村制第三十一條及第百十四條ニ於テハ特例トシテ之ヲ郡參事會ノ議決ニ委任セリ是町村會ニ於テ此議決ヲ爲スヲ得ス又其議決ノ偏頗ニ失スルノ恐アルヲ以テナリ又本制施行ノ當初未タ市町村會ヲ召集セサル間ニ於テ條例ヲ以テ規定ス可キ事項ノ處分法ハ市制第百二十八條及町村制第百三十一條ニ依ル其他條例規則ヲ論セス公布ヲ竢テ初メテ他人ニ對シテ效力ヲ有スルハ一般ノ法理ニ照シテ疑ナキ所ナリ

市制町村制第二章　市會町村會

市町村ハ法人タル者ナレハ之ニ代テ思想ヲ發露シ之ニ代テ業務ヲ行フ所ノ機關ナカル可カラ

ス其機關ニ代議ノ機關ト行政ノ機關トノ二者アリ
代議ノ機關トハ即市會町村會ニシテ其沿革ノ詳ナルハ今姑ク措キ往時町村ノ寄合ト稱セシモノニ起リ維新後ニ至テ府縣會ト同ク各地方ニ町村會ヲ開キタリ然レトモ其法律ヲ以テ制定シタルハ即明治十三年ノ區町村會法ヲ創始トシ其後明治十七年ノ改正ヲ經テ今日ニ及ヘリ然レトモ其法律ハ會議ノ大則ヲ定メタルニ過キスシテ餘ハ之ヲ各地方ノ適宜定ムル所ニ任セタリ又全國ノ町村盡ク之ヲ開設スルニ非ス小町村ノ如キ會議ヲ設ケサルモ亦少シトセス今之ヲ改メテ會議ノ規則ヲ制定スト雖モ猶多少ノ酌量ヲ地方ニ任セ且小町村ノ如キハ代議會ヲ設ケサルヲ許シ代フルニ選擧人ノ總會ヲ以テセリ

第一款　組織及選擧

代議機關ハ完全ナル權利ヲ有セル市町村民ノ選擧ニ出ツルモノトス其組織ノ方法ニ至テハ外國ノ例ヲ參考スルニ各多少ノ異同アリ蓋國ノ情況ニ適合スル完備ノ法ヲ立ツルハ易カラサル所ナリト雖モ今古來ノ沿革時勢人情ヲ考察シ傍ラ外國ノ例ヲ參酌シテ以テ其宜ヲ制定ス其要點左ノ如シ

一　選擧權

選擧權ハ素ヨリ完全ナル權利ヲ有スル公民ニ限リテ之ヲ有ス可シ然ルニ此權利ヲ擴張シ特例トシテ之ヲ公民ナラサル者ニ與フルコトアリ(市制町村制第十二條)是其人ノ利害ニ關スル所

最厚ク且市町村稅負擔ノ最重キカ故ナリ此點ハ上ニ之ヲ詳述セリ

二　被選擧權

被選擧權ハ選擧權ヲ有スル者ニ限リテ之ヲ有ス可シト雖モ其市町村ノ公民ニ非サル者ニ至テハ假令選擧權ヲ有スルモ被選擧權ヲ有セス其他被選擧權ノ要件ヲ選擧權ノ要件ニ同クシテ別ニ之カ制限ヲ設ケサルハ適任ノ人物ヲ選擇スルノ區域ヲ徒ニ減縮セサランカ爲メナリ被選擧權ヲ與ヘサル制限ハ或ハ外國ノ例ヲ參酌シテ之ヲ取ルモノアリ或ハ地方ノ情況ニ照シテ已ムヲ得サルモノアリ又本制ニ於テハ無給ノ市町村吏員ニ被選擧權ヲ與ヘタリ市町村ノ行政事務ヲ掌ル名譽職ヲ擔任シ公共事務ニ從事スル者ヲ代議會ニ加フルヲ許スハ穩當ナラサルカ如シト雖モ地方ニ依リテハ多ク適任ノ人ヲ得可カラサルヲ以テナリ行政ト代議ト最利害ノ抵觸シ易キ場合ニ關シテハ市制第二十八條、第四十三條、第六十六條、第百十二條、町村制第四十條、第四十五條、第百十三條等ニ於テ豫メ之ニ處スルノ法ヲ設ケタリ

三　選擧等級

本制ニ於テハ納稅額ニ依テ選擧人ノ等級ヲ立テ選擧權ヲ以テ市町村稅負擔ノ輕重ニ伴隨セシム蓋名譽職ニ任スルハ町村公民ノ輕カラサル義務ナレハ資産アル者ニ非サレハ之ニ任スルコト能ハス又其稅額ノ多寡ハ姑ク之ヲ論セサルモ其專ラ自治ノ義務ヲ負擔スル者ニ相當ノ權力ヲ有セシムルハ固ヨリ當然ノ理ナリ今等級選擧法ヲ以テ常例トセルハ即此要旨ニ外ナラス等

級選擧ノ例ハ本邦ニ於テハ創始ニ屬スト雖モ之ヲ外國ノ實例ニ照スニ明ニ其良結果アルヲ徴スルニ足ル本制被選擧權ノ資格ヲ廣クシテ而シテ其流弊ナキヲ信スル所以ノモノハ即此選擧法ニ依テ以テ細民ノ多數ニ制セラルヽノ弊ヲ防クニ足ルヘキヲ以テナリ

各地方ノ狀況ヲ見ルニ都鄙ニ依テ貧富ヲ異ニシ地形ニ依テ產業ニ別アリ故ニ各地ニ通スル一定ノ稅額ヲ設ケテ等級ヲ分ツコトヲ得ス又單ニ土地ノ所有ヲ以テ選擧權ノ標準ト爲スコトヲ得ス是ヲ以テ等級法ヲ立テント欲スルニハ市町村內ニ於テ徵收スル市町村稅ノ總額ヲ標準トシ各自納稅額ノ多寡ニ依テ其順序ヲ定メ等級ヲ立ツルノ外他ニ良法アルヲ知ラス然ルニ市ハ通シテ三級トシ町村ハ單ニ二級トセルハ市民ハ戶口多ク貧富ノ階級アルコト町村民ノ等差少キカ如キニ非サルヲ以テナリ(市制町村制第十三條)但町村ニシテ特別ノ事情アルモノアリ例ヘハ選擧人寡少ニシテ其稅額ノ等差モ亦少ク或ハ一二ノ納稅者アリテ非常ニ多額ノ稅ヲ納ムルカ或ハ大町村ニ於テ其納稅者ノ等差極メテ甚キノ類ニシテ二級選擧法ヲ適當トセサル場合モアル可シ此場合ニ於テハ町村條例ヲ以テ三級選擧法ヲ設クルコトアル可ク或ハ等級ヲ設ケス或ハ更ニ他ノ方法ヲ立ツルコトヲ得セシメントス尤二級若クハ三級選擧法ヲ以テ常例ト爲スカ故ニ不得已ノ事情アリテ許可ヲ受クルニ非サレハ此特例ヲ設クルコトヲ得サル可シ

被選擧人ハ其區內級內ノ者ニ限ラスト爲スハ(市制第十三條、第十四條、町村制第十三條)市町村會ノ議員ハ全市町村ノ代表者タルノ原則ヨリ出ツルモノニシテ是亦實際ノ便宜トスル所ナリ

四　選擧ノ手續

選擧ノ事務タル其關スル所輕カラサルヲ以テ其細則ニ至ルマテ法律ヲ以テ之ヲ規定スルヲ要ス其單ニ手續ニ屬スル事項ト雖モ力メテ法律ニ之ヲ制定スル所以ノモノハ選擧ノ公平確實ナルコトヲ保シ行政廳ノ干涉ヲ防キ或ハ干涉ノ疑ヲ避ケンカ爲メナリ其順序大畧左ノ如シ

選擧ハ通例三年每ニ之ヲ行フ之ヲ定期選擧トシ議員ノ半數ヲ改選ス其半數ヲ改選スルハ事務ニ熟練セル議員ヲ存續セシメンカ爲メナリ但解散ノ場合ハ此ノ如クスルヲ得ス又此法律施行ノ當初ニ於テ選擧セラレタル議員ハ初回ノ改選ニ方リ抽籤ヲ以テ半數ヲ退任セシムルニ依リ其半數ハ三年間在職スルモノトス此二箇ノ塲合ヲ除キ議員ハ總テ六年間在職スルモノトス若シ議員任期中ニ死亡シ若クハ退職スルトキハ直ニ補闕員ヲ選擧シ前任者ノ任期ヲ襲カシメサル可カラス之ヲ補闕選擧トス然レトモ屢選擧ヲ行フトキハ其煩ニ堪ヘサルカ故ニ補闕選擧ハ定期選擧ヲ待テ之ト同時ニ行フヲ通例トス假令一二ノ闕員アルモ事務ニ支障ナカルヘキヲ以テナリ然レトモ若シ多數ノ議員退任スル等已ムヲ得ス補闕員ヲ選擧スルノ必要アルトキハ市制町村制第十七條ニ於テ之レカ便法ヲ設ク

選擧ヲ爲スノ準備ニ屬スル事ハ之ヲ行政機關即町村長若クハ市長及市參事會ニ委任セリ而シテ其事務ハ選擧ノ基礎タル選擧名簿ヲ調製スルヲ以テ第一トス本制ハ所謂永續名簿ノ法ニ依ラス選擧ヲ行フ每ニ名簿ヲ新ニスルノ法ヲ取レリ（市制町村制第十八條）其調製シタル名簿ハ

選擧前數日間關係者ノ縱覽ニ供シ異議アル者ハ市町村長ニ申立テ又ハ訴願若クハ行政訴訟ノ手續(市制第三十五條、町村制第三十七條)ヲ以テ誤ヲ正ス可キ便利ヲ與ヘタリ此名簿ノ調製ハ選擧ヨリ數日前ニ終結ス可キカ故ニ其結了ノ時ニ行ヒタル裁決ハ之ヲ執行ス可シト雖モ各訴願ノ確定終局ニ至ル迄荏苒日ヲ曠クスルヲ得ス選擧ノ期日ニ至レハ其訴願ニ拘ラス之ヲ執行ス若シ名簿ニ錯誤アルカ爲メ選擧ノ無效ニ歸スルコトアレハ更ニ之ヲ申立ツルコトヲ得可シ又被選人當選ヲ辭シ或ハ選擧ヲ無效ナリト斷定セラレタル時ト雖モ更ニ名簿ヲ調製スルヲ要セス判決ニ準據シテ舊名簿ヲ訂正シタル上之ヲ用フルモノトシ之レカ爲メニ更ニ關係人ノ縱覽ニ供シテ正誤申立ノ時間ヲ與フルニアラス唯名簿全體ノ不正ナルカ爲メ全選擧ヲ無效ナリトナシタル時ニ至テハ新簿ヲ調製スルコト已ムヲ得サルナリ

選擧ノ期日ハ町村長市參事會之ヲ定ム本制ニ據レハ選擧人ヲ召喚スルニハ公告ヲ以テ足レリト雖モ實際市町村ノ便宜ニ依リ各選擧人ニ對シ特ニ召集狀ヲ送付スルコトアルモ妨ケナシ其他投票時間ヲ定ムルハ市長町村長ニ任シタルヲ以テ市長町村長ハ選擧人ノ多寡及地形等ヲ參酌シテ之ヲ定ム可シ

選擧事務ノ統轄ハ之ヲ自治ノ吏員ニ委任シ(市制町村制第二十條)監督官廳ハ特ニ之カ監督ヲ爲ス可キノミ(市制第二十八條、町村制第二十九條)而シテ選擧掛ハ集議體ニ編制セリ選擧掛ハ選擧人代理者ノ許否、投票ノ效力等直ニ之ヲ裁決セサルヲ得スシテ此ノ如キハ一個ノ吏員ニ

委任スルコトヲ得サルヲ以テナリ固ヨリ選擧掛ニ於テ右等ノ事件ヲ議決スト雖モ後ニ至リ選擧ノ無效ヲ申立ツル者アルトキハ之ヲ裁決スル官廳ニ於テハ右議決ニ拘ラス至當ノ裁決ヲ爲ス可キモノトス

選擧會ハ選擧人ニ取リテハ公會ナリト雖モ(市制町村制第二十一條)其選擧ハ全ク秘密投票ノ法ヲ以テス即選擧掛ハ勿論其他何人ニテモ投票者ニ於テ何人ヲ選擧セントスルカヲ知ラシメサルモノトス故ニ選擧ノ際ハ投票ヲ用ヒ票中ニ投票者ノ氏名ヲ記載セス又之ニ調印セシメス封緘シテ之ヲ差出サシム(市制町村制第二十二條、第二十三條)元來公選擧ト秘選擧トノ別アリ其利害得失ニ就テハ互ニ論アリト雖モ今特ニ地方自治區ノ選擧ニ就テ之ヲ考フルニ町村ノ事情タル居民常ニ相密接スルモノナレハ選擧ノ自由ヲ妨ケサランカ爲メニ寧ロ秘密選擧ヲ以テ良法ト爲ス而シテ選擧權ヲ有セサル者ノ投票又ハ重複ノ投票ヲ防カンカ爲メニハ選擧人自ラ出頭スルノ例アリ(市制町村制第二十四條)又名簿ニ照シテ之ヲ受クルノ法(市制町村制第二十二條アリ選擧人自ラ出頭シテ選擧ヲ行フノ例ヲ設クルハ毫モ選擧ノ利害ニ關セサル輩ノ勸告ニ依テ之ニ投票ヲ託セントスルカ如キ者ヲ排除シ選擧ノ自由ヲ保護スル所以ナリ但市制町村制第二十四條第二項ニ揭クルモノハ已ムヲ得サルノ特例ナリトス選擧ヲ行フニ下級ヲ先キニシ上級ヲ後ニスルハ(市制町村制第十九條)下級ノ選擧人ヲシテ人ヲ擇フニ充分ノ區域ヲ得セシメンカ爲メナリ而シテ先ツ下級ノ選擧ヲ了ルノ後ニ上級ノ選擧ニ着手セシム可シ是一人ニシテ數級ノ選ニ當ルコトヲ防キ且上級ノ者ヲシテ下級ノ選擧ニ當ラサル候補者ヲ選擇スルコトヲ得セシムルモノナリ選擧ノ結果ヲ證スルカ爲メニ選擧錄ヲ製スルノ例（市制第二十六條町村制第二十七條）アルハ選擧ノ效力ヲ裁決スル證憑ヲ備ヘンカ爲メナリ

當選ノ認定ハ議員ノ選擧ニハ比較多數ノ法ヲ取リ（市制第二十五條、町村制第二十六條）市町村吏員ノ選擧ニハ過半數ノ法ヲ用フ（市制第四十四條、町村制第四十六條）元來總テ過半數ヲ以テスルヲ正則トスレトモ事宜ヲ計リテ便法ヲ設ケタルナリ

選擧ノ效力ニ關シ異議ヲ申立ツルノ權利ハ選擧人及市長町村長ノ外公益上ヨリシテ其效力ヲ監査スルカ爲メニ郡長及府縣知事モ亦此權利ヲ有ス選擧人及市長町村長ノ異議アルモノハ市町村會ノ裁決ニ任シ郡長府縣知事ノ異議アルモノハ參事會ノ裁決ニ任シ其郡參事會ノ裁決ニ不服アルトキハ府縣參事會ニ訴願スルコトヲ得其府縣參事會ノ裁決ニ不服アルトキハ行政裁判所ニ出訴スルコトヲ得ルモノトス是實ニ利害上ノ爭ニアラスシテ權利ノ消長ニ關スレハナリ（市制第二十八條、第三十五條、町村制第二十九條、第三十七條）

一旦選擧ヲ有效ト定メ或ハ其效力ニ異議ナクシテ經過シタル後ト雖モ當選者被選擧權ノ要件ヲ選擧ノ當時ニ有セサリシコトヲ發覺シ或ハ其當時有シタル要件ヲ失フコトアル可シ斯ル場合ニ於テハ固ヨリ市制第二十九條、町村制第三十條ノ結果ヲ生ス可シ其裁決ノ手續ハ市制第三十五條、町村制第三十七條ニ據ル

五　名譽職

市制町村制第十六條、第二十條、第七十五條ニ依リ名譽職ヲ置クハ本制大體ノ原則ニ出ツルナリ

第二款　職務權限及處務規程

市會町村會ハ市町村ノ代表者ナリ其權限ハ市町村ノ事務ニ止マリ其他ノ事務ハ從來ノ委任ニ依リ又ハ將來法律勅令ニ依テ特ニ委任スル事項ニ限リテ參與スルモノトス若シ大政ニ論及スル等凡ソ此界限ヲ踰ユルモノハ則法律ニ悖戾スルモノナレハ法律上ノ權力ヲ以テ(市制第六十四條第二項第一、第百二十條、町村制第六十八條第二項第一、第百二十四條)之ヲ制セサル可カラス其他市制第百十八條、第百十九條、町村制第百二十二條、第百二十三條ハ皆市會町村會ノ怠慢ヲ防制スルノ權力ナリトス

市會町村會ハ代表機關ト爲スト雖モ(市制第三十條、町村制第三十二條)外部ニ對シテ市町村ヲ代表スルハ行政機關ノ任トス(市制第六十四條第二項第七、町村制第六十八條第二項第七)即市會町村會ハ專ラ行政機關ニ對シテ市町村ヲ代表スルモノナリ市制第三十一條以下及町村制第三十三條以下ニ列載シタル職務ハ皆此地位ニ依テ生スルモノトス

一

市會町村會ハ條例規則、歲計豫算、決算報告、市町村稅賦課法及財產管理上ノ重要事件等ヲ議決

ス市制第百十八條、第百十九條、町村制第百二十二條、第百二十三條ノ場合ヲ除クノ外行政機關ハ議會ノ議決ニ依テ方針ヲ取ラサルヲ得ス但其議決上司ノ許可ヲ得可キモノハ市制第百二十一條ヨリ第百二十三條ニ至リ及町村制百二十五條ヨリ第百二十七條ニ至ルノ各條ニ依ル

二

市會町村會ノ執行ス可キ選擧ハ載セテ市制第三十七條、第五十一條、第五十八條、第六十條、第六十一條及町村制第五十三條、第六十二條、第六十三條、第六十四條、第六十五條ニ在リ

三

市會町村會ハ市町村ノ行務ヲ監査スルノ權利ヲ有ス其監査ノ方法ハ書類及計算書ヲ檢閲シ町村長若クハ市參事會ニ對シテ事務報告ヲ要求スルノ類是ナリ此權利ニ對シテ町村長若クハ市參事會ハ之ニ應スルノ義務アリ若シ市會町村會ニ於テ意見アルトキハ之ヲ官廳ニ具狀スルコトヲ得可シ

四

市會町村會ニ於テ官廳ノ諮問ヲ受クルトキハ之ニ對シテ意見ヲ陳述スルハ其義務ナリトス

五

其他市會町村會ハ或場合ニ於テ公法上ノ爭論ニ付始審ノ裁決ヲ爲スノ權アリ(市制第三十五條、町村制第三十七條)

市會町村會ノ議員ハ其職務ヲ執行スルニ當テハ法令ヲ遵奉シ其範圍內ニ於テ不羈ノ精神ヲ以テ事ヲ評議ス可シ決シテ選擧人ノ指示若クハ委囑ヲ受ク可キモノニアラス(市制第三十六條、町村制第三十八條)是固ヨリ法理ニ於テ明ナル所ナリト雖モ議員ノ職務ヲ以テ選擧人ノ委任ニ出ツルモノヽ如ク視做シ議員ハ選擧人ノ示シタル條件ヲ恪遵ス可キモノト爲スノ誤ヲ來サヽランカ爲メニ特ニ其明文ヲ揭クルナリ

處務規程ハ市制第三十七條ヨリ第四十七條ニ至リ町村制第三十九條ヨリ第四十九條ニ至ルノ各條ニ於テ之ヲ設ク此條規ハ概子說明ヲ要セサル可シ只茲ニ一言ス可キハ町村會ハ通例町村長若クハ其代理者タル助役ヲ以テ議長トシ(町村制第三十九條)市會ハ別ニ互選シテ議長ヲ置ク(市制第三十七條)此區別ヲ爲シタル所以ハ町村ニ在テハ町村長及助役ノ外事務ニ熟練スル者多カラスシテ殊ニ議長ノ任ニ堪フル者ハ概子少ク且一人一個ノ責任ヲ以テ行政ノ全體ニ任スル場合ニ於テハ成ル可ク議員ト密接ノ關係ヲ有セシムルコト必要ナレハナリ町村制第四十四條ノ場合ヲ除クノ外町村長及助役ニシテ議決權ヲ有スルハ其議員ヲ兼ヌル時ニ限ル可シ

市制町村制第三章　市町村行政

代議ト行政トハ各別個ノ機關ヲ設ケサル可カラサルハ已ニ之ヲ記述シタルカ如シ而シテ町村ノ行政ハ之ヲ町村長一人ニ任シ補助員即助役一名若クハ數名ヲ置キ以テ之ヲ補助セシム市ニ於テハ之ヲ市參事會ニ任セリ市長ハ其會員ノ一人ニシテ其會ノ事務ヲ統理シ外部ニ對シテ參

事會ヲ代表スルノ權ヲ有ス即町村ハ特任制ヲ取リ市ハ集議制ニ依ルモノナリ抑地方ノ自治行政ニハ集議制ヲ以テスルニ若クモノアラス然ルニ獨リ市ニ施シテ之ヲ町村ニ適用セサル所以ノモノハ集議制ハ特任制ニ比シ頗ル錯綜ニ渉ルノ弊アリ而シテ小町村ノ行政ハ力メテ簡易ノ編制ニ依ルヲ要スルヲ以テナリ且集議制ヲ行ハントスレハ名譽職ヲ以テ行政ニ參與ス可キ適任者ヲ多ク求メサルヲ得ス而シテ此事タル今日ノ情況ニテハ都會ノ地ニ非サレハ望ム可カラサレハナリ大町村ニ於テモ亦此集議制ヲ施行ス可キ必要アリヤ否又之ヲ施行シ得可キヤ否ハ姑ク將來ノ變遷ヲ俟テ知ル可キナリ

本制市町村行政ノ條規ハ力メテ活用ノ區域ヲ廣クシ以テ各地方ノ情況ヲ斟酌スルノ餘地アラシメンコトヲ務メタリ

町村長、助役、市參事會及市長ハ皆是市町村ノ機關ニシテ國ニ直隷スル機關ニアラス是ヲ以テ此機關ニ屬スル吏員ハ總テ市町村自ラ之ヲ選任スルヲ當然トス是各國ノ通則ニシテ其效益亦實際ノ經驗ニ著ハル丶所ナレハ本制モ亦之ニ倣ヘリ(市制第五十一條、第五十八條、第五十九條、第六十條、第六十一條、町村制第五十三條、第六十二條、第六十三條、第六十四條、第六十五條)然レトモ市町村ハ又國ノ一部分ニシテ市町村ノ行政ハ一般ノ施政ニ關係ヲ及ホシ從テ國家ノ利害ニ關セサルコトナシ且市町村及其吏員ニ委任スルニ國政ニ屬スル事務ヲ以テスルコトアリ市制第七十四條、町村制第六十九條ノ如キ是ナリ市長ノ選任ハ市會ヨリ候補者ヲ推薦シ裁可ヲ求ムルノ例アルカ如キモ亦此理由アルニ依ル（市制第五十條）但其選任ノ例ヲ異ニストモ市長ハ均ク市ノ機關ニシテ一ノ市吏員ナリ法律上ヨリ其地位ヲ論スルトキハ一面ハ市ニ屬シ一面ハ國ニ隷ス猶町村長ノ町村ト國トニ兩屬スルカコトシ此資格ハ選任ノ例ヲ異ニスルカ爲メニ變更スルコトナシ其他樞要ノ市町村吏員即町村長、市町村助役、收入役ハ監督官廳ノ認可ヲ受ケシメ其認可ヲ得サルトキハ其選擧ハ無效ニ屬スルカ故ニ（市制第五十二條、第五十八條、町村制自第五十九條至第六十一條）國ノ治安ヲ保持スル上ニ就テハ十分ノ權力ヲ有スルヲ得可シ又之ヲ認可スルニ方テ徒ニ其活動ヲ牽制セサランコトヲ欲シ認可ヲ拒ムニ一定ノ理由ヲ示サス其地ノ事情ト人物トヲ參酌シテ其認可不認可ヲ決スルヲ得セシメントス其裁決ノ權ハ專ラ地方分權ノ原則ニ準シ之ヲ郡長又ハ府縣知事ニ委任セリ然レトモ其公平ヲ失スルノ弊ヲ防カンカ爲メ若クハ偏私ノ誹ヲ免レンカ爲メニ其認可ヲ拒マントスルトキハ郡參事會又ハ府縣參事會ノ同意ヲ得ルヲ必要ト爲セリ又已ニ官廳ノ認可ヲ受ケシムルノ法ヲ設クルトキハ其結局ノ處分法ナカル可カラス即其撰擧遂ニ適任ノ人ヲ得スシテ已ムヲ得サルトキハ官廳ヨリ其代理者ヲ特選シ若クハ官吏ヲ派遣シテ市町村ノ事務ヲ執ラシムルコトヲ得可シ以上ノ例規ニ依リ市町村吏員ノ選擧ヲ以テ之ヲ市町村ニ委任スルモ國ノ治安統一ヲ保ツコトニ於テ憂フ可キノ弊ナキヲ信ス

町村ニ於テ吏員ヲ選任スルノ權ハ之ヲ町村會若クハ總會ニ委任シ唯使丁ニ限リ之ヲ町村長ニ

委任シ（町村制第五十三條、第六十二條、第六十三條、第六十四條、第六十五條）市ニ於テハ之ヲ市參事會ニ委任シ參事會員、委員及收入役ノ選定ニ限リ之ヲ市會ニ委任セリ（市制第五十一條、第五十八條、第五十九條、第六十條、第六十一條）

市町村ノ吏員ヲ選任スルニ付テハ固ヨリ法律上ノ要件ヲ恪守セサル可カラス其要件ハ市制第五十五條、第五十八條、第六十條、第六十一條、町村制第五十三條、第五十六條、第六十四條、第六十五條ニ在リ其他ノ制限ハ刑法等他ノ法律ニ存ス

其他市町村吏員組織ノ大要ハ法律中ニ定ムルモノアリト雖モ各地方情況ヲ異ニスルヲ以テ市町村ノ自主權ニ廣濶ナル餘地ヲ與フルコトヲ得可ク又之ヲ與フルヲ要スルナリ

本制ニ定ムル市町村吏員ハ左ノ如シ

一　町村長

町村長ハ町村ノ統轄者ナリ即町村ノ名ヲ以テ委任ノ强制權ヲ執行スル者トス其强制權ノ幾部分ハ既ニ町村制中ニ制定セリト雖モ（例ヘハ町村制第百二條ノ類）多クハ別法ヲ以テ之ヲ設ケサル可カラス其他町村長ハ町村ノ事務ヲ管理スルノ任アリ故ニ一方ニ在テハ町村ニ對シテ其執行ノ責任ヲ帶ヒ一方ニ在テハ法律ノ範圍內並官廳ヨリ其權限內ニテ發シタル命令ノ範圍內ニ於テ百般ノ事項ニ涉リ町村ノ幸福ヲ增進シ安寧ヲ保護スルヲ務メトス而シテ町村長ニ於テハ町村會ノ議決ニ遵依ス可キ程度ハ町村制第三十三條以下ニ詳ナリ同條記載ノ事件ニ就テハ町

村長ハ議會ノ議決ニ依ラスシテ之ヲ施行スルコト能ハサル而已ナラス猶其議事ヲ準備シ議決ヲ執行スルノ義務アリ故ニ町村會ニ於テ法律ニ背戻スルコトナク其權限内ニテ議決シタル事項ハ假令町村ノ爲メニ不便アリト認ムルモ町村長ハ之ヲ執行セサルヲ得ス唯町村長其議決ニ對シテ大ニ意見ヲ異ニシ公衆ノ利益ヲ害スト認ムルトキハ町村制第六十八條第二項第一ニ從テ議決ノ執行ヲ停止スルノ權ヲ有ス即之ヲ停止シテ郡參事會ノ裁決ヲ請フコトヲ得可シ其法律命令ニ背キ又ハ權限ヲ越ユルモノモ亦之ニ同シ尤僅ニ利害ノ見込ヲ異ニシタルノミニテハ未タ以テ之ヲ停止スルノ理由ト爲スニ足ラス必公益ヲ損害スト認ムル時ニ限ル可シ蓋公益ノ爲メニ町村長ヲシテ此停止權ヲ有セシムルハ或ハ之ヲ濫用スルノ恐ナキニ非スト雖モ今日町村治ノ未タ整備セサルヨリ考フルトキハ姑ク此例ヲ存スルノ已ムヲ得サルモノアリ又監督官廳ヨリ町村長ニ停止ヲ命スルハ國ノ利害ニ關シ已ムヲ得サルモノニシテ監督官廳モ亦常ニ町村會議決ノ報告ヲ徵シテ其注意ヲ怠ラサル可シ其停止權ヲ濫用スルノ弊ハ參事會ノ參與アルヲ以テ自ラ之ヲ防制スルコトヲ得可シ其行政裁判所ヘ出訴スルノ權ヲ法律勅令ニ背戻シ及權限ヲ踰越スルノ場合ニ限リタルハ行政裁判所ハ專ラ法律上ノ爭論ヲ判決ス可キモノニシテ公益ニ關スル事ハ一ニ利害ノ爭ニ過キサレハナリ郡參事會ノ裁決ニ不服アル者ハ府縣參事會ニ訴願シ其府縣參事會ノ裁決ニ不服アル者ハ行政裁判所ニ出訴シ若クハ内務大臣ニ訴願スルヲ得可キコト町村制第百十九條及第百二十條ノ規定ニ依テ明ナリ

其他町村長ノ町村事務ハ町村制第六十八條第二項第二ヨリ第九ニ列載シタル條件ニ依テ明ナリ其各條件ニ關シテハ茲ニ説明ヲ要セサル可シ町村會ノ定額豫算ニ關スル職權ニ依テ町村長ノ權利ニ制限ヲ加フル所以ハ第四章ニ於テ之ヲ説明ス可シ又町村會ノ議決町村制第百二十五條以下ニ從ヒ官ノ許可ヲ受ク可キモノハ之ヲ受クルノ前ニ施行スルヲ得サルコト固ヨリ言ヲ俟タス且時宜ニ依リテハ監督官廳ノ懲戒權ヲ以テ之ヲ强制スルヲ得可シ

町村制第六十九條ニ列記シタル事務ニ關シテハ町村長ハ全ク前述ノ場合ト異ナリタル地位ヲ有スルモノトス已ニ前章ニ記述シタル如ク國ハ町村ヲシテ國政ニ關スル事務ニ參與セシムルコトアル可シ之ヲ參與セシムルノ法二アリ國政ニ屬スル事務ヲ以テ町村ニ委任シ其自治權ヲ以テ之ヲ處辨セシムルモノアリ又其事務ヲ町村ニ委任セスシテ直接ニ町村長其他町村ノ吏員ヲ指定シテ之ヲ委任スルモノアリ此區別ノ緊要ナル點ハ第一ノ例ニ據レハ斯ル事件ノ議決モ亦町村會ノ職權ニ歸シ町村長若クハ當該吏員ハ此事件ニ關シ町村會ニ對シテ責任ヲ帶ヒ且常ニ其監視ヲ受クルモノトシ第二ノ例ニ據レハ町村長ハ直接ニ官命ニ依テ事務ニ從事シ町村會ト相關セス此事務ニ關スル指揮命令ハ直ニ所屬官廳ヨリ之ヲ受ケ特ニ其官廳ニ對シテ責任ヲ帶フルモノトス元來甲乙二例ヲ比較スルトキハ互ニ得失アリト雖モ今日ノ情況ニ照シ事務ノ擧行ヲ期スルニ付テハ乙法ヲ行フニ如カス故ニ本制ハ乙法ヲ採リテ之ヲ第六十九條ニ明言セリ但細則ニ涉ルモノハ別法ニ讓ラントス且此乙法ヲ行フニ至テハ其委任ノ職務ニ付キ生スル

所ノ費用ハ何レノ負擔ナルカヲ明言セサルヲ得ス依テ同條末項ニ之ヲ揭ク其他町村固有ノ事務ニ要スル費用ハ町村ノ自ラ負擔ス可キコト言ヲ俟タスシテ明ナリ

二　町村助役

助役ハ各町村ニ一名ヲ置クヲ通例トス然レトモ各地方ノ需要ニ應シテ或ハ之ヲ增加ス可キコトアリ之ヲ町村條例ノ定ムル所ニ任セリ(町村制第五十二條)助役ノ町村長ニ屬スルハ共ニ集議體ヲ爲スニアラス町村役塲ノ事務ハ皆町村長ノ專決ニ在リ其責任モ亦町村長一人ニ屬ス故ニ助役ハ其補助員ニシテ一ニ町村長ノ指揮ニ從ヒ之ヲ補佐スルモノトス唯町村長故障アリテ之ヲ代理スル塲合及委任ヲ受ケテ事務ヲ專任スル塲合ニ限リ自ラ其責任ヲ負フモノトス但事務ヲ委任スルニハ町村會ノ同意ヲ得ルヲ要シ(町村制第七十條)其町村長ニ委任ノ事務ニ係ルトキハ監督官廳ノ許可ヲ受クルヲ要ス(町村制第六十九條)

三　市參事會

市ニ於テハ市長及助役ヲ置クコト町村ノ制ニ同クシテ別ニ名譽職參事會員若干名ヲ置キ合セテ集議體ヲ組織シ之ヲ市參事會トス是町村ノ制ト異ナル所ナリ助役及名譽職參事會員ノ定員ハ市制第四十九條ニ之ヲ定ムト雖モ市ノ情況ニ依リ增減ヲ要スルトキハ市條例ヲ以テ之ヲ增減スルコトヲ得可シ(市制第四十九條)市長ハ一箇ノ決議權ヲ有シ員數相半スル時ハ專決スルコトヲ得此集議會ノ職務ハ全ク町村長ノ職務ト其例ヲ同クス(市制第六十四條)其詳細ノ說明

ハ茲ニ要セサル可シ其處務規程ハ本制ニ於テ多ク設クルヲ要セス(市制自第六十五條至第六十八條)其細目ニ至テハ内務省令ヲ以テ之ヲ定ムルコトアル可シ

市長ハ市ノ固有ノ事務ヲ處理スルト委任ノ事務ヲ處理スルト各別段ノ地位ヲ占ムルモノトス即チ市ノ固有ノ事務ニ就テハ參事會ノ議事ヲ統理シ之ヲ準備シ議決ヲ執行シ時ニ臨テハ議決ノ執行ヲ停止シ(市制第六十五條)外部ニ對シテ市ヲ代表スルモノニシテ唯急施ヲ要スル場合ニ限リ議決ヲ俟タスシテ專行スルコトヲ得可シ(市制第六十八條)然レトモ市制第七十四條ニ列載スル委任ノ事務ニ就テハ參事會ノ參與ヲ受ケスシテ專行スルモノトス此區別アルハ即前述ノ乙法ヲ取リ之ヲ市ニ委任セスシテ特ニ市長ニ委任シタルニ依ル

市助役及其他ノ參事會員ハ會中ニ在テハ市長ト同一ノ議權ヲ有スト雖モ議事外ニ在テハ町村助役ノ町村長ニ於ケルト同ク市長ニ對シテ補助員ノ地位ニ在ルモノトス(市制第六十九條、第七十四條第二項)殊ニ都府ノ地ニ於テハ分業ノ必要ナル可キヲ以テ事務ヲ分テ參事會員ニ專任セシムルコト最緊要ナリトス此需要ニ應セン力爲メ本制ハ之ヲ市條例ノ適宜定ムル所ニ讓リ(市制第六十九條第三項)以テ各地方ノ便ニ從ハントス

四　委員

委員ヲ設クルハ市町村人民ヲシテ自治ノ制ニ習熟セシメンカ爲メニ最效益アリ委員アルトキハ多數ノ公民ヲシテ市町村ノ公益ノ爲メニ力ヲ竭スコトヲ得セシメ自治ノ效用ヲ擧クルコト

ヲ得可シ何トナレハ市町村公民ハ特リ會議又ハ參事會ニ加ハルノミナラス委員ノ列ニ入リテ市町村ノ行政ニ參與シ之ニ依テ自ラ實務ノ經驗ヲ積ミ能ク施政ノ難易ヲ了知スルコトヲ得可シ又地方ノ事情ヲ表白スルノ機會ヲ得テ大ニ專務吏員ノ短處ヲ補フコトヲ得可シ蓋シ委員ハ自治ノ制ニ於テ緊要ナル地位ヲ占ムルモノニシテ本制施行ノ際委員ノ設ケヲ促シテ市町村公民ヲシテ之ニ參與セシメンコトヲ務ム可シ委員ノ廢置ハ固ヨリ市會町村會ノ決議ニ在リ其組織及職務ハ市町村條例ノ定ムル所ニ在リト雖モ町村長及市參事會ハ正系ノ行政機關ニシテ委員ハ其一部分ニ參與スルニ過キサレハ委員ハ町村長若クハ市參事會ニ從屬シ概子市長若クハ町村長ヲ以テ委員長ト爲シ參事會員ヲ以テ多ク之ニ加ヘ市會町村會議員モ亦成ル可ク此委員ニ列セシメンコトヲ要ス市會町村會ノ議員ニシテ行政ノ事務ニ加ハルトキハ能ク施政ノ緩急利害ヲ辨識シ行政吏員ト互ニ協同シテ事務ヲ擔任スルノ慣習ヲ生シ自ラ代議機關ト行政機關トノ軋轢ヲ防制スルコトヲ得可シ

五　區長

區域廣濶又ハ人口稠密ノ地ハ施政ノ便ヲ計ランカ爲メ之ヲ數區ニ分ツノ必要アル可シ故ニ本制ハ市町村ニ區ヲ劃設スルコトヲ許シ之ニ區長及代理者ナル行政ノ機關ヲ設置セリ此機關ハ其市町村ノ行政廳ニ隸屬スルモノニシテ其指揮命令ヲ奉シテ事務ヲ區內ニ執行スルモノトス其委任事務ノ範圍ハ土地ノ情況ト市町村行政廳ノ酌量ニ在ルモノニシテ豫メ之ヲ定メスト雖

モ區長ハ名譽職ニシテ別ニ區ノ附屬員ナル者アルニアラサレハ(三府ヲ除クノ外)實際此事情ヲ斟酌セサル可カラス要スルニ區ハ市町村内別ニ特立シタル一ノ自治體タルニ非ス區長モ亦其固有ノ職權アルニ非スシテ單ニ町村長市參事會ノ事務ヲ補助執行スルノ便ニ供フルニ過キス故ニ區長ハ市町村ノ機關ニシテ區ノ機關ニ非ス區ハ法人ノ權利ヲ有セス、財產ヲ所有セス、歲計豫算ヲ設ケス又議會若クハ其他ノ機關ヲ存スルコトナシ蓋區ヲ設クルトキハ施政ノ周到ナルヲ得可ク、一市町村内ノ各部ニ於テ利害ノ軋轢スルヲ調和シ、市町村費賦課ノ不平衡ヲ矯メ又能ク行政ノ勞費ヲ節略スルヲ得可シ要スルニ區長ヲ設クルハ更ニ自治ノ良元素ヲ市町村制中ニ加フルモノニシテ舊制ノ伍長組長等ノ例ヲ襲用セルナリ但從前ノ區内ニ存スル戶長ノ類ト混ス可カラス又區ニシテ從來固有ノ財產アル時ノ例ハ第五章ノ說明ニ詳述ス可シ

六　其他ノ市町村吏員

以上市町村吏員ノ外收入役アリ(市制第五十八條、町村制第六十二條)其職掌ハ市町村有財產ト連帶シテ說明ス可シ又書記其他技術上ニ要スル吏員アリ又使丁ナル者アリ機械的ニ使用スル者トス此等ノ吏員ヲ置キ相當ノ給料ヲ與フルハ市町村ノ義務トス(市制第五十六條、町村制第六十三條)

町村ニ於テハ書記其他ノ吏員ヲ置キ俸給ヲ支出スルノ義務アリト雖モ本制ハ小町村ノ爲メ一ノ便法ヲ設ケ町村長ニ一定ノ書記料ヲ給シテ其便宜ニ從ヒ書記ノ事務ヲ保擔スルヲ許サントト

ス此便法ヲ設ケ及其書記料ノ額ヲ定ムルハ町村會ノ職權ニ在ル可キモノトス(町村制第六十三條第一項)若シ町村長ニ於テ其金額ニ不足アリト爲ストキハ町村制第七十八條ニ依リ之ヲ郡參事會ニ申立ツルコトヲ得可シ其他ノ細目ハ今之ヲ制定セス盖書記料ヲ給與スルトキハ町村長ニ於テハ自ラ其事務費ヲ節約スルヲ得可シ監督官廳モ亦能ク是ニ注意シ公務上支障ナキ限リハ町村ニ說示シテ繁雜ヲ省キ冗費ヲ減センコトヲ務メサル可カラス要スルニ本制ハ分權ノ主義ニ依リ名譽職ヲ設ケ從テ從來ノ町村費ヲ節減センコトヲ期スト雖モ若シ市町村ニ於テ度外ノ節約ヲ行ヒ依テ公益ヲ害スルニ至ラントスルトキハ監督官廳ニ於テハ則チ之ニ干涉スルノ道アリ

市ハ勿論其他大ナル町村ニ於テハ文化ノ進ムニ從ヒ高等ノ技術員(法律顧問、土木工師、建築技師、衞生技師等ノ類)ヲ使用ス可キ必用ヲ生スルニ至ル可シ之ヲ使用スルニハ或ハ通常雇入ノ契約ヲ以テシ或ハ市町村吏員ト爲スコトアル可シ又時宜ニ依リ之ヲ有給ノ助役トシテ任用スルノ便アリ本制ハ此件ニ關シテハ全ク市町村ノ自由ニ任セントス尤警察、學事等ノ爲メニ特別ノ人員ヲ置クニ付テハ別段ノ法規ヲ要ス可シト雖モ皆是別法ヲ以テ定ム可キモノナリ

市町村ノ公務ニ任スル者ハ名譽職ト專務職トノ二種ニ分ツト雖モ本制ニ於テ主トシテ名譽職ヲ擴張シタル理由ハ上ニ之ヲ論述シタルカ如シ又本制ニ於テ名譽職ト爲ス可キコトヲ規定シタル場合ニ於テハ市町村ハ必之ニ遵依ス可シ決シテ有給職ト爲スヲ得ス然レトモ小町村ニ於

テ名譽職ニ屬スルモノト雖モ大市町村ニ在テハ專務吏員ヲ置クヲ要スルコトアリ專務職トハ特別ノ技術若クハ學問上ノ養成ヲ要スル職務並事務繁多ニシテ本業ノ餘暇ヲ以テ無給ニテ負擔セシムルコト能ハサル職務ナリ此ノ如キ職務ハ有給吏員ト爲スヲ常例ト爲セリ此條理ノ範圍内ニ於テ市町村ハ自己ノ便宜ニ依リ有給吏員若クハ無給吏員ヲ置クヘキモノトス

今本制ニ於テハ市長市助役市町村收入役及市町村附屬員使丁ハ皆專務吏員ト爲ス可キ者トス町村長町村助役ハ名譽職ト爲スヲ原則トスト雖モ町村ノ情況ニ依テ之ヲ有給ノ專務職ト爲スヲ得セシム(町村制第五十五條、第五十六條)市參事會員(市長助役ヲ除ク)委員區長ハ名譽職トス但三府ノ區長ハ有給吏員ト爲スコトアル可シ

專務吏員及名譽職吏員ハ共ニ市町村吏員ナリ本制ニ於テ其區別ヲ爲サヽルモノハ總テ此兩種ニ適用スルモノトス又市町村吏員タル者ハ其何レノ種類ニ屬スルニ拘ラス法律ニ準據シテ所屬ノ官廳及市町村廳ニ對シテ從順ナル可ク均シク懲戒法ニ服從ス可シ其懲戒ヲ行フハ町村長及市參事會(町村制第六十八條第二項第五、市制第六十四條第二項第五)及監督官廳(郡長、府縣知事)ノ任トス(町村制第百二十八條、市制第百二十四條)懲戒ノ罰トシテ本制ハ左ノ三種ヲ設ク

一　譴責

二　過怠金

三　解職

譴責又ハ過怠金ニ處スルハ當該吏員ノ專決ニ屬シ其處分ニ對スル訴願モ均ク當該吏員ノ裁決ニ任シ其裁決ニ不服アル者ハ行政裁判所ニ出訴スルコトヲ得セシム是專ラ懲戒權ノ執行ヲ嚴肅ナラシムル所以ナリ獨リ解職ノ處分ニ對シテハ大ニ保護ヲ加ヘサル可カラス(但隨時解職シ得可キ吏員ハ懲戒裁判ノ法ニ依ラス解職スルヲ得セシム)故ニ本制ハ解職ノ理由ヲ指定セルノミナラス(但行狀ヲ紊亂シ廉恥ヲ失フトハ公務上ニ止マラス私行ニ關スルコトモ含蓄スルモノナリ)郡參事會府縣參事會ナル集議體ノ裁決ニ任セリ(市制第百二十四條、町村制第百二十八條)

專務吏員及名譽職吏員トモ職務上大率子同一ノ權利義務ヲ有ストモ深ク其性質ニ就テ考フルトキハ互ニ相異ナル所アリ專務職ヲ辭スルハ吏員ノ隨意ニ在リト雖モ名譽職ハ公民ノ義務トシテ之レニ應セサルヲ得ス其已ニ擔當シタル職務ヲ繼續スルノ義務アルト否トニ付テモ亦此差別アリ(市制第八條、第五十五條第三項、町村制第八條、第五十七條)又市制第五十六條、第五十八條及町村制第五十八條、第六十二條ノ制限ノ如キハ專務吏員ニ非サレハ負擔セシムルコトヲ得ス市制第五十九條、町村制第六十三條ニ記載シタル吏員ハ其任用ノ時此等ノ關係ヲ約定スルヲ可トス有給職ニ任用スルニ其市町村ノ公民タル者ニ限ラサルハ徒ニ選擇ノ區域ヲ減縮セサランカ爲メナリト雖モ高等ノ有給吏員ニハ其職ニ就クト同時ニ其市町村ノ公民權ヲ付與スルコト當然ナリ(市制第五十三條、第五十八條、町村制第五十六條第二項、第六十二條)專務吏員ハ一身ノ全力ヲ擧ケテ市町村ノ爲メニ盡ス可キヲ以テ相當ノ給料ヲ受クルハ元ヨリ至當ナリト雖モ名譽ノ爲メニ就職スル公民ニハ給料ヲ給セス(市制町村制第七十五條)尤市町村ノ公務ノ爲メニ要スル實費ハ之ヲ辨償セサルヲ得ス唯其名譽職ノ事務頗ル繁忙ニシテ本業ヲ妨ケラルヽトキハ多少ノ報酬ヲ與フルハ當然ナリ其額ハ固ヨリ勤勞ニ相當セサル可ラス此規則ハ町村長(町村制第五十五條第二項)ハ勿論町村助役及名譽職市參事會員ニシテ市町村事務ヲ分任スル者(市制第六十九條第二項、町村制第五十五條第二項)ノ爲メニ之ヲ設ク其報酬額ハ市町村會之ヲ議定シ(市制町村制第七十五條)其額ニ關スル爭論ハ市制町村制第七十八條ニ依テ處分シ司法裁判ヲ求ムルヲ許サス

有給市町村吏員ノ財產上ノ要求ハ上ニ記載シタル理由アルニ依リ其職重ケレハ從テ其給料ニ關シテ官廳ノ干涉ヲ要スルコト多シトス尤給料額ハ元來市町村ノ自ラ定ムル所ニ任シ條例ヲ設ケテ之ヲ一定シ又ハ選任ノ前ニ方テ議會ノ議決ヲ以テ之ヲ定ム可シ然レ𪜈監督官廳ハ斯ク市町村ノ定ムル給料ヲ以テ多キニ過キ又ハ不足アリト爲ストキハ認可ヲ拒ミ所屬ノ參事會ヲシテ之ヲ斷定セシムルノ權利アリ

有給市町村吏員ニハ退隱料ヲ給スルヲ當然トス然レ𪜈市町村吏員ニ對シテ官吏ノ恩給令ヲ適用スルコトヲ得ス是其地位ノ異ナルノミナラス市町村吏員ハ定期ヲ以テ選任セラレ任期滿限ノ後ハ再選若クハ再任ヲ受クルニ非レハ其職ニ在ラサルヲ以テナリ若シ其吏員任期滿限後再

選若クハ再任セラレサルトキハ遽ニ糊口ノ道ヲ失フニ至ル可シ故ニ此結果ヲ防クニ非サレハ一方ニ在テハ有力ノ人進テ市町村ノ職ニ就クコトヲ屑シトセサル可ク一方ニ在テハ再選ニ依テ生計ヲ求ムルカ如キ輩ヲシテ常ニ市町村會ノ鼻息ヲ窺ヒ以テ公益ヲ忘レシムルコトナシトセス加フルニ市町村ノ職務ハ昇等増給ノ途少キヲ以テ其退隱料ヲ給スルハ官吏ヨリ厚クスルヲ至當トス然レ𪜈目下一定ノ法律ヲ以テ之ヲ定メンヨリハ寧ロ市町村ノ條例ヲ以テ之ヲ設定セシムルノ便ナルニ若カサルナリ

有給ト無給トヲ論セス凡市町村吏員ノ職務上ノ收入ハ市町村ノ負擔タルコト疑ヲ容レスト雖モ之カ明文ヲ掲クルモ亦無用ニアラサル可シ(市制町村制第八十條)

市町村ト吏員トノ間ニ起ル給料及退隱料ノ爭論ハ司法裁判ニ付セス市制町村制第七十八條ニ依テ處分ス可キナリ其保護ハ此方法ヲ以テ足レリトス

結局ニ至テ猶注意ス可キコトアリ抑退隱料ノ規則ヲ設クルトキハ市町村ノ負擔ヲ加重スルノ恐アリト雖モ他國ノ實驗ニ據レハ決シテ多額ノ負擔ヲ爲スモノニアラス市町村ニ於テハ多クハ適任ノ吏員ヲ再選シ吏員モ亦再選ヲ受ケサルトキハ必他ノ地位ヲ求メサル者アラサル可シ故ニ實際退隱料ヲ支出スルノ場合ハ甚少カル可キナリ又一方ヨリ論スルトキハ市町村ノ盛衰ハ有爲ノ人材ヲ得ルノ多少ニ關シ有爲ノ人材ヲ得ルト得サルトハ其生計ヲ安全ナラシムルト否トニ關スルモノニシテ市町村自治ノ權ヲ得ルニ於テハ退隱料負擔ノ如キハ之ヲ重シト謂フ

可カラス況ヤ有給ノ町村長助役ヲ設ケサル町村ニ於テハ此負擔ヲ受クルノ場合少キニ於テヲヤ又況ヤ名譽職ヲ設クルニ於テハ行政ノ費用大ニ減少ス可キニ於テヲヤ蓋市町村ノ繁榮ハ斯ノ如キ法アリテ始メテ將來ニ期望ス可キナリ

市制町村制第四章　市町村有財產ノ管理

市町村ニ於テ自ラ其事業ヲ執行スルニ付テハ必之ニ要スル所ノ資金ナカル可カラス故ニ各市町村固有ノ經濟ヲ立テ以テ必要ノ費用ヲ支辨スルノ道ヲ設ク可シ即市町村ハ財產權ヲ有スルコト概ネ一個人ト同一ナリ然レトモ細ニ觀察スルトキハ其一個人又ハ私立組合ノ類ト相異ナルモノハ市町村ノ事業及支出ノ大半ハ法律規則ニ依テ定マリ市町村民ニ對シテ其義務トシテ負擔セシムルコトヲ得ルノ一點ニ在リ蓋市町村ノ經濟ハ之ヲ汎論スルトキハ一個人ト同一ノ權利ヲ有スルモノニシテ市町村ハ自ラ其經濟ヲ管理スルノ專權アリト謂フ可シ而シテ之ニ二樣ノ制限アリ第一市町村ノ資力ハ大ニ國家ノ消長ニ關係アルヲ以テ政府ハ須ク此點ニ注意セサル可カラス第二政府ハ市町村ノ經濟ヲ以テ國ノ財政ニ抵觸セサラシメ之カ爲メニ國ノ財源ヲ涸渴セサランコトヲ務メサル可カラス故ニ市町村ノ財政ヲ以テ立法ノ範圍ニ入レ立法權ヲ以テ市町村ノ財政ニ關スル法規ヲ設ケテ之ヲ恪遵セシム可キ而已ナラス其經濟上ノ處分苟モ國ノ利害ニ關涉スルモノハ皆政府ノ許可ヲ得セシメントス

以上ノ論點ニ關スル規定ハ市制第四章及第六章幷町村制第四章及第七章ニ載ス抑市町村ノ經

濟ニ對シ政府ノ干涉スル所ノ程度ハ自治制度ヲ論スル者ノ視ル所ニ依テ各異ナル所アル可シト雖モ要スルニ市町村ノ行政ニ對シ官廳ノ監視ヲ重シテ之ヲ拘束スルニ過クルトキハ其弊ヤ遂ニ市町村ノ便宜ヲ妨ケ其自ラ進テ幸福ヲ求ムルノ道ヲ阻碍スルヲ免レサラントス然レトモ一方ヨリ見ルトキハ自ラ從來ノ慣行アリテ遽ニ之ヲ變シ難キモノアリ故ニ漸ヲ以テ市町村ノ自主ヲ擴張スルヲ是ナリトス此點ニ於テハ本制ハ最愼重ヲ加ヘ今日ノ情勢ニ照シテ適度ヲ得タリトスル所ヲ以テ制定セリ

市町村ノ法人タルハ已ニ法律ノ認ムル所ナレハ市町村ノ財產ヲ所有スルノ權利ヲ有ス可キコト固ヨリ疑ヲ容レス而シテ市町村財產ニ二種ノ別アリ(甲)市町村ノ費用ヲ支辨スルカ爲メニ消費スルモノアリ例ヘハ土地家屋等ノ貸渡料、營業ノ所得、市町村稅及手數料等ノ如キ是ナリ又基本財產ト稱スルモノアリ基本財產ハ其入額ヲ使用スルニ止マリ其原物ヲ消耗セサルモノトス蓋此區別ヲ立ツルハ市町村ノ資力ヲ維持スルカ爲メニ極メテ緊要ナルモノニシテ國家ハ特ニ市町村ノ基本財產ヲ保護シテ其濫費ヲ防カサル可カラス且經常歲入ノ外ニ臨時ノ收入例ヘハ寄附金穀ノ如キハ成ル可ク經常歲費ニ充テシメサルヲ要ス唯寄附者ニ於テ寄附金支出ノ目的ヲ定メタルカ或ハ非常ノ水害若クハ凶荒等ノ爲メ經常ノ收入ヲ以テ其費途ニ充ツルニ足ラサルカ如キノ塲合ハ固ヨリ別段ナリト雖モ是亦上司ノ許可ヲ受クルヲ要ストス爲スハ其經上ノ處分ヲ重スル所以ナリ(市制第八十一條、第百二十三條第二、町村制第八十一條、第百二十七條第二）（乙）凡市町村ノ財産ハ市町村一般ノ爲メニ使用スルコト固ヨリ言ヲ俟タス故ニ特ニ之ヲ法律ニ掲載スルヲ要セスト雖モ若シ住民中其財産ニ對シテ特別ノ權利ヲ有スル者アルトキハ自ラ其證明ヲ立ツルノ義務アリ即民法上其證明ヲ認ムルニ於テハ特別ノ權利ヲ有スルモノトシ其證明ナキモノハ即一般ノ使用權アルモノトス（市制町村制第八十二條）

市町村ノ所有ニ屬スル不動産ノ使用ヲ直接ニ住民ニ許スハ從來ノ實例少シトセス故ニ其舊慣アルモノハ特ニ之ヲ存シ今ヨリ後ハ概シテ新ニ使用ヲ許スヲ禁セリ（市制町村制第八十三條、第八十四條）又一方ニ於テハ使用權ニ相當スル納税義務ヲ定メ（市制町村制第八十五條）且條例ニ依リ使用者ヨリ金圓ヲ徴收スルコトヲ許セリ（市制町村制第八十四條）然レトモ其使用ヲ許シタル物件ハ元來市町村ノ所有物ニシテ使用ノ權利ハ市町村住民タル資格ニ隨伴スルモノナレハ市町村ハ固ヨリ使用權ヲ制限シ若クハ取上クルノ權利ナカル可カラス（市制町村制第八十六條）但其議決ハ上司ノ許可ヲ受クルヲ要スト爲スハ（市制第百二十三條第四、町村制第百二十七條第四）細民無産ノ徒ノ不利トナル可キモノヲ防カンカ爲メナリ之ヲ要スルニ以上ノ規定ハ市町村住民タル資格ニ附隨スル使用權ニノミ用フルモノニシテ民法上ノ使用權ニハ關係ナキモノトス蓋此使用權ハ民法ニ據テ論定ス可キモノニシテ其爭論モ亦司法裁判所ノ判決ニ屬ス可キモノトス而シテ前段ノ使用權ニ關スル爭論ハ市制町村制第百五條ニ依テ處分ス可キナリ市町村財產ノ管理ハ町村長及市參事會ノ擔任トス(町村制第六十八條、市制第六十四條)其管理上市町村會ノ議決ニ依ル可キハ町村制第三十三條、市制第三十一條及市制町村制第八十七條等ニ於テシ又上司ノ許可ヲ受ク可キ條件ハ載セテ市制第百二十三條、町村制第百二十七條等ニ在リ

市町村ハ其住民ヲシテ市町村ノ爲メニ義務ヲ盡サシムルノ權利ナカル可カラスシテ此權利ナキトキハ共同ノ目的ヲ達スルコト能ハサルハ上既ニ之ヲ論述セリ其義務ノ廣狹ハ市町村事業ノ範圍ニ從ハサル可カラス其事業ハ全國ノ公益ノ爲メニスルモノアリ或ハ一市町村局部ノ公益ヨリ生スルモノアリ其全國ノ公益ニ出ツルモノハ軍事、警察、敎育等ノ類ニシテ是皆別ニ規定ス可キモノトス其局部ノ公益ヨリ生スルモノ即共同事務ハ各地方ノ情況ニ從テ異同アレハ茲ニ枚擧スルニ暇アラスト雖モ農業經濟、交通事務、衞生事務等ノ如キハ其最重要ナルモノトス之ヲ要スルニ一市町村ノ公益上ニ於テ必要ナル事項ハ悉ク共同事務ニ屬ス可キナリ本制ニ於テ設ケタル委任ノ國政事務ト固有ノ事務即共同事務トノ區別ハ專ラ市町村長ノ地位ノ兩岐ニ分ルヽ所ニシテ且市町村ノ必要事務ト隨意事務トノ區別ヲ立ツルノ根據トナルモノナリ即此區別ハ官權ノ及フ可キ限界ヲ立ツルニ在リテ必要事務ハ監督官廳ニ於テ强制豫算ノ權利(市制第百十八條、町村制第百二十二條)アルモノトス而シテ必要事務トハ委任ノ國政事務ハ勿論共同事務中市町村ノ需要ニ於テ闕ク可カラサルモノニ限リ必要事務ト謂フヲ得可シ市制町村

制第八十八條ノ規定ハ實ニ此精神ニ出テタルモノニシテ市制第百十八條、町村制第百二十二條ニ云フ所ノモノモ亦同シ此ノ如キ規定アルトキハ共同行政上ノ事件ニ至ルマテ市町村ノ意向ヲ顧ミスシテ負擔ヲ受ケシムルコトヲ得從テ官ノ監督權ハ重キニ過クルノ恐アリト雖モ一方ヨリ考フルトキハ全ク檢束ヲ解キテ市町村ノ自由ニ任スルハ却テ將來ノ爲メ顧慮スル所アリ故ニ市町村ノ公益上已ムヲ得サルモノハ姑ク市町村會ノ意見ニ拘ラス監督官廳ノ命令ヲ以テ之ヲ決行スルノ權利ヲ存セサルヲ得ス但其處分ニ對シテハ上訴ヲ許シタルヲ以テ專制ノ弊ヲ免ルヽヲ得可シ其他必要ノ支出ハ本制市町村ノ組織ニ關スル條件中ニ含有セリ隨意事務ニ就テハ市町村ニ十分ノ自由ヲ與フト雖モ若シ過度ノ負擔ヲ爲スニ至テハ之ヲ制スルニハ市制第百二十三條第六、町村制第百二十七條第六ノ規定ヲ適用スルヲ得可シ

市町村ニ於テ其費途ヲ支辨スルカ爲メニ左ノ歲入アリ

一　不動產、資金、營業（瓦斯局、水道等ノ類）ノ所得

二　市町村ノ金庫ニ收入スル過怠金、科料（市制第四十八條、第六十四條第二項第五、第九十一條、第百二十四條、町村制第五十條、第六十八條第二項第五、第九十一條、第百二十八條）

三　手數料、使用料

四　市稅、町村稅

手數料トハ市町村吏員ノ職務上ニ於テ一箇人ノ爲メ特ニ手數ヲ要スルカ爲メ市町村ニ收入ス

ルモノヲ謂ヒ使用料トハ一箇人ニ於テ市町村ノ營造物等ヲ使用スルカ爲メ其料金ヲ市町村ニ收入スルモノヲ謂フ例ヘハ手數料トハ帳簿記入又ハ警察事務上ニ於テ特ニ調査ヲ爲ストキノ收入ヲ謂ヒ使用料トハ道路錢橋錢等ノ類ヲ謂フ

手數料、使用料ノ額ハ法律勅令ニ定ムルモノヽ外市町村會ノ議決ヲ以テ定ムヘキモノナリ（市制第三十一條第五、町村制第三十三條第五）尤市町村條例ヲ以テ一般ノ規定ヲ設ケ（市制町村制第九十一條）其地ノ慣行ニ依リ相當ノ手續ヲ以テ公告スヘキモノトス

且若シ手數料、使用料ヲ新設シ又ハ舊來ノ額ヲ增加シ又ハ其徵收ノ法ヲ變更スルトキハ內務大藏兩大臣ノ許可ヲ受クルヲ要ス（市制第百二十二條第二、町村制第百二十六條第二）但徵收ノ法ヲ改ムルコトナクシテ唯其額ヲ減スルニ過キサルトキハ其許可ヲ受クルヲ要セス

手數料ヲ納ムルノ義務アルハ行政上ノ手數ヲ要スル者ニシテ使用料ヲ納ムルノ義務アルハ營造物等ヲ使用スル者トス之ヲ免除スルハ市制町村制第九十七條、第九十八條ノ塲合ニ限ル可シ第九十六條ノ塲合ハ町村ノ課稅ヲ免除スルニ止リテ手數料、使用料等ノ事ニ及ハサルナリ

町村稅ニ關シテハ本制ハ成ルヘク現行法ヲ存スルノ精神ナリ町村稅ヲ十分ニ改正セントスレハ先ツ國稅徵收法ヲ改正セサル可カラス故ニ本制ニ於テハ現行ノ原則ニ依リ多少ノ修補ヲ加ヘタルニ過キス現今町村費ノ賦課目即地價割戶別割營業割等ノ如キ皆國稅府縣稅ニ附加シテ徵收スル者ニ外ナラス又或ハ特別ノ町村稅アリ故ニ本制ニ定ムル所ノ課目ハ現行ノ課目ヲ存

スルニ於テ妨ケナキモノナリ
附加税トハ定率ヲ以テ國税府縣税ニ附加スルモノニシテ納税ノ負擔ニ偏輕偏重ノ患ナカラシメンカ爲メニ其準率ヲ均一ニスルヲ例則トセリ(市制町村制第九十條)其賦課法ヲ定ムルハ市町村會ノ職權ニ屬ス故ニ市町村會ハ臨時ノ議決又ハ豫算議定ノ際ニ之ヲ議決スヘキナリ若シ此例則ノ外ニ於テ課法ヲ設ケントスルトキハ郡參事會(町村制第百二十七條第七)若クハ府縣參事會(市制第百二十三條第七)ノ許可ヲ受クルヲ要ス
税率ノ定限ハ豫メ之ヲ設ケスト雖モ獨リ地租及直接國税ニ於テハ市制第百二十二條第三、町村制第百二十六條第三ニ定メタル制限ヲ越エントスルトキハ内務大藏兩大臣ノ許可ヲ受クルヲ要ス是レ國庫ノ財源ニ關係スル所アルヲ以テナリ就中地租ノ如キハ從前此定限ヲ超過スルヲ得ルハ非常特別ノ場合ニ限レリ而シテ特別許可ノ道ヲ存セサルカ如キハ地方ニ依テハ却テ課税ノ平均ヲ得サルノ弊アリ是レ本制現行ノ例ヲ移シテ多少ノ便法ヲ開キタル所以ナリ間接税ハ概シテ市町村ノ附加税ヲ課スルニ便ナラス故ニ市制第百二十二條第四及ヒ町村制第百二十六條第四ニ從ヒ渾テ官ノ許可ヲ要ストセリ各種國税府縣税ノ内何レヲ直税トシ又何レヲ間税トス可キカハ往々疑點ヲ生スルコトアリ此區別ニ就テハ今内務大藏兩省ノ告示ヲ以テ之ヲ定ムルコトヽセリ(市制第百三十一條、町村制第百三十六條)
附加税ノ特別税ニ優ル所以ノモノハ附加税ニ在テハ納税者既ニ國税又ハ府縣税ノ賦課ヲ受ク

ルヲ以テ別ニ其收益等ノ調査ヲ為スヲ要セサルニ在リ唯其町村税ハ免除セサルモ國税府縣税ノ賦課ヲ受ケサル者（一箇人又ハ法人）ニ限リ更ニ其調査ヲ要ス可キニ付此場合ニ於テハ町村長若クハ市參事會ニ於テ其國税府縣税徴收ノ規則ニ據リ其調査ヲ為サヽル可カラス

特別税ハ市制町村制第九十一條ニ從ヒ條例ヲ以テ之ヲ規定セサル可カラス此點ニ於テハ既ニ手數料ニ就テ説明シタル所ニ同シ但特別税ハ市町村必要ノ費用ヲ支辨スルニ附加税ヲ以テシ猶足ラサルトキニ限リ始メテ之ヲ徴收スルモノトス（市制町村制第九十條）

市町村税ヲ納ムルノ義務ヲ負擔スル者ニ就テハ一箇人ト法人トヲ區別セサル可カラス即チ左ノ如シ

甲　一箇人

凡ソ納税義務ハ市町村ノ住民籍ニ原クモノトス（市制町村制第六條第二項）故ニ此義務ハ市町村内ニ住居ヲ定ムルト同時ニ起ルモノナリ故ニ一旦住居ヲ定メタル者ハ時々他ノ市町村ニ滯在スルコトアリト雖モ納税義務ヲ免ルヘキニ非ス若シ之ニ反シテ住居ヲ定メスシテ一時滯在スルニ止マルモノハ未タ此義務ヲ帶ヒス唯三ケ月以上滯在スルトキハ住居ヲ占ムルト同ク納税ノ義務ヲ生スルモノトス（市制町村制第九十二條）又假令ヒ市町村内ニ住居若クハ滯在セスト雖モ其市町村内ニ土地家屋ヲ所有シ又ハ店鋪ヲ定メテ營業ヲ為ス者ハ均ク其市町村ノ利益ヲ蒙ルニ依リ共ニ納税ノ義務アリトス但此義務ハ一般ノ負擔ニ渉ラスシテ唯其土地家屋營業

若クハ是ヨリ生スル所得ニ賦課ス可キ市町村税ニ限リテ負擔ノ義務アルモノトス(市制町村制第九十三條)住居ト滯在トハ常ニ必ス同一ニ歸セサルヲ以テ或ハ重複ノ課税ヲ受クルノ患ナシトセス此弊害ヲ防クカ爲ニハ則チ市制町村制第九十四條、第九十五條ノ規定アリ他國ニ於テハ往々住居ヲ定ムル市町村ニ特權ヲ與フルノ例アリト雖モ本制ハ特ニ此例ニ傚ハス要スルニ此ノ如キハ皆施行規則中ニ適宜ノ便法ヲ定ム可キコトヽス

市町村税ノ免除ヲ受クルハ市制町村制第九十六條、及第九十八條ニ掲載シタル人員ニ限レリ

乙　法人

法人ハ市制町村制第九十三條ニ從ヒ唯其所有ノ土地家屋若クハ之ニ依テ生スル所得ニ賦課スル市町村税ニ限リ納税ス可キモノトス抑法人トハ政府、府縣(郡モ亦郡制制定ノ上ハ法人ト爲スノ見込ナリ)市町村、公共組合(例ヘハ水利土功ノ組合、社寺宗教ノ組合ノ類)慈善協會、其他民法及商法ニ從ヒ法人タル權利ヲ有ス可キ私法上ノ結社ヲ謂フ其私法上ノ結社ハ市制町村制第九十七條ノ免税ノ部ニ入レス又官設ノ鐵道電信ノ如キハ官ノ營業ニ屬スト雖モ是等ハ特ニ國家ノ公益ノ爲ニ免税トス(市制町村制第九十三條)私設鐵道ニ至テハ各市町村ニ於テ其收益ヲ調査スル頗ル難キヲ以テ施行規則中ニ於テ詳ニ之ヲ規定スルヲ要ス

凡ソ納税義務者ニ課税スルハ總テ平等ナル可キナリ唯市制町村制第八十五條ハ此例外トシテ使用ノ土地物件ニ係ル費用ヲ其使用者ニ課セリ又一市町村ノ數部若クハ數區ニ分レタルトキ

其一部一區ノ專用ニ屬スル營造物ノ費用ハ其一部一區ノ負擔トセリ(市制町村制第九十九條第二項)尤其一部一區ニ特別ノ財產アルトキハ先ツ其收入ヲ以テ其費用ニ充テ猶足ラサル時特別ニ其一部一區ノ人民ニ課稅シ又ハ一般全市町村稅中ニ區別ヲ立テ其準率ヲ高クス可シ之ニ反シテ第九十九條第一項ノ場合ニ於テ數個人ノ專用ニ屬スル營造物ノ費用ハ必其數個人ノ負擔トシ之ヲ他人ニ賦課スルコトヲ得サルモノトス但市町村稅ハ總テノ納稅義務者ト平等ニ賦課スルヲ以テ例則ト爲スカ故ニ若シ此例則ニ違ハントスルトキハ官ノ許可ヲ受クルヲ要ス(市制第百二十三條第八、町村制第百二十七條第八)

各納稅者ノ稅額ヲ查定スルハ法律規則ニ依リ市制町村制第百條ノ規定ニ從ヒ町村長(町村制第六十八條第八)及市參事會(市制第六十四條第八)ノ擔任トス大ナル町村及市ニ於テハ之カ爲メ專務ノ委員ヲ設クルヲ便宜トス

社會經濟法ノ稍進步シタル今日ニ在テハ舊時ノ夫役現品ニ代ヘテ金納法ヲ行フニ至レリ然レトモ町村費ノ課出ニ於テハ夫役現品ノ法ヲ存スルハ特ニ必要ナルノミナラス往々便利ナルモノアリ且古來ノ慣行今日ニ傳フル者其例少カラス夫役賦課ハ專ラ道路、河溝、堤防ノ修築、防火水又ハ學校、病院ノ修繕等ノ爲メニ行フモノナリ殊ニ村落ニ在テハ農隙ノ時ヲ以テ夫役ヲ課スルトキハ租稅ノ負荷ヲ輕減センカ爲メニ大ニ便益トスル所アリ農民ノ如キハ季節ニ依リ夫役ニ應スルヲ得ルノ間隙アルコト市民ト其趣ヲ異ニス且地方道路ノ開通ヲ要スルモノ將來必少カラサル可キヲ以テ夫役賦課ノ法ヲ存スルトキハ幾許カ市町村ノ負擔ヲ輕減スルノ效アルコト必セリ依テ市制町村制第百一條ニ於テ市町村ニ許スニ夫役賦課ノ法ヲ以テセリ但此點ニ於テハ今日ノ經濟ニ適應セシメンカ爲メ本制ハ本人自ラ其役ニ從事スルト適當ノ代理者ヲ出シ又ハ金額ヲ納ムルトヲ以テ義務者ノ選擇ニ任セリ其金額ニ算出スルハ其地ノ日雇賃ニ準シ日數ヲ以テ等差ヲ立ツルヲ通例トス唯火災水害等ノ如キ急迫ノ場合ニ於テハ金納ヲ禁スルコトヲ得可シト雖モ代人ヲ出スハ本人ノ隨意ニ在ルモノトス

夫役ハ總テ市町村稅ヲ納ム可キ者ニ賦課シ其多寡ハ直接市町村稅ノ納額ニ準スルモノトス若シ此準率ニ依ラサルトキハ郡參事會(町村制第百二十七條第九)及府縣參事會(市制第百二十三條第九)ノ許可ヲ受クルコトヲ要ス此場合ノ外ハ總テ市町村限リ許可ヲ受ケスシテ之ヲ賦課スルコトヲ得可シ

一般ニ夫役ヲ賦課スルト賦課セサルト及夫役ノ種類幷範圍ヲ定ムルハ市町村會ノ職權(市制第三十一條第五、町村制第三十三條第五)ニ屬シ之ヲ各個人ニ割賦スルコトハ町村長(町村制第六十八條第八)及市參事會(市制第六十四條第八)ノ擔任トス

以上市町村ノ收入ハ皆公法上ノ收入ニ屬スルモノニシテ其徵收ハ市制町村制第百二條ヨリ第百五條ニ準據ス可キモノトス而シテ其賦課徵收上ノ不服ハ司法裁判所ニ提出スルヲ許サス郡參事會府縣參事會ノ裁決ヲ經テ結局ノ裁決ハ行政裁判所ニ屬ス此公法上ノ收入ハ私法上ノ收

入ト相混同ス可カラス例ヘハ市町村有ノ地所ヲ一個人ニ貸渡シタルトキ其借地料ハ民法及訴訟法ニ準據シテ徵收ス可キナリ

將來市町村ノ事業漸ク發達スルニ從ヒ經常ノ歲入ヲ以テ支辨スルコト能ハサル所ノ大事業ノ起ル可キハ勢ノ免レサル所ナリ然レトモ豫メ其費用ニ備ヘンカ爲メ資本ヲ蓄積セントスルコトモ亦極メテ難カル可シ故ニ經常歲入ヲ以テ支ヘ能ハサル所ノ需要ニ應セント欲スレハ市町村ヲシテ豫メ將來ノ歲入ヲ使用スルコトヲ得セシムルノ道ヲ開クノ外ナカル可シ即公債募集ノ方法是ナリ抑公債募集ノ利益ハ收入時期ノ未タ到來セサルニ先テ豫メ歲入ヲ使用シテ以テ町村住民ノ爲メニ大事業ヲ起シ其經濟及納稅力ヲ獎誘シ且以テ納稅者ノ負擔ヲ輕減スルニ在ルナリ公債ノ事タル利益ノ在ル所斯ノ如シト雖モ之ニ伴フ所ノ弊害モ亦自ラ免レサルモノアリ若シ市町村ニ於テ此方法ニ依リ豫メ將來ノ歲入ヲ使用スルトキハ則其元利償却ニ充ツル所ノ金額ハ將來ノ歲入中ヨリ減却スルモノナレハ負債額ノ多寡ト償還期限ノ長短トニ從ヒ市町村ノ財政ニ影響スル所少カラス又市町村會ニ於テハ資本ノ得易キカ爲メニ輕忽ニ其市町村ノ實力ニ相當セサル事業ヲ起スノ傾向ヲ爲シ又ハ今日ニ負擔ス可キノ義務ヲ漫リニ後年ニ傳ヘントスルノ弊害ナキコト能ハス是最モ行政官ノ注意ス可キ所ニシテ市制第百六條、第百二十二條第一及町村制第百六條、第百二十六條第一ノ規定アルハ以上ノ論旨ニ起因スルモノトス本制ハ公債募集ノ事項ヲ逐一列擧セス唯已ムヲ得サルノ必要若クハ永久ノ利益ト云フヲ以テ之レカ制限ヲ立テタリ若シ此制限ニ適合スルノ證明ナキモノハ許可ヲ與フ可カラス若シ又償還期限三年以内ニシテ許可ヲ要セサルモノハ町村制第六十八條第一及市制第六十四條第一ニ依テ相當ノ處分ヲ爲ス可キナリ其必要已ムヲ得サルノ支出トハ舊債ヲ償還シ又ハ傳染病流行若クハ水害等不慮ノ災厄ニ遭遇シテ一時ノ窮ヲ救ハントスルトキ又ハ學校ヲ開設シ道路ヲ修築スル等法律上ノ義務ヲ盡サントスルカ如キ場合ヲ謂ヒ永久ノ利益トナル可キ支出トハ市町村ノ力ニ堪フ可キ事業ヲ起シ以テ市町村有財産ノ生産力若クハ住民ノ經濟力ヲ增進シ假令一時ノ負擔ヲ增スモ永遠ノ利益ヲ生ス可キ場合ヲ謂フナリ尤何レノ場合ニ於テモ一時ノ歳入ヲ以テ支辨シ能ハサル時ニ限ルモノトス但年々要スル所ノ常費ハ必經常ノ歳入ヲ以テ支辨ス可キモノニシテ公債ヲ募ルヲ得ス公債募集ニ當テハ深ク注意ヲ加ヘ成ルヘク住民ノ負擔ヲ輕クシ利息ハ時ノ相場ニ準シ隨時償還ノ約ヲ立テ、市町村ニ便利ヲ與ヘサル可カラス到底償還方法ノ確定スルニ非サレハ募集ヲ許サス又公債ハ成ル可ク市町村ノ財政ニ適準シ償還期限ハ長キニ過ク可カラス故ニ本制ニ於テハ償還ハ三年以内ニ始マルモノトシ年々ノ償還歩合ヲ定メ且募集ノ時ヨリ三十年以内ニ還了スルヲ以テ例規ト爲セリ若シ此例規ニ違ハントスルトキハ必官ノ許可ヲ要ス(市制第百二十二條第一、町村制第百二十六條第一)元來許可ヲ要セサル公債ノ種類ト雖モ右ノ例規ニ違フトキハ亦官ノ許可ヲ請フ可シ

公債ヲ起スト起サヽルト及其方法ノ如何ハ市町村會ノ議決ニ屬ス(市制第三十一條第八、町村

制第三十三條第八)唯定額豫算內ノ支出ヲ爲スカ爲メニシテ一會計年度內ニ償還スヘキ公債ハ市ニ於テハ市會ノ議決ヲ要セス市參事會ノ意見ヲ以テ募集スルヲ得ト雖モ(市制第百六條、第三項)町村ニ於テハ町村會ノ同意ヲ要スルコト勿論ナリ蓋斯ノ如キ公債ハ收入支出ノ多キ市ノ如キニ在テハ自然已ム可カラサルモノニシテ其支出ノ時期ト收入期限ト常ニ相合一セサルカ故ナリ

凡公債ヲ募集スルニ付許可ヲ受ク可キハ右ニ陳述シタル場合及曾テ負債ナキニ新ニ公債ヲ起シ又ハ舊債ヲ增額スルトキニ在リ故ニ前記ノ如キ一時ノ借入金ヲ爲シ又ハ舊債償還ノ爲メニスル公債ニシテ其規約舊債ヨリ負擔ヲ輕クスルトキノ如キハ渾テ許可ヲ要セス其他ハ償還期限三年以內ノモノヲ除クノ外內務大藏兩大臣ノ許可ヲ受ク可シ

既ニ募集シタル公債ヲ豫定ノ目的外ニ使用セントスルトキハ市町村會ノ議決ヲ要シ且若シ其公債ニシテ官許ヲ要スルトキハ許可ヲ受ク可キコト言ヲ俟タス

市町村ノ財政ハ政府ノ財政ニ於ケルト均ク三個ノ要件アリ卽チ

甲　定額豫算表ヲ調製スル事

乙　收支ヲ爲ス事

丙　決算報告ヲ爲ス事

以上ノ三要件ニシテ法律中ニ細目ヲ設ク可キ必要アルモノハ本制第四章第二款ニ於テ之ヲ規

定セリ

甲

財政ヲ整理シ收支ノ平衡ヲ保ツニハ定額豫算表ヲ設ケサル可カラス本制ハ(市制町村制第百七條)市町村ヲシテ豫算表調製ノ義務ヲ負ハシム故ニ若シ市町村ニ於テ此義務ヲ盡サヽルトキハ法律上ノ權力ヲ以テ之ヲ强制スルヲ得可ク若シ之ヲ議決セサルトキハ府縣參事會郡參事會ノ議決ヲ以テ之ヲ補フコトヲ得可シ(市制第百十九條、町村制第百二十三條)此義務ハ決シテ免ル可カラサルモノナレハ狹小ノ町村ト雖モ猶之ヲ負擔セサルヲ得ス其豫算表ハ一年ノ見積ヲ以テ之ヲ設ケ其會計年度ハ政府ノ會計年度ニ同クセリ其他本制ハ豫算表調製ノ細目ヲ定メス要スルニ一切ノ收支及收入不足ノ塲合ニ方リ支辨方法ヲ定ムルヲ以テ足レリトス但財政整理上ニ於テ其市町村ノ資力ヲ酌量ス可キ必要ノ細目ハ省令ヲ以テ之ヲ定ムルコトアル可シ定額豫算ノ案ヲ調製スルコトハ町村長及市參事會ノ擔任ニシテ之ヲ議決スルハ市町村會ノ職權ニ屬ス收支ヲ許可スルコトハ市町村會ノ全權ニ任セスシテ法律上ノ檢束ヲ設クルモノアリ即當然支出ス可キモノヲ否決シタルトキハ監督官廳ニ於テ强制豫算ヲ令スルノ權(市制第百十八條、町村制第百二十二條)アリ又其議決ノ越權ニ涉リ又ハ公益ヲ害スルモノハ其議決ヲ停止スルノ權(市制第六十四條第一、町村制第六十八條第一)アリ次項ニ依リテハ官ノ許可ヲ要スルカ故ニ(市制第百二十二條、第百二十三條第五第六、町村制第百二十六條、第百二十七條第五第六)市町村住民ノ爲メニ過度ノ負擔ヲ制止スルノ方法ハ十分備ハレリト謂フ可シ故ニ豫算表ハ市町村會ノ議決スル所ニ依リ其全體ニ於テ許可ヲ受クルヲ要セス唯右ニ記載シタル塲合ニ限リテ許可ヲ受クルヲ要スルノミ

凡定額豫算表ハ二樣ノ效力アリ即一方ニ於テハ理事者ヲシテ豫定ノ收支ヲ爲スノ權利ヲ得セシメ一方ニ於テハ踰越ス可カラサルノ制限ヲ負ハシムルモノナリ殊ニ豫算外ノ支出豫算超過ノ支出若クハ費目ノ流用ヲ爲スニ當テハ更ニ市町村會ノ議決ヲ經可キモノトス此塲合ニ於テ市町村會ハ當初豫算ヲ議定スルト同一ノ規定ニ從テ之ヲ議決ス可キナリ其追加豫算若クハ豫算ノ變更ヲ議決スルニ當リ其事項タル官ノ許可ヲ要スルトキハ均ク其許可ヲ受ク可キコト、ス豫備費ヲ設ク可キト否ト及其額ノ如何ハ市町村會ノ議定ニ在リト雖モ已ニ之ヲ設ケタルトキハ市制町村制第百九條ノ制限ヲ除クノ外町村長及市參事會ノ之ヲ使用スルニ任ス但其決算報告ヲ爲ス可キハ固ヨリナリトス

乙

市町村收支ノ事務ハ之ヲ官吏ニ委任セスシテ之ヲ市町村ノ吏員即收入役ヲ置テ之ニ委任ス是多ク各國ニ行ハル、所ノ實例ニシテ其吏員ハ市町村ニ於テ之ヲ選任シ有給吏員ト爲セリ要スルニ本制ノ旨趣ハ收支命令者ト實地ノ出納者トヲ分離獨立セシメント欲スルニ在リ故ニ收入役ノ事務ヲ町村長ニ委任スルハ本制ノ敢テ希望スル所ニ非スシテ此ノ如キ塲合ハ極メテ罕ナ

ル可シ若シ町村ノ情況ニ依リ別ニ有給ノ收入役ヲ置クヲ要セサルトキハ寧ロ之ヲ助役ニ委任スルヲ可トス又比隣ノ小町村ハ町村制第百十六條ニ從ヒ共同シテ收入役一名ヲ置クモ亦便宜ニ任ス

收支命令權ハ町村長若クハ市參事會及監督官廳ニ屬ス收支命令ハ書面ヲ以テセサル可カラス收支命令ヲ受ケスシテ爲シタル支拂ハ市町村ニ於テ之ヲ認定スルヲ要セス抑收支命令ト實地ノ出納トヲ分離スルハ支拂前ニ於テ其豫算ニ違フ所ナキヤヲ監査スルニ便ナルカ爲メナリ元來決算報告ヲ爲スハ即此目的ニ外ナラスト雖モ既ニ支拂後ニ係ルヲ以テ其監査ハ往々時機ニ後ルヽノ憾アリ故ニ本制ハ(市制町村制第百十條)收入役ニ負ハシムルニ其命令ノ正否ヲ査スルノ義務ヲ以テシ其命令若シ定額豫算又ハ追加豫算若クハ豫算變更ノ決議ニ適合セス又豫備費ヨリ支拂フ可キトキ該費目ノ支出ニ關スル規定ヲ遵守セサルニ於テハ之ヲ支出スルヲ得サルモノトス此義務ハ收入役ノ賠償責任ト懲戒處分ノ制裁ヲ以テ十分ニ之ヲ盡サシムルヲ得可シ

若シ町村長ニ收入役ノ事務ヲ擔任セシムルトキハ收支命令ト支拂トノ別ハ自ラ消滅シ隨テ上ニ記載シタル監査ノ法モ亦之レナキニ至ル可シ

收入役ヲシテ右ノ義務ヲ行ヒ易カラシメンカ爲メ定額豫算表ハ勿論追加豫算若クハ豫算變更ノ議決ハ必之ヲ收入役ニ通報セサル可カラス其豫算表及臨時ノ議決ハ併セテ簿記ノ標準ト爲

ルモノナリ本制ハ簿記ノ事ニ就テハ規定ヲ立ツルコトナシト雖モ簿記及一般出納事務ニ就テハ追テ訓令ヲ以テ原則ヲ示スコトアル可シ又本制ハ出納ヲ檢査スルヲ以テ市町村ノ義務ト爲セリ（市制町村制第百十一條）若シ理事者ニ於テ此義務ヲ行ハス又ハ檢査ヲ行フテ盡サヽル所アルカ爲メ市町村ニ損害ヲ釀シタルトキハ市町村ニ對シテ賠償義務ヲ負ハシム可キナリ此賠償義務ノ外懲戒ヲ加ヘ得可キハ言ヲ俟タス

丙

決算報告ノ目的ハ二アリ左ノ如シ

一計算ノ當否及計算ト收支命令ト適合スルヤ否ヲ審査スル事（會計審査）

二出納ト定額豫算表又ハ追加豫算若クハ豫算變更ノ議決又ハ法律命令ト適合スルヤ否ヲ査定スル事（行政審査）

會計審査ハ會計主任者（即收入役又ハ收入役ノ事務ヲ擔任スル助役若クハ町村長）ニ對シ行フモノニシテ行政審査ハ市町村ノ理事者即町村長若クハ市參事會ニ對シテ行フモノナリ其會計審査ハ先ツ町村長（但町村長ニ於テ會計ヲ兼掌スルトキハ此限ニ在ラス）及市參事會ニ於テ之ヲ行ヒ次テ市町村會ニ於テ右二樣ノ目的ヲ以テ會計ヲ審査ス（市制町村制第百十二條）是故ニ收支命令者（町村長、助役、市參事會員）ニシテ市町村會ノ議員ヲ兼ヌルトキハ其議決ニ加ハルコトヲ得ス（市制第四十三條、町村制第四十五條）若シ又議長タルトキハ其議事中議長席ニ居ルコトヲ得サルモノトス(市制第百十二條、町村制第百十三條)是利害ノ互ニ抵觸スルヲ以テナリ決算報告ノ時會計ニ不足アルトキハ市制第百二十五條若クハ町村制第百二十九條ヲ適用ス可シ

市制町村制第五章　市町村内特別ノ財産ヲ有スル市區又ハ各部ノ行政

行政ノ便利ノ爲メニ畫シタル區ト一市町村内ニ於テ獨立ノ法人タル權利ヲ有スル各部トノ區別アルハ固ヨリ言ヲ俟タス本制ハ一市町村ノ統一ヲ倚フモノニシテ一市町村内ニ獨立スル小組織ヲ存續シ又ハ造成スルコトヲ欲スルニアラス然レトモ强テ此原則ヲ斷行セントスルトキハ一地方ニ於テ正當ニ享有スル利益ヲ傷害スルノ恐レアリ故ニ概シテ此旨趣ニ依テ論ス可カラサルモノアリ大市町村ニ於テハ現今既ニ特別ノ財產ヲ有スル部落アリ現今ノ小町村ヲ合併スルトキハ更ニ又此ノ如キ部落ヲ現出ス可シ其部落ハ即獨立ノ權利ヲ存スルモノト謂フ可シ又他ノ一方ヨリ論スルトキハ市制町村制第九十九條ノ原則ニ依リ其部落ハ義務ヲ負擔スルコトアリト雖モ之レカ爲メ直ニ別段ノ組織ヲ要スルコトナカル可シ其特別財產又ハ營造物ノ管理ハ之ヲ其全市町村ノ理事者タル町村長又ハ市參事會ニ委任スルモ妨ケナシ(市制第百十四條、町村制第百十五條)若シ區長ヲ置クトキハ町村長又ハ市參事會ニ於テ區長ニ指揮シテ其管理ノ事務ヲ取扱ハシムルコトヲ得可シ尤其一部ノ權利ヲ傷害ス可カラサルハ言ヲ俟タス本制ニ於テ其一部ノ出納及會計ノ事務ヲ分別ス可キモノトスルハ即是カ爲メナリ議會ノ職掌ヲ論

スレハ(市制自第三十條至第三十五條、町村制自第三十一條至第三十七條)特別事務ト雖モ總テ之ヲ市町村會ニ委任スルモ妨ケナキ而已ナラス却テ希望ス可キ所ナリ然レトモ地方ニ依リテハ全市町村ト其各部落トノ利害ハ互ニ相抵觸スルコト往々之レアリ其甚キニ至テハ多數ノ爲メニ壓抑ヲ蒙ムルコトアリ依テ其一部限リノ選擧ヲ以テ特別ノ議會ヲ起シ以テ其議事ヲ委任スルコトヲ得可シ其之ヲ起スノ利害ニ就テハ一般ノ原則ヲ設ケ難キカ故ニ姑ク條例ノ規定ニ任セサル可カラス但此條例ハ固ヨリ普通ノ規定ニ依ル可クシテ特別ノモノニ非スト雖モ其之ヲ設ケ並其事項ヲ定ムルハ市町村會ノ議決ニ任セスシテ之ヲ郡若クハ府縣參事會ニ委任セリ何トナレハ利害ノ相抵觸スルカ爲メ偏頗ノ處置アランコトヲ恐ルレハナリ唯市町村會ノ意見ヲ徵ス可キハ勿論ナリ要スルニ區會ハ市町村會又ハ區內人民ノ情願ニ依リ之ヲ設クルヲ當然トス

區會ノ搆成ハ本制ニ規定シタル市町村會ノ組織ニ依準シ條例中ニ之ヲ定ム可キモノトス區會ノ職掌ハ市町村會ノ職掌ニ同シ唯其特別事件ニ限ルノミ

町村制第六章　町村組合

本制ノ希望スル如ク有力ノ町村ヲ造成シ又郡ヲ以テ自治體ト爲ストキハ其他別ニ區畫ヲ設クルノ必要ナカル可キナリ殊ニ一事件アル每ニ特別ノ聯合ヲ設クルヲ要セサル可シ若シ漫ニ聯合ヲ設クルトキハ行政事務簡明ナラス其組織錯綜ヲ極メ費用モ亦隨テ增加スルヲ免レサルハ

英國ノ實例ヲ以テ證スルニ足ル可シ獨リ水利土功ノ聯合又ハ小町村ニ於テ學校ノ聯合ヲ設クルカ如キハ萬已ムヲ得サルモノニシテ皆別法ヲ以テ規定セサル可ラス然レトモ其別法ノ發布セサル間ハ本制ニ於テ豫メ之カ方法ヲ設ケサル可カラス又此必要アルノ外往々町村組合ヲ設クルノ活路ヲ示ス可キモノアリ即本制ニ於テハ關係町村ノ協議ヲ以テ其組合ヲ爲スノ目的、組合會議ノ組織、事務管理ノ方法及費用ノ支辨方法等ヲ定ムルトキハ(町村制第百十六條第一項、第百十七條第一項)監督官廳即郡長ノ許可ヲ得テ組合ヲ成スコトヲ許セリ町村ニ於テ相當ノ資力ヲ有セサルトキ組合ヲ爲サシムルヲ必要ト爲スカ如キ是ナリ此ノ如キ場合アルトキハ町村制第四條ニ於テ合併ス可キコトヲ規定スト雖モ事情ニ依リテハ合併ヲ施ス可カラス又ハ之ヲ不便ト爲スコトナシトセス例ヘハ該町村ノ互ニ相遠隔スルカ如キ又ハ古來ノ慣習ニ於テ調和ヲ得サルカ如キノ類アリ此ノ如キニ至テハ其町村ノ異議アルニモ拘ラス事務共同ノ爲メ組合ヲ成サシムルノ權力ナカル可カラス其組合ヲ成ストキハ第四條ノ場合ニ異ニシテ其各町村ノ獨立ヲ存シ又別ニ町村長及町村會若クハ町村總會ヲ有ス可キ理ナリ然レトモ其組合ヲ成ス所ノ共同事務ノ多寡及種類ハ其組合ニ依テ互ニ異ナルモノトス

抑協議ニ依ラスシテ組合ヲ設クルハ町村ノ獨立權ヲ傷クルノ恐レアルニ依リ郡參事會ノ議決ニ任スルヲ妥當ナリトス(町村制第百十六條第二項)果シテ其共同事務ノ區域ヲ定メ强制ヲ以テ組合ヲ成サシメタルトキハ議會ノ組織、事務管理ノ方法、費用支辨ノ方法就中分擔ノ方法ニ

至テハ先ツ關係町村ニ於テ之ヲ協議スルヲ要ス若シ其協議調ハサルニ及テハ郡參事會ニ於テ之ヲ議決スルノ外ナシ

組合議會ノ組織、事務管理ノ方法、費用支辨ノ方法殊ニ分擔ノ割合ハ本制ニ於テ豫メ之ヲ規定セス實際ノ場合ニ於テ便宜其方法ヲ制ス可シ故ニ組合ハ特別ノ議會ヲ設ケ或ハ各町村會ヲ合シテ會議ヲ開キ或ハ互選ノ委員ヲ以テ議會ヲ組織シ或ハ各町村會別個ニ會議ヲ爲シ其各議會ノ一致ヲ以テ全組合ノ議決ト爲スノ類各其宜キニ從フ可シ又町村長ノ如キモ組合ニ一ノ町村長ヲ置キ且之ヲ永久獨立トシ或ハ各町村長ノ交番ト爲スヲ得可シ又組合ノ費用ハ或ハ特別ノ組合費トシテ之ヲ各個人ニ賦課シ或ハ之ヲ各町村ニ賦課シ以テ其賦課徵收ノ法ヲ各町村ノ便宜ニ任スルヲ得可シ各町村分擔ノ割合ハ利害ノ輕重、土地ノ廣狹、人口ノ多寡及納稅力ノ厚薄ヲ以テ標準ト爲ス可シ但其納稅力ノ詮定方ニ至テモ亦之ヲ一定スルコト能ハサル可シ以上ノ各事項ニ關シ本制ハ全ク實地宜キニ從フヲ許セリ故ニ各地方ニ於テ其便ト爲ス所ヲ採擇ス可シ

組合町村ハ之ヲ解クノ議決ヲ爲スヲ得ト雖モ郡長ノ許可ヲ得ルヲ要ス(町村制第百十八條)

市制第六章町村制第七章　市町村行政ノ監督

監督ノ目的及方法ハ本說明中各處ニ之ヲ論セリ故ニ復タ之ヲ贅セス唯玆ニ其要點ヲ概括セントス

（第一）監督ノ目的ハ左ノ如シ

一法律、有效ノ命令及官廳ヨリ其權限内ニテ爲シタル處分ヲ遵守スルヤ否ヲ監視スル事

二事務ノ錯亂澁滯セサルヤ否ヲ監視シ時宜ニ依テハ強制ヲ施ス事（市制第百十七條、町村制第百二十一條）

三公益ノ妨害ヲ防キ殊ニ市町村ノ資力ヲ保持スル事

以上ノ目的ヲ達スルカ爲メニハ左ノ方法アリ

一市町村ノ重役ヲ認可シ又ハ臨時町村長助役ヲ選任スル事（市制第五十條、第五十二條、町村制第五十九條、第六十條、第六十一條、第六十二條）

二議決ヲ許可スル事（市制第百二十二條、第百二十三條、町村制第百二十六條、第百二十七條）

三行政事務ノ報告ヲ爲サシメ書類帳簿ヲ査閲シ事務ノ現況ヲ視察シ並出納ヲ檢閲スル事（市制第百十七條、町村制第百二十一條）

四強制豫算ヲ命スル事（市制第百十八條、町村制第百二十二條）

五上班ノ參事會ニ於テ代テ議決ヲ爲ス事（市制第百十九條、町村制第百二十三條）

六市町村會及市參事會ノ議決ヲ停止スル事（市制第六十四條第一、第六十五條、町村制第六十八條、第一）

七懲戒處分ヲ行フ事（市制第百二十四條、第百二十五條、町村制第百二十八條、第百二十九條）

八市町村會ヲ解散スル事(市制第百二十條、町村制第百二十四條)

(第二)監督官廳ハ左ノ如シ

町村ニ對シテハ

一　郡長　　二　知事　　三　內務大臣

市ニ對シテハ

一　知事　　二　內務大臣

法律ニ明文アル場合ニ於テハ郡長若クハ知事ハ郡參事會若クハ府縣參事會ノ同意ヲ求ムルヲ要ス但參事會ヲ開設スルマテハ郡長知事ノ專決ニ任ス(市制第百二十七條、町村制第百三十條)

市町村吏員ノ處分若クハ議決ニ對スル訴願ニ就テハ先ツ市町村ノ事務ト市制第七十四條、町村制第六十九條ニ記載シタル事務トノ間ニ區別ヲ立テサル可カラス市制第七十四條、町村制第六十九條ニ記載シタル事務ニ關シテ訴願ヲ許スト否トハ一般ノ法律規則ニ從フモノトス之ニ反シテ市町村ノ事務ニ關シテハ此法律ニ明文アル場合ニ限レリ(市制第八條第四項、第二十九條、第三十五條、第六十四條第二項第一、第七十八條、第百五條、第百二十四條、町村制第八條第四項、第二十九條、第三十七條、第六十八條第二項第一、第七十八條、第百五條、第百二十八條)

本制ハ訴願ノ必要ナル場合ヲ列載シ悉シタルモノトス又監督官廳ハ自己ノ發意ニ依リ其職權ヲ以テ監督權ヲ行フヲ得ルノミナラス人ノ告知ニ依テ亦之ヲ行フコヲ得可シ而シテ其告知ハ

本制ニ所謂訴願ノ種類ニアラサレハ期限ヲ定メス又前キノ處分若クハ議決ノ執行ヲ停止スルコトヲ得サルナリ(市制第百十六條第二項、第五項、町村制第百二十條第二項、第五項)

市町村ノ行政事務ニ關シ郡長若クハ府縣知事ノ第一次又ハ第二次ニ於テ爲シタル處分若クハ裁決ニ對シテハ其參事會ノ同意ヲ得ルト否トニ拘ラス一般ニ訴願ヲ爲スヲ許セリ特ニ法律ニ明文アル場合ニ限リテ之ヲ許サヽルモノトス(市制第百十六條第一項、町村制第百二十條第一項)若シ其處分又ハ裁決郡長ヨリ發シタルモノナルトキハ之ニ對スル訴願ハ知事之ヲ裁決シ郡參事會ヨリ發シタルモノナルトキハ府縣參事會之ヲ裁決ス知事及府縣參事會ノ裁決ニ不服アル者ハ共ニ内務大臣ニ訴願スルモノトス而シテ權利ノ消長ニ關スル結局ノ裁決ハ之ヲ行政裁判所ニ委任スルヲ妥當ト爲スハ上來屢々之ヲ說明セリ但權利ノ爭論ハ一般ニ行政訴訟ヲ許スニアラスシテ之ヲ許ス可キノ必要アル場合ニ限リ特ニ之レカ明文ヲ揭ク故ニ其明文ナキ場合ニ於テハ結局ノ裁決ハ常ニ内務大臣ニ屬スルモノトス而シテ行政訴訟ヲ許シタル場合ニ於テハ内務大臣ニ訴願スルヲ許サス最上官衙ノ裁決ヲ以テ法司ノ審判ニ付スルヲ欲セサルカ故ナリ但本制ニ於テ行政裁判所ノ權限ヲ規定シタルハ市町村ノ行政事務ニ關スル事ニ止マリ其他ノ事務ニ渉ル權限ハ他日別法ヲ以テ定ム可キコトヽス又目下行政裁判所ノ設ケナキヲ以テ之ヲ開設スルマテノ間ハ内閣ニ於テ其職務ヲ擔任ス可キコト止ムヲ得サルナリ(市制第百二十七條、町村制第百三十條)

以上記述スル所ノ要旨ハ則左ノ如シ

(第一)市町村ノ行政事務ニ屬セサル事件ニ對スル訴願及其順序ハ一般ノ法律規則ニ從フモノトス

(第二)市町村ノ行政事務ニ關スト雖モ市町村吏員ノ處分若クハ裁決ニ對シテハ本制ニ明文ヲ掲ケタル場合ニ限リ訴願ヲ許シ之ニ反シテ監督官廳又ハ郡府縣參事會ノ處分若クハ裁決ニ對シテハ一般ニ訴願ヲ許ス其訴願ノ順序ハ左圖ノ如シ

町村

市

前圖ノ順序ハ必履行セサル可カラサルモノニシテ內務大臣ニ訴願シ又ハ行政裁判所ニ出訴セントスルニハ必其前段ノ順序ヲ經由シタル後ニ在ル可キモノトス

(畢)

○附記

○内務省令第四號　明治二十一年八月十八日

第一條　市制及町村制實施ニ際シ新任市町村長ニ事務引繼結了ノ日ニ至ル迄ハ區長戸長區書記役場筆生等ニ於テ從前ノ通事務取扱ヲ爲スヘシ

第二條　前條事務取扱中地方稅支辨ニ係ル吏員ノ給料旅費並ニ區役所戸長役場ノ經費ハ總テ該年度ノ豫算ニ據リ地方稅又ハ町村費ヲ以テ之ヲ支辨スヘシ

第三條　市制及町村制施行ノ期日ヲ定メタルトキ前條ノ地方稅又ハ町村費ニ關シ未タ該年度ノ豫算ヲ議定セス又ハ議定シタル豫算ノ不足アルニ於テハ從前ノ通府縣知事區長戸長ニ於テ府縣會區町村會ノ議決ヲ取リ前條費目必要ノ豫算ヲ定ムヘシ

第四條　市制及町村制施行ノ日ヨリ市町村稅徵收ニ至ルマテ市町村必要ノ費用ハ第二條ノ費用ヲ除クノ外區長戸長ニ於テ其豫算ヲ設ケ區町村會ノ議決ヲ經テ假徵收ヲナスヘシ但新市町村ト舊區町村會區域ト符合セサル場合ニ於テハ各區町村會ニ於テ區々ノ豫算ヲ設ケサル爲メ府縣知事ニ於テ其標準ヲ示スコトヲ得

前項ノ費用ハ區町村會ノ議決ニ依リ現在セル區町村費又ハ共有金ヲ一時使用シ又ハ一時ノ借入金ヲ以テ其費用ニ充ツルコトヲ得

第五條　區長戸長ニ於テ取扱タル一切ノ金穀並會計帳簿ハ其金穀ノ種類及ヒ所屬年度ヲ區別

シタル明細書ヲ製シ之ヲ市町村長ニ引繼クヘシ但シ一ノ區町村ニシテ二箇以上ノ市町村ニ分屬シタルトキハ第四條ノ金額ハ事務引繼前ニ支拂タルモノヲ除クノ外人口段別ヲ標準トシテ適宜各部分ニ配付シ其他ハ人口段別ノ最多キ部分ノ分屬シタル市町村長ヲ以テ主擔トシ其市町村長ニ引繼キ主擔市町村長ハ第七條但書ノ精算ヲ了シタル上其所屬外ノ部分ノ分屬シタル各市町村ニ屬スヘキモノハ更ニ之ヲ其市町村長ニ引繼クヘシ

前項但書ノ場合ニ於テ帳簿ノ類ニシテ分割スヘカラサルモノアルトキハ更ニ引繼クコトヲ要セス但閲覽ノ便ヲ妨クヘカラス

第六條　第四條第一項ニ依リ假徵收ヲナシタルモノハ追テ市町村會ニ於テ該年度ノ收支豫算ヲ議決シタル上市町村税各納人ニ對シ差引徵收ヲ爲ス可シ

同條第二項ニ依リタルトキハ新ニ徵收シタル市町村税ヲ以テ返償ヲ爲スヘシ但一ノ區町村ニシテ二箇以上ノ市町村ニ分屬シタルトキハ最初配付ヲ受ケタル割合ニ應シ各市町村長ニ於テ之ヲ徵收シ主擔市町村長ニ於テ全額ヲ取纏メテ其返償處分ヲ爲スヘシ

第七條　區長戸長ニ於テ未タ精算ヲ了セサル區町村費ハ其引繼ヲ受ケタル市町村長ニ於テ之カ精算ヲ作リ市町村會ニ報告スヘシ但一ノ區町村二箇以上ノ市町村ニ分屬シタルトキハ主擔市町村長ニ於テ精算ヲ作リ主擔市町村長ハ其市町村會ニ報告シ其所屬外ノ部分ノ分屬シタル市町村ニ於テハ主擔市町村長ヨリ之ヲ其各市町村長ニ送付シテ其市町村會ニ報告セシム

ヘシ

第八條　前條精算ノ塲合ニ於テ殘餘金アルトキハ市町村長ニ於テ舊區町村ニ割戻ヲナスヘシ

但一ノ區町村ニシテ二箇以上ノ市町村ニ分屬シタルトキハ該年度區町村費實收入ノ割合ニ依リ主擔市町村長ニ於テ割戻ノ高ヲ定メ其所屬外ノ部分ノ分屬シタル市町村ノ分ハ其市町村長ニ配付シ各其割戻ヲナスヘシ

第九條　第七條精算ノ塲合ニ於テ不足金ヲ生シタルトキハ市町村會ノ決議ヲ經テ舊區町村ヨリ追徵補充スヘシ但シ一ノ區町村ニシテ二箇以上ノ市町村ニ分屬シタルトキハ主擔市町村長ニ於テ該年度區町村費實收入ノ割合ニ依リ其補充豫算ヲ作リ其所屬外ノ部分ノ分屬シタル市町村ノ分ハ其市町村長ニ送付シ各市町村會ノ決議ヲ經テ其舊區町村ノ部分ヨリ追徵補充スヘシ

十條　不納ニ屬シタル區町村費ニシテ精算報告後ニ於テ追徵シタルモノハ各市町村ノ臨時收入トナスヘシ

第十一條　從前郡部ト經濟ヲ異ニセル區若クハ郡部內ノ市街地ニ市制ヲ施行スルトキハ該市ハ地方稅費目中郡區廳舍建築修繕費並郡吏員給料旅費及廳中諸費ノ負擔ニ任スヘカラサルヲ以テ該費ハ市制施行ノ後ハ市ニ賦課セサルモノトス但第二條ノ諸費ニ係ルモノハ此限ニアラス

◎附記　大藏省告示第九拾五號

○大藏省告示第九拾五號　明治二十一年七月十三日

本年法律第一號市制第百三十一條町村制第百三十六條直接稅間接稅ノ類別ハ左ノ諸稅ヲ以テ直接稅トシ其他ハ間接稅トス但府縣區町村ニ於テ特ニ徵收スルモノハ府縣知事ノ稟申ヲ以テ之ヲ定メ其直接トスヘキモノハ府縣知事ヲシテ管內ニ告示セシム

國稅

地租　所得稅

地方稅

地租割　戶數割　家屋稅　營業稅　雜種稅

區町村費

地價割　段別割　戶別割　家屋割　營業割

博聞社發行書目抄錄

○第一　本邦法令

内閣官報局編纂

既往法令全書　自明治元年至仝三年　全三冊　本綴假表紙　既成　重量六百五十匁

○定價金壹圓八拾錢○荷造運賃ハ別ニ申受クヘシ○上等製本ハ壹冊ニ付金貳拾五錢增シ

本書ハ維新以來發布ニ係ル勅令、閣令、省令、訓令、達、告示、伺指令、法制局裁定ハ勿論陸軍省令乙號等官報ニ掲載セサル者モ亦之ヲ纂輯シ而メ改廢加除アルモノハ上層ニ標記シテ其沿革ヲ知ルニ便ナラシメ又索引ハ數年分ヲ合セテ別冊ト爲シ之ヲ刊行シ現時發行ノ法令全書ニ接續セシメ法律規則ノ大成ヲ期セラルヽモノナリ

既往法令全書　自明治四年至仝七年　全四冊　本綴假表紙　重量

○定價金四圓二十錢○荷造運賃ハ別ニ申受クヘシ○上等製本ハ壹冊ニ付金貳拾五錢增シ

右ハ豫約法ヲ以テ發賣ス編纂ノ体ハ前ニ仝シ來ル十一月ヨリ每月發刊廿二年二月完了ス○八年以降ノ分ハ引續キ出版廿三年三月迄ニ竣功ノ豫定○豫約方法書幷見本ハ申込アラハ送遞ス

法令全書　十八年分　全拾貳冊　目錄索引壹冊　既成　重量五百二十匁

○定價金壹圓貳拾錢○荷造運賃ハ別ニ申受クヘシ○合卷上等製本ヲ要スル向ハ金七拾錢增シ

法令全書　十九年分　全拾貳冊　目錄索引壹冊　既成　重量八百三十匁

○定價金壹圓四拾貳錢○荷造運賃ハ別ニ申受クヘシ○合卷上等製本ヲ要スル向ハ金七拾錢增シ

●仝第十編　明治二十年分　豫約實價金四圓　但シ豫約中

○上等製本ハ壹冊ニ付金廿五錢增シ○荷造運賃仝上

●非現行類聚法規　全九卷　正價金三圓　重量貳貫五拾匁

○上等製本ハ壹冊ニ付金廿五錢增シ○荷造運賃仝上

本編ニ記載ヲナサヽル非現行ノ分ヲ盡ク類聚ス

長尾景弼編輯

●增訂類聚法規別集　但非現行　全三卷　正價金一圓五十錢　重量七百七拾匁

○上等製本ハ壹冊ニ付金廿五錢增シ○荷造運賃仝上

○本編增訂ノ節除去セシ非現行ノ法令ヲ類纂シテ別集トス

司法大臣山田顯義伯題字○內務省警保局長清浦奎吾君序

市岡正一君編纂

●現行日本類典　再版　自明治元年至仝十八年十月　全一卷　正價金壹圓八拾錢　重量四百十匁

●仝第二編　自明治十八年十一月至仝十九年十月　全一卷　正價金九拾錢　重量百八拾匁

●仝第三編　自明治十九年十一月至仝二十年十月　全一卷　正價金七拾五錢　重量百六拾匁

○以上本製ハ脊皮金字入リ上等製○但荷造運賃ハ當社持トス

明治元年以降ノ法律規則訓令及ヒ伺指令等官民必要ノモノヲ類聚シ改廢追加等ヲ訂正シテ漏サス而シテ各項ニ沿革要領ヲ附シ又鼇頭ニ參看ヲ揭ク

●市制町村制附理由

五號活字全一卷　正價金七錢　重量三十二匁

六號活字全一卷　正價金六錢　重量二十匁

地方制度取調委員内務次官芳川顯正君序文○獨逸法學博士法制局参事官山脇玄君○法制局書記官水野遵君校訂○片貝正晉君註釋

市町村制正解 附理由

洋装美本 全一冊 正價金七拾五錢 重量百七拾五匁

但シ荷造運賃共當社持トス

片貝君數名ノ學士ト謀リ覃思研精平易ノ文章ヲ以テ註釋ヲ加ヘ聢テ法意ノ明包ヲ主トシ且毎條獨、英、澳、佛ノ類例ヲ挿入シ以テ彼我ノ參照ニ便セリ若シ此書ヲ讀ミ尚疑義ノ條件アリテ質義アラバ本社著者ニ請テ報答スヘシ

村上芳太郎君編纂

現行類聚 府縣會規則全書

全一卷 正價金六拾錢 重量百匁

本則制定以來發布ノ法令伺指令說明ハ勿論苟モ此規則ニ關係アル各種ノ税則備荒貯蓄法區町村會法々制局裁定ニ至ル迄一切網羅セリ

市岡正一君編纂

改正增補 戸籍法令

全一卷 正價金五拾二錢 重量七拾八匁

戸籍法頒布以來二十一年二月ニ至ル現行ノ法令伺指令等ヲ類纂シ且本令ノ意義及ヒ餘意ヲ註釋シ且他ノ法令ヲ參照トス

元老院議官法學博士箕作麟祥君校閲○石川惟安君著

公證人規則釋義

全一卷 正價金拾五錢 重量三拾八匁

毎條其意義ヲ詳說シ且施行條例ヲ附記シ又卷末ニ佛國ノ仝規則及ヒ勅令等ヲ記載ス

法律學士大塚成吉君校閲○𢘿入太輔君著

改正增補 登記法釋義

全一卷 正價金拾五錢 重量三拾五匁

本法ニ詳解ヲ加ヘ其取扱手續ヲ明ニシ且卷末ニ佛國ノ登記法ヲ譯出シ彼此參觀ヲ得セシム

石川惟安君著

●取引所條例釋義　全一巻　正價金拾五錢　重量廿九匁

我國ノ現行法ヲ掲ケ毎條ニ詳解ヲ加エ意義ヲ明瞭ニス

市岡正一君編纂

●言論出版條例註釋 附保安條例　全一巻　正價金三十錢　重量四十七匁

新聞、出版、版權、脚本、樂譜、寫眞、集會ノ七條例及ヒ讒謗律ヲ掲ゲ註記解釋參照附録等ノ目ヲ置キ丁寧ニ解釋セリ

○第二 政治 法理

宇川盛三郎君譯

●チユフヲー氏政体論　全一巻　正價金貳拾錢　重量三拾七匁

佛國ノ政体情勢ヲ極論シ附スルニ其成典ヲ以テス

元老院議官尾崎三郎君譯

●瑞典政治概略　全一巻　正價金拾五錢　重量四拾四匁

瑞典政体文物ハ歐洲各國ニ冠絶スルモノニシテ今其概要ヲ譯述シテ治平富庶ヲ致スノ源由ヲ説ケリ

佛國メストル氏著○陸實君譯

●主權原論　全一巻　正價金四拾錢　重量八拾匁

本書ハ佛國ジヨゼフメストル氏著ス所ニシテ上下二篇トナシ上篇ハ主權ノ原始即チ主權在民説及ヒ社會ノ根原論ヨリ主權總論君主貴族民主ノ三政体及ヒ主權ノ最善良ナル種類ヲ論シ通篇二十章ニ分説セシ書ナリ

東京專門學校講師文學士高田早苗君譯

●英國外交政略　全一巻　正價金五拾錢　重量七拾四匁

英國ヲ經トシ普佛伊魯西葡土墺北亞米利加其他ノ各國ヲ緯トシ外交政畧ハ細大漏サス論述ス

著者カ多年經歷シタル所ニ因リテ内外規則及ヒ諸例規ヲ纂集シタル書ナリ

大審院檢事法學士山田喜之助君著
●法學通論　版全一卷　正價金六拾三錢五厘　重量八十二匁
テリー氏ノ法律原論ヲ祖述シ歐米諸大家ノ說ヲ參酌シテ法學ノ通義ヲ明ニシ初學ニ便セリ

英國法學博士ホーランド氏著○法學士畠山重明君校閱
警官練習所敎官大橋素六郎君譯
●增訂補譯法理學汎論　上卷再版　正價金五十六錢　重量九十六匁
●全　中卷（下卷近刻）　正價金六拾四錢　重量
英國法學ノ泰斗ホーランド氏著第三版ニ係ル最近ノ原書ヨリ一言一句モ漏サス飜譯ス其記載スル所ハ羅馬獨英佛四ケ國ノ法律ニ就キ法理ノ蘊奥ヲ討求シ哲學上ヨリ其法理ノ順序區別ヲ定メ以テ法律ノ理學ヲ論定ス凡ソ法律ノ原則ト爲スモノハ細大漏スナシ

警視廳藏版○司法省參事官法學士江木衷君著
●法理學講義　全一卷　正價金壹圓廿錢　重量百四十匁
法理學士ノ大斗ト仰グ英人ホルランド氏著述ノ法理學ヲ基トシテ反覆鄭寧ニ講述ス

司法省參事官法學士江木衷君著
●法律解釋學　全一卷　正價金壹圓　重量百二十二匁
歐米諸大家ノ著書ヲ參照撮摘シテ其要ヲ解釋ス

織田小覺君○河村善益君共譯
●佛律原論　全四卷　正價金貳圓七拾錢　重量三百卅匁

但シ上等製本ハ金廿錢增シ

佛國學士會院ニ於テ佛國法律ノ原理ヲ說明シタル著書ヲ募集シ共進會ヲ開テ良否ヲ審査シタルニ此原書ハ特ニ善良ナリトノ公評ヲ博シ五千「フランク」ノ褒賞ヲ得タリ

司法省藏版飜刻

● 性法講義　全一卷　正價本製金廿五錢　假製金二十錢　重量六十二匁

● 法律大意講義　全一卷　正價金五錢　重量十二匁

右二書ハ佛國法律大博士ボアソナード氏カ司法省法學校ニ於テ講義セラレシ筆記ナリ

○第三　憲法《けんぽう》　民法　附佛蘭西六法

內閣法制局長官井上毅君譯

● 孛國憲法　全一卷　正價金拾錢　重量貳拾匁

普國ノ勃興スル元素ニシテ有名ナル井上先生ガ之ニ註釋ヲ加ヘ其意義ヲ明ニス

英國ニコルソン氏著○小林營智君譯

● 獨逸憲法沿革論　全一卷　正價金三拾錢　重量四拾四匁

第一世「ナポレオン」帝亡滅シ獨乙聯邦再設ノ時ヨリ現今ノ憲法ニ至ルマデ其沿革ヲ論述セシモノナリ

佛國法律大博士ボアソナード氏補助
撿事堀田正忠○森順正兩君仝輯

● 民法精理　人權之部　正價金壹圓
　　　　　　物權之部　正價金九拾錢　重量二百四拾八匁

專ラ民法ノ精理ヲ闡發スルヲ以テ趣旨トシ泰西諸國ノ法律ヲ參照シテ其異仝ヲ論究ス

司法省藏版飜刻

● 佛國民法契約篇第二回講義　再版　全一卷　正價金二拾五錢　重量六拾八匁

佛國民法期滿得免篇講義　全一卷　正價金五錢　重量拾匁

佛國民法財産篇講義　全一卷　正價金拾錢　重量廿六匁

右三書ハ佛國法律大博士ボアソナード氏カ司法省法學校ニ於テ講義セラレシ筆記ナリ

撿事堀田正忠君口譯

佛國民法賣買篇講義　再版全一卷　正價金壹圓拾貳錢　重量百拾四匁

右ハ佛國法律大博士ボアソナード氏カ曾テ司法省法學校ニ於テ講義セラレシヲ口譯筆記スルモノニシテ賣買法ノ意義ヲ悉セリ

法科大學教授法學士土方寧君著

英國契約法　全一卷　正價金壹圓拾貳錢　重量百卅三匁

英國契約法ノ實地應用ニ長スルハ各國法律中未タ其比ヲ見サル所ナリ此書ハ契約ノ成立、効果、解除、ノ大綱ヨリ其細目ニ至ル迄漏サス詳説ス

大審院撿事法學士山田喜之助君講義

訂正英米代理法　全一卷　正價金五拾錢　重量六十四匁

「ストリー」氏ノ著書ニ基キ本人及ヒ代人者ノ資格ヨリ代理權ノ消滅ニ至ル迄代理人ノ權限責任等ヲ細説ス

農商務省參事官法學士奧田義人君著

英米私犯法論綱　全一卷　正價金七拾五錢　重量百十匁

私犯法ハ英米ニテ完成シタルノ法律ニシテ他各國ノ無キ所ナリ此書私犯法ノ性質及ヒ各種ノ條目ニ據リ其法理ヲ論述ス

白耳義法律大博士ローラン氏著○法律學士山崎恵純君譯

●佛國損害賠償法原義　全一卷　正價金壹圓五拾五錢　重量二百拾八匁

佛國民法原義中損害賠償ノ一項ヲ抄譯ス

法律學士矢代操君校閲○河野和三郎君纂述

●貸借保證要論　全一卷　正價金三拾錢　重量三拾九匁

泰西諸大家ノ說ヲ比較纂述シテ貸借ニ關スル一切ノ要義ヲ論辨ス

司法省飜譯

●佛國和蘭陀ノテール規則　完　正價金四拾錢　重量百三十匁

佛和兩國ノ公證人規則及ヒ追加規則等ヲ纂述スルモノニシテ我國現行法ト參照スルニ尤モ必要トス

○附錄

元老院議官法學博士箕作麟祥君增訂

●增訂佛蘭西法律書　上等製本　全二卷　正價上卷金壹圓三拾錢　下卷金壹圓五拾錢　上卷重量二百八十匁下卷三百五十匁

●全　惣クロース製本　全二卷　豫約實價上卷金八拾錢　下卷金壹圓　上卷重量百八十匁○下卷重量

本書ハ舊本ノ誤謬ヲ正サンカ爲メ箕作氏畢生ノ力ヲ盡シ佛國ニテ新ニ改版ノ良書ニ據リ直譯体ニテ一字一語モ苟モセス尚教師ボアソナード氏ニ質義シ精密ニ增訂ヲ加ヘ且近爾佛國ニテ改正增加ノ律令ヲ增補シ毎條參考ヲ附シ以テ法律書ノ模範トスル者ナリ

○第四 商法 訴訟法

佛國法律博士リウヒエール氏著○商法編纂局飜譯

●商法復說　全四冊　正價金五圓　重量五百廿四匁

第一編　自一卷至七卷　（商事ノ部）　正價金壹圓六拾五錢　重量百二十匁

全　八卷　（爲換手形○切手○期滿免除ノ部）　正價金九拾五錢　重量百十八匁

自第二編至第四編　（海上交易ノ部）　正價金壹圓六拾五錢　重量百八十匁

書式ノ部　正價金七拾五錢　重量百六匁

此書ハ千八百五十三年佛國法律博士「リウヒエール」氏著ニシテ佛蘭西商法ノ蘊義ヲ詳ニシ沿革ヲ示シ諸家ノ說ヲ網羅シタルモノナリ蓋シ我國商法編纂ノ材料ニ供セラレシ者ト云フ

佛國法律大博士ボアソナード氏訓定
東京法學校講師森順正君著

●佛國商事組合法　全一卷　正價金五拾錢　重量五拾六匁

我國商法草案及ヒ佛國法ニ據リ尚諸大家ノ說ヲ參酌シテ商事組合ニ係ル法則ヲ論述ス

司法省藏版○大井憲太郎君譯

●佛國商工法鑑　完　正價金六拾錢　重量百七十匁

佛國諸般ノ商業ニ關スル規則及ヒ工業ノ法則ヲ彙纂シタル商工律令書ナリ

判事鈴木充美君講義○大島安治君筆記

●英國商法講義　全一卷　正價金五拾錢　重量八拾八匁

商法ヲ三編ニ分チ商業ニ關スル一切ノ事項ヲ約説ス

法科大學教授法學士土方寧君著

●英國流通證書法　全一冊　正價金壹圓拾貳錢　重量百六拾匁

手形ノ書式及解釋以下十一章ニ分チテ其性質効用ヲ詳説シ加フルニ本邦及英獨蘭和等各國ノ條例ヲ參照トナス

中里左太郎君編輯

●現行訴訟法　全一卷　正價金六拾錢　重量九拾三匁

●仝第二篇　全一卷　正價金拾五錢　重量貳拾六匁

維新以來訴訟ニ關スル法令伺指令等ヲ漏サズ類聚ス

元老院翻譯○佛國法學士ムールロン氏著

●佛國訴訟法覆義　全三卷　正價金貳圓四拾錢　重量四百匁

該法ノ意義ヲ反覆説明スル者ニシテ即チ司法省ニテ反譯ノ民法覆義ト其原書ヲ仝シクシ方今推テ最良ノ書トス

獨逸大學博士ヒツチング氏著
總理大臣秘書官渡邊廉吉君譯

●獨逸訴訟法要論　全一卷　正價金壹圓四錢　重量百五拾匁

我國訴訟法草案法ヲ獨逸ニ採ル者多シト云フ此書ハ則チ獨國訴訟法ノ要義ヲ簡明ニ論述スル者ナリ

バリストル法學士增島六一郎君著

●英吉利訴訟法　全一卷　正價金五拾貳錢　重量六拾四匁

英國ノ訴訟法ニ就キ總テ實地經驗上ヨリ例ヲ引キ證ヲ舉ケ鄭寧親切ニ説示ス

控訴院評定官三澤元衡君
始審裁判所判事石澤命文君　共閲
判事試補樋山廣業君著述

現行實用 民事訴訟手續　近刻

我國現行民事訴訟手續完全ノ書ナキニ因リ此書ノ著アル所以ナリ其体裁ハ初ニ裁判所入門ノ手續ヨリ結局マテヲ詳記シ巻末ニ書式ヲ示シ常人ノ訴訟ヲ爲スニ便ニス又手續ノ下ニ法令訓示等ヲ掲ケ實務家ノ勞ヲ省キ又法理原則等ヲ擧ケテ試驗ニ應セントスル諸士ノ參考ニ供ス而ソ則ヲ佛蘭西獨乙ニ採リ參酌シテ完全無缺ノ者ト爲ス

○第五　刑法　治罪法　附罰則

太政官布告

刑法治罪法合巻　全一巻

正價 上製金三拾錢 並製金貳拾錢　重量七拾四匁

判事試補樋山廣業君編纂

令訓挿註刑法　全一巻

正價金拾五錢　重量貳拾七匁

令訓挿註治罪法　全一巻

正價金拾五錢　重量貳拾九匁

兩法發布後ノ令訓ヲ其條下ニ挿註スルモノナリ

判事高木豐三君著

校訂刑法義解　全一巻

正價金壹圓七拾錢　重量貳百七拾八匁

本邦ノ刑法ニ就キ毎條理義ヲ解説ス

佛國諸學士ノ說ヲ參酌シ該法ノ蘊奧ヲ論究ス

撿事堀田正忠君著

● 治罪法要論　全一卷　正價金壹圓五拾錢　重量二百三拾四匁

法文ノ順序ニ依ラスシテ法意ノ脉絡ト法理ノ明暢ヲ主トシテ其理義ヲ簡明ニ論說ス

法學士宮城浩藏君序文
撿事法學士中村健三君校○岡田俊太郎君著

● 文官代言 受驗必携 刑法治罪法要訣　全一冊　正價金三拾五錢　重量四拾匁

我國ノ治罪法刑法中ヨリ其意義ヲ簡明切實ニ解說シ以テ受驗者ノ答案ニ共ス

栗原幹君譯

● 佛蘭西 治罪法 證據法衍義　全一卷　正價金一圓　重量百四拾匁

佛國前大審院長フオーステン、エリー氏著書中ヨリ抄譯シ七章數十欵ニ證據法ヲ敷衍詳說ス

英國法律大博士スチーブン氏著
法學士磯部醇君校閱○岸小三郎君譯

● 斯丁 文氏 英國證據法　全一卷　正價金五拾五錢　重量七十六匁

本書ハ英國法律大博士スチーブン氏カ官廳ノ囑托ニ依リ現行證據法ノ原則要領ヲ拔載シ附スルニ例解ヲ以テス

英國法律大博士ベスト氏著
代言人岸小三郎○仝高山圭三兩君共譯

● 英國倍斯 斗氏 著 證據法論綱　全一卷　正價金九拾錢　重量百四十四匁

英米法律中特ニ他邦ニ冠絕スルモノハ證據法ナリ此書ハ通篇議論体ノ文章ヲ用ヰ初メニ普子ク哲學上ヨリ百般證據ノ事ヲ論シ漸次法律上ノ證據ニ及ボシ終リニ英國法庭內採證ノ手續規則ヲ論定シ實際ニ適切ナリ

○第六　警察獄制　附撿死

維新ヨリ廿一年二月ニ至ル其間中央政府ヨリ發布ノ法令中警察ニ關スル分ハ勿論訓令指令等迄網羅シテ遺サズ完備ノ書トス

横江勝榮君○佐成源五郎君共纂

●袖珍警察全書　全一巻　正價金三拾錢　重量四拾八匁

十九年二月ニ至ル迄ノ警察ニ關スル諸令達伺指令等ヲ類聚シ六號活字ヲ以テ小冊ニ製シ携帯ニ便ニス

警視廳藏版

●警吏須知　全一巻　正價金貳拾錢　重量百四十匁

十九年七月ニ至ル警察ニ關スル諸法令及ヒ警視廳東京府ノ布令等ヲ類聚ス

全

●警察手眼　全一巻　正價金七錢　重量拾五匁

全

吉村増雄君註釋

●警察手眼註釋　全一巻　正價金拾五錢　重量拾六匁

右二書ハ故川路大警視カ警官ヱ職務ノ指針ヲ授ケ及ヒ其心得ヲ諭示シタル筆記及ヒ註釋ナリ

全

●警察一斑　全一巻　正價金貳拾五錢　重量

全

内務省警保局藏版

●獨乙聯邦巴丁國警察刑法釋義　全一巻　正價金七拾五錢　重量二百二十匁

該法ハ整備善良ヲ以テ世ニ稱セラル而シテ其解釋ハ毎條起草者ノ説明ヲ付シ幷ニ審査委員ノ報告及國會議員ノ討論ヲ詳記セシモノニシテ一讀能ク理非得失ヲ明瞭ナラシメタリ

全

●普魯西警察法　上巻　正價金壹圓拾錢　重量貳百七拾五匁

●仝　中巻　正價金壹圓四拾八錢　重量三百八拾匁

●仝　下巻　近刻

マツシエル氏著普魯西國家ノ警察行務ト題スル書第五版ヲ飜譯スル者ニシテ警察書大成ト云ベシ

警視廳藏版
●佛孛備警兵
佛國護鄉兵攷　全一巻　正價金五拾錢　重量百匁

佛國兩兵ニ關スル規則其他ノ事ヲ詳記ス

警視廳藏版
●第三泰西見聞誌　全一巻　正價金七拾錢　重量百六拾匁

維新以後故川路大警視始メ警視官ノ歐米ニ航シテ各國ノ警務ヲ視察シタル前後三回ニシテ此書ハ最後ニ視察シタル園田杉本小川三警視ノ視察ガ各邦ニテ視察質問講究等ヲ爲シタル復命ノ書タルヲ以テ成法理論ノミナラス現行ノ實況ヲ詳知スヘシ

横江勝榮君編
○袖珍獄務全書　全一巻　正價金四拾錢　重量六拾四匁

廿年四月ニ至ル監獄ニ關スル法令及ヒ刑法治罪法其他令達ニ至ル迄漏ナク集録ス

警視廳監獄石川島分署藏版
●白耳義國獄制抄譯　正價金二拾錢　重量四十五匁

獄制ニ關スル百般ノ事項ヲ詳説ス

○附錄

警視廳藏版
●死傷檢論　全一卷　正價金七拾錢　重量九拾四匁

仝　佛國「グールドン」「ジエヌヤツク」氏原著
●人命急變救助法　全一卷　正價金八錢　重量拾匁

奥宮國治君著
●檢屍考　全一卷　正價金八錢　重量拾四匁

瀧本淳君著
●臨變必携　全一卷　正價金八錢　重量七匁

右四書ハ死傷縊溺等ノ急變ニ際シ臨機救治ノ方法ヲ記ス

○第七　租稅、會計

長尾景弼編纂
●現行租稅法規　全一卷　正價金一圓五拾錢　重量二百六十五匁

維新後ノ勅令布告達省令訓令告示等ノ中現行法ヲ類聚シ加除追加ノ各項ハ本文ニ就キ直ニ修正シ其事由ヲ各條下ニ註シ且是迄他書ニ未タ曾テ掲載セサル諸稅表及ヒ書式雛形ニ至ル迄細大漏サス記載シ以テ租稅法ヲ大成ス

鍋島成美君著
●實際手續所得稅法註釋　全一卷　正價金十錢　重量二十匁

上田文藏君著
●日本所得稅論　全一卷　正價金十七錢　重量二十二匁

右二書ハ所得稅法ノ註釋及ヒ實際論ナリ

大藏省藏版

●大日本租稅誌

美濃紙 大本

前篇 十卷 正價金三圓五十錢 重量四百二十匁
中篇 十二卷 正價金四圓五十五錢 重量六百四十匁
後篇 雜篇 八卷 正價金三圓十五錢 重量四百卅四匁

上古ヨリ明治十三年ニ至ル迄二千有餘年間租稅ニ關スル一切ノ事項及ヒ沿革ヲ輯錄セシモノニシテ大藏省特ニ編輯員ヲ置キ諸書ヲ參考シ尚ホ各掛員ヲ地方ニ派遣シテ古文書遺跡等ニ就テ調査シ數年ヲ經テ全備セシ者ニシテ全部七十卷ノ大著作ナリ

佛國財政學博士「ポール、レルワ、ボリユー」氏著
大藏省租稅局飜譯

●租稅論

全二卷 正價金一圓八十錢 重量四百十匁

原書ハボリユー氏財政論ト題スル者ニシテ全部十六篇ニ分チ租稅惣論ヨリ直稅間稅等各國稅ニ就キ起原性質理由計畫實驗事情景況ヲ總論シ委曲辨明頗ル該悉ノ良書ナリ

萩原久太郎君編纂

●現行會計法規

全一卷 正價金七十五錢 重量百廿七匁

維新以後ノ布告達省令伺指令等ニ至ル迄苟モ會計ニ關スル現行法ハ之レヲ類聚シ又官制職制事務規程等ヲ附記ス

宮武南海君編輯

●改正官用簿記教科書

全四卷

一卷 正價金七十五錢 重量百六十五匁
二卷 正價金一圓五十錢 重量百八十匁
三卷 正價金一圓二十七錢 重量百九十五匁
四卷 正價金一圓六十五錢 重量二百四十匁

會計法令歲入歲出例題ノ二編トナシ編ヲ分テ四卷ト爲シ會計ニ關スル諸令達ヨリ會計檢査院及大藏省ニテ定メタル一切ノ計算書報告書簿册等ノ摸本並ニ各部ノ歲入出例題及ヒ其解式ヲ具載スルヲ以テ又會計全書ト云フヘシ

內閣法制局藏版○孛國大學法學博士グナイスト氏著
中根重一君譯

●歲計豫算論　全一卷　正價金貳拾錢　重量三十二匁

有名ナル著者カ英佛白獨等ノ各國豫算法ニ就キ其理否利害得失等ヲ詳細ニ論究セシ書ナリ

○第八　歷史傳記

內閣修史局編纂

●補正明治史要　自一篇至四篇　全一卷　正價金一圓七十五錢　重量二百六十匁

●仝　附表　全一卷　正價金七十錢　重量九十匁

●仝　第五編　全一卷　正價金金三十錢　重量五十四匁

右史館諸員ノ分課編纂シ參互校訂ヲ盡シ確實簡明ナル編年史ニシテ慶應三年德川氏ノ政權奉還ニ起リ十四年十二月ニ至ル且官制以下府縣位置其他各種ノ統計ヲ揭ケテ附表トス十五年以降ノ分ハ追々刊行ナルヘシ

鈴木大君編輯

●明治前記　全一卷　正價金六十錢　重量百四十匁

弘化元年ヨリ筆ヲ起シ慶應三年德川氏政權返上ノ年ニ終ル時世ノ變革維新ノ源由ヲ主トシテ編次スル者ニシテ明治史要ノ前記トス

島田壯介君抄譯

●日本古代商業史　全一卷　正價金六十七錢　重量九十匁

今ヲ距ル二百年前元祿三年荷蘭大使始メテ我國ニ來ルニ際シ之ニ隨從セシ獨乙人ケンフエル氏カ我國ノ政体其他諸般ノ形状ヲ視察記述シ殊ニ商業上ニ就テ觀察スル現況ヲ詳記ス其記事精確能ク當時ノ事情ヲ盡セリ

内務省地理局藏版

卷懷年表　全一卷　正價金二十五錢　重量九匁

神武天皇紀元ヨリ明治廿年ニ至ル其間ノ年號及ヒ重大事件ヲ掲ケ年紀ヲ算スルニ順算逆算等ノ法ヲ設ケ且西洋紀年ヲ附記スル簡便ノ年代記ナリ

市岡正一君編纂

德川盛世錄　繪入平假名付　近刻

德川氏治世ノ時代ニ於テ年中行フ所ノ上下ノ儀式禮典及ヒ軍事、刑事、雜部ニ分チ編者カ實際目擊セシ所ハ勿論舊記ニ依リ幕府當務ノ古老等ニ就テ偏チク事實ヲ取調ベ一事一物モ惣テ實際ヲ記録シ且着色ノ精密ナル圖畫ヲ插ミ以テ天下後世ニ遺サント期ス

英人デニング氏譯

英文 日本歷史小說　壹卷ニ付　正價金五拾錢

第一卷　後藤半四郎傳　第二卷　阿部豐後守傳　第三卷　宮本武勇傳　第四卷　宮本武勇傳ノ續
第五卷　越後傳吉傳(近刻)

第一重量四十二匁　第二重量三十三匁　第三重量三十七匁　第四重量三十五匁

右ハ我國ニ在留スル十數年能ク文辭ニ通達セラレシ「デニング」氏ガ得意ノ妙筆ヲ以テ英文ニ譯シ且美麗精巧ノ木版着色畫ヲ插ミ讀者ヲシテ倦サラシメ自カラ英譯作文ノ法ヲ知ラシム

仝

英文 豐臣太閤記　近刻

右編纂ノ体裁ハ惣テ前ニ仝シ

米國ルボツク氏著〇井出徳太郎君譯

●開化起源史　上巻　正價金六十五錢　重量百三十四匁

宇内各地ニ住スル蠻人社會ノ形勢ヨリ其制度宗教言語技藝等ニ至ル迄捜訪詳記セリ小幡篤次郎君之カ序ヲ作リ曰ク實ニ開化探源者ノ羅針盤ナリト

田中建三郎君編

●伊太利建國紀略　全一巻　正價金二十五錢　重量六十二匁

編者伊國ノ我公使館ニ奉職スル數年因テ其建國ノ沿革及ヒ制度ノ要領ヲ實際ニ就テ記編ス

英國マコーレ氏著〇山田良作君譯

●印度顚覆史　上巻　正價金三十七錢　重量四十二匁

世界中ニ於テ支那ニ次ク大國ノ印度カ顚覆セシ事實ヲ記ス小幡篤次郎君此書ニ序シ其首ニ曰ク「ワーレン、ヘスチングス」氏ハ天下ノ英傑ナリ「マコーレー」氏ハ天下ノ良史ナリ良史ニシテ英傑ノ行事ヲ傳ス宜哉各國重譯傳播スト云々ト稱セリ以テ此書ノ概畧ヲ知ルベシ

小林營智君譯

●獨乙國勢誌　全一巻　正價金四拾錢　重量八十匁

此書ハ獨乙聯邦現今ノ形勢ヲ記載セシ者ニシテ初メニ略歴史ヲ掲ケ獨乙國勢ノ沿革ヨリ今日ノ現状ニ及ボシ獨乙國ノ形勢一目瞭然タリ

内務省藏版

●斯《ス》丁《タイン》傳　全三巻　正價金四圓三十錢　重量六百七十匁

日耳曼帝國今日ノ強盛ナルハ地方自治ノ基ヲ立ルニ在リ其基礎ハ「スタイン」氏カ前百年紀ノ末ニ於テ諸名士ト計畫セシニヨル故ニ此書ハ一人ノ傳ニ非ラス一部ノ政治書ナリ我國地方制度發令ノ際其世益不尠ヲ以テ山縣内務大臣自カラ其巻首ニ序シ之レヲ世ニ公ニス

安岡雄吉君譯

●加里波地全傳 建國偉業　全一巻　正價金五十錢　重量六拾六匁

伊太利國ガ今日ノ隆盛ニ及ヒシハ加氏其他二三ノ英傑奮與スルニヨル本書ハ當時英傑數子ガ國事ニ苦辛盡力セシ事蹟ヲ記述ス

英人マコーレー氏著○土岐僙君補譯

●經國龜鑑　一名チヤタム伯ウイリヤムピツト傳　全一巻　正價金九十錢　重量百三十二匁

英國政治家社會ノ中興元祖トモ稱スベキ「ピツト」ノ事歴ヲ彼ノ有名ナル「マコーレー」公ガ椽大ノ筆ヲ振テ記述セリ一タビ此書ヲ繙ケバ英國ノ歴史ハ勿論政体及ヒ國會內閣皇帝等ノ關係ヲ知リ又英文傑作妙味ヲ嘗メ得テ其識見ヲ高ムルノ益アリ

阪正臣君著

●火海怒濤　全一巻　正價金三十五錢　重量六拾六匁

明治九年熊本敬神黨ガ暴擧ニ關スル來歴ヨリ當時ノ顛末辭世ノ詩歌ニ至ル迄實地見聞スル所ヲ漏サズ記録セリ

○第九　勸業　醫藥

千葉縣知事船越衛君序文

獨逸人「マツクス、フエスカー」氏演說○農學士渡邊朔君譯述

●肥培論　全一巻　正價金七錢　重量十三匁

我國ノ農業作物ニ就キ肥料ノ種類其用ヒ方等ヲ詳說ス

理學士增島文次郎君著

●實地應用 製品便法　全一巻　正價金四十八錢　重量五十八匁

增島君ガ多年理化學ニ從事セラレ學術及ヒ實驗上ヨリ工藝品ノ內簡易ニ製造シ得ラルヽ者則チ各種金屬ニ鍍金

スル法、インキ、エノグ、ワニス、人造寶玉、セメント、ハンダ、烟火用ノ色烟、マツチ、爆發藥其他ノ製方及ヒ其用藥分量等ヲ詳說セシ實地應用ノ書ナリ

舊開拓使藏版

●種麻要編　全一卷　正價金四十錢　重量五十九匁

原書ハ洋人農學士「ブザノフ」氏カ數十年間麻苴ノ培養ニ從事シテ種々ノ發明ヲ爲ス者ヲ平易ニ譯出ス

森田龍之助君著

●鹽豚製造法　全一卷　正價金七錢　重量九匁

森田君ガ千葉縣臘乾製造所ニ於テ多年實驗セラレシ所ノ豚肉ヲ鹽漬ニシテ貯藏スル法及ヒ其調理法ヲ說示ス

大藏省藏版

●漁產一斑　全一卷　正價金五十錢　重量百二十四匁

書中別テ五篇トナシ首ニ延喜ノ朝及ヒ德川氏時代ノ事ヲ記シ次ニ海中ニ生息スル獸魚介蟲類各種ノ名稱及ヒ產地、漁具、漁餌、漁獲高、輸出入比較表ヲ細擧セリ

英國「チヤールスバーロー」氏著○井上敬雄君譯

●專賣特許者方針　全一卷　正價金三十四錢　重量四十匁

本書ノ大要ハ專賣ノ起ル原由及專賣特許者ノ心得並特許權取扱方法諸外國ニテ特許ヲ受クル心得又發明及改良ヲ爲スヘキ方法等ヲ詳記ス

横江勝榮君編纂

●醫藥法規　全一卷　正價金三十錢　重量七十四匁

十九年十一月ニ至ル醫師藥舖ニ關スル現行ノ法令規則ヲ類聚ス

米人丹涅爾氏著○横山詉君抄譯

●詐病診斷法　全一卷　正價金八錢　重量十四匁

人智ノ進歩ニ從ヒ種々詐病ヲ裝成シテ其責ヲ免レントス此書ハ之ヲ診斷スル各種ノ方法ヲ詳說スル者ニシテ裁判及ヒ警察上最モ必要ノ書トス

獸醫學士村崎常治君譯述

●家畜病理書　全一卷　正價金三十七錢　重量五十匁

譯者ガ農務局農學校ニ於テ雇敎師外國人數人ニ就キ傳習シタル實驗說ニシテ其病理ヨリ治術ニ至ル迄親切ニ記述セシ書ナリ

內務省衞生局發行

●衞生試驗彙報　一、二號　全二卷　正價金五十五錢　第一重量二十九匁　第二重量三十四匁

本邦衣食住ノ利害飮食物醫藥品ノ効害其他傳染病及ヒ豫防法等ニ關スル各試驗所ノ撿查報告ヲ彙聚ス

鈴木芳吉君著

●英和醫師會話篇　全一卷　正價金二十四錢　重量二十四匁

醫師ト患者ト其病狀ヲ審問應答スルニ方リテ若シ言語ニ誤謬アル時ハ不測ノ患害ヲ招クニ至ル本書ハ英和對照法ヲ用ヒ最初ニ身體各部ノ名稱ヲ揭ケ次ニ諸病ニ就キ詳細ノ問答會話文ヲ示シ終リニ患者取扱ヒ其他緊要ノ心得方ヲ附シタリ內外人交涉愈密ナル今日ニ方リテハ彼是共ニ熟讀スベキノ良書ナリ

○第十　紀行　地圖

贈太政大臣岩倉公題字
舊太政官記錄掛編纂

●米歐回覽實記　全五卷　正價金四圓　重量七百八十二匁

先年岩倉特命全權大使ガ木戸大久保伊藤ノ諸公ト歐米各國ニ使セラレ各國ノ政府人民ニ懇待ヲ受ケ其國ノ形勢ヨリ農工商ノ事ニ至ルマテ實際ノ見聞ヲ詳密ニ記述シ且數百葉ノ銅版密畫ヲ挿入セシ書ナリ

市岡正一君編

●日光山名勝圖會　全一卷　正價金廿五錢　重量四十匁

本書ハ日光山川瀑布湖沼ノ勝景神社佛閣ノ緣起社殿堂宇ノ結搆等盡ク列擧シテ遺サズ而シテ精密ノ圖畫ヲ挿ミタレハ漫遊者ノ案内者トナリ又臥遊ノ資トスヘシ

栃木縣編纂

●日光山探勝略記　附地圖　全一卷　正價金十五錢　重量十五匁

米國前大統領「グランド」氏先年我國ニ來リ同山ニ遊フヲ以テ縣官特ニ巡廻シテ各所ノ名勝及ヒ近傍各地ニ達スル里程等ニ至ル迄精密ニ調査シ案内記トナセシモノナリ

木村正辭君著

●賜暇遊覽　全一卷　正價十七錢五厘　重量三十匁

京坂播攝大和地方ノ名所古跡ヲ遊覽探訪セシ筆記ニシテ探勝記トモ稱スベシ

曲亭馬琴遺稿

●壬戌羇旅漫錄　全三卷　正價金五十錢　重量八十八匁

有名ナル馬琴翁カ諸國漫遊中見聞シテ珍奇ト思フ事ヲ筆ニ任セテ縱横ニ記載セシ者ナリ

清水忠之助君著

●東京精測圖　全一帖　正價金五十六錢　重量五十八匁

精密確實ナル地圖ナリ

内務省地理局藏版

●改正北海道全圖　銅版　全一帖　正價一圓五十錢　重量百四十匁

數年ノ久ヲ經テ同道實測ノ功ヲ奏シタル完全ナル地圖ニシテ彫刻又鮮明ナリ

○第十一 學校用書 字書

理科大學長兼教授菊地大麓君譯

●數理釋義 全一巻 正價金一圓三十五錢 重量百九十匁

原書ハ英國數學者中第一等ノ地位ヲ占タル「クリツフオード」氏ノ起稿ニシテ譯者ト同學ナル「アール、シー、ロー」及ヒ「ピヤソン」兩氏之ヲ完成シタル無比ノ良書ナルヲ有名ナル菊地君ガ非常ノ力ヲ盡シテ譯出スル者ナリ

理科大學長兼教授菊地大麓君譯
英國幾何學教授法改良會編纂

●平面幾何學教授條目 全一巻 正價金四十五錢 重量六十六匁

菊地先生自ラ本書ニ序セリ其大意ハ希臘ノ數學者「ユークリツド」ノ編纂シタル幾何學書ハ二千年ノ久シキ人皆此書ヲ尊ビ其人ヲ敬フ神ノ如シ然ルニ近時ニ至リテ現今ノ時勢ニ適セズト説クモノ多ク終ニ英國ノ協會ニ於テ大改革ヲ加ヘ最モ有益ノ書トナレリ云々

●ウイルソンス氏幾何學 反刻全一巻 正價金四十錢 重量八十六匁

●ロングマンス第一プライマー 反刻全一巻 正價金五錢 重量十二匁

●仝 第三リーダー 反刻全一巻 正價金二十三錢 重量六拾匁

春藤作太郎○片貝正晋兩君譯解

●ロングマンス第一プライマー獨案内 全一巻 正價金四錢 重量十匁

●仝 第二プライマー獨案内 全一巻 正價金四錢 重量九匁

●全インファントリーダー獨案内　全一卷　正價金八錢　重量二十匁

●全　第一リーダー獨案内　全一卷　正價金二十錢　重量五十六匁

●全　第二リーダー獨案内　全一卷　正價金二十五錢　重量六十六匁

●全　第三リーダー獨案内　全一卷　正價金二十八錢　重量八十四匁

●全　第四リーダー獨案内　全一卷　正價金四十五錢　重量百十匁

●エンゲレン第三讀本　反刻　全一卷　正價金五十五錢　重量百〇六匁

大學豫備門敎科書ボツク氏著
●人體生理書　獨逸書反刻　正價金拾錢　重量

第一高等中學校敎科書スペクテーター氏著
●サーロジャァデーカバレー　反刻　正價金拾四錢　重量三十四匁

片山正行君著
●英語獨學便法　全一卷　正價金二十五錢　重量七十二匁

法學士片山清太郎〇片貝正晉兩君譯解
●警官必携英語學　全一卷　正價金二十錢　重量三十六匁

學習院外國語學敎授遠藤孝一君著
●英語自在法　全一卷　正價金二十錢　重量四十二匁

草鹿丁卯二郎君著
●獨和會話篇　全一卷　正價金十八錢　重量十八匁

橋爪貫一君編輯
●訓蒙康熈字典　全四卷　正價金四十錢　重量百二十匁

仝
●明治いろは節用集　全四卷　正價金二十五錢　重量百二十匁

吉田直太郎君編輯
●袖珍和英字典　全一卷　正價金七十五錢　重量七十八匁

高橋五郎君著
●漢英對照いろは辭典　大本上製全壹冊、語數凡七万、圖畫五百卅四、紙數一千二百ペーシ豫約金三圓八拾錢定價金五圓五拾錢

高橋五郎君著
●和漢雅俗いろは辭典　中本全三冊、語數凡七万、圖畫五百卅四、紙數凡一千三百ペーシ、豫約金壹圓七拾五錢（本製ナレハ）（拾五錢增シ）定價金三圓五拾錢

○第十二　雜部

森本大八郎○岸上操兩君編
●筆記學協會傍聽筆記法　全一卷　正價金二十五錢　重量五十匁
歐米ニ行ハルヽ速記法ニ倣ヒ我國ノ言語ヲ自在ニ速記スル方法ヲ詳述ス

久富鉄太郎君著

●警官必携 拳法圖解　全一巻　正價金二十四錢　重量二十八匁

柔術ノ秘訣ヲ說キ罪犯捕搏又ハ抗拒ニ際シ之ヲ制スル各種ノ手段ヲ示ス

秋月種樹君偶評

●南洲手抄言志錄　全一巻　正價金三十貳錢　重量二十二匁

西郷隆盛翁カ曾テ佐藤一齋先生著ノ言志錄中ヨリ一百餘條ヲ抄錄セシヲ秋月公自カラ毎條ニ活評ヲ加エ世ニ公ニス

田島象二君著

●貴女至寶 大全女用文姫鏡　全二巻　正價金五十錢　重量九十六匁

貴婦人令孃ノ心得トナルベキ諸禮式ヨリ文章衣服日用ノ務メ臺所ノ細事ニ至ル迄圖畫ヲ加ヘテ具載ス

坂部錄三君譯

●西洋禮式　全一巻　正價金五十錢　重量八十匁

原書ハ米國博士「タマス、イー、ヒル」氏著禮式編ナリ其記スル所ロ小ニシテハ一家隣保ヨリ大ニシテハ万國ニ至ル迄禮式ノ關スル者ハ細大遺サス歷々掌ヲ指スガ如シ是故ニ歐米ノ貴女淑女ハ之ヲ讀ザルモノナク已ニ三十回ノ出版ヲ成スト云

米國法律博士「マジユース」氏著〇菊地武德君譯

●處世之法 第三版　全一巻　正價金三十錢　重量四十二匁

議論ハ易ク實業ヲ取ルハ難シ其難キ業務ヲ撰ノ方法ヨリ身ヲ立テ家ヲ興スニ付テノ手續等總テ世ニ處スル方法ヲ親切ニ論述ス

内務大臣秘書官中山寛六郎君譯

●政黨首領　全一巻　正價金八錢　重量十匁

● 政黨　全一卷　正價金八錢　重量十四匁

右二書ハ米國博士リーバ氏ノ政治道德學中ヨリ抄譯ス

「マキヤヴエリー」氏著○永井修平君譯

● 君論　全一卷　正價金四十錢　重量八十四匁

一言一語モ人ノ意表ニ出ザルナク其權謀術數恰モ韓非子ヲ讀ムガ如シ古今絕無ノ奇書ナリ

インガソール氏著○津田純一○須田辰二郎兩君譯

● 耶蘇教排擊論　全一卷　正價金二十五錢　重量二十二匁

[illegible]宗教殊ニ耶蘇教ヲ論シタルモノニテ眞理ヲ根基トシ諧謔ヲ交ヘテ縱橫ニ排擊セリ

英人デニング氏述○河田鏻也君譯

● 宗教ト日本魂　全一卷　正價金十錢　重量二十六匁

日本人士カ耶蘇教ニ於ケル感覺其他ヲ論ス

英人デニング氏演說○雨倉子城君編輯

● 傳仁演說集　全一卷　正價金二十五錢　重量四十四匁

デニング氏我國ニ客タル十數年我國ノ言語ヲ以テ演說シタル卓論ヲ集錄ス

橫山詡君譯

● 西洋娼妓事情　全一卷　正價金十錢　重量二十一匁

佛國ノ大家「ヅーシヤツテレー」氏ノ著書中ヨリ抄譯セリ娼妓ノ事情ハ網羅シテ遺スナシ

山東京傳戲作

● 京傳餘師　全二卷　正價金十錢　重量三十二匁

英國「ヅーフヲー」氏著○井上勤君譯

● 魯敏孫漂流記　再版　全一卷　正價金五十錢　重量百四匁

舶來風琴　　大小各種

右ハ米國メーソン製其他歐米製ノ風琴陸續輸入シ非常ノ廉價ヲ以テ廣ク販賣ス見本圖幷代價附ハ御申込次第速ニ遞送スヘシ

明治二十一年五月二十日印刷
明治二十一年五月廿一日出版
明治二十一年六月再版
明治二十一年八月三版
明治二十一年十月四版別製

正價金五十錢

版權所有

著作者　岡山縣士族
片貝正晋
本鄉區湯島三組町十八番地寄留

發行兼印刷者　兵庫縣士族
長尾景弼
芝區三田壹丁目三拾六番地寄留

發行所
東京銀座四丁目　博聞本社
大阪備後町四丁目　仝分社
千葉縣下千葉　仝分社
埼玉縣下浦和　仝分社
福岡縣下博多　仝分社

大販賣所

尾州名古屋本町　片野東四郎
駿州静岡江川町　廣瀬文林堂
信州長野町　西澤喜太郎
福島縣福島　石川支店
陸前仙臺大町　木村文助
函館末廣町　魁文社
越後長岡　目黒十郎
加州金澤　牧野一平
伊豫松山港町　土肥與平
備前岡山　森禎藏
藝州廣島大手通一丁目　早速社
肥後熊本　長崎次郎
薩州鹿兒島六日町通中町　吉田幸兵衛

販賣所

東京日本橋通三丁目　丸善書店
仝神田表神保町　中西屋邦太
仝表神保町　明法堂
仝錦町三丁目　時習社
仝表神保町　日本法律雜誌社
仝南神保町　須原鐵二
仝　集成社
西京東洞院三條上ル　村上勘兵衛
仝佛光寺通烏丸東へ入ル　東枝吉兵衛
仝河原町通　大黒屋太郎右衛門
仝寺町通五條上ル　飯田信文堂
大阪本町四丁目　岡島眞七
仝心齋橋通二丁目　松村九兵衛
仝備後町四丁目　吉岡平助
横濱辨天通四丁目　丸善書店
肥前長崎引地町　鶴野常藏
越後新潟古町通二番町　井筒駒吉
濃州岐阜　三浦源助
紀州和歌山北町　津田源兵衛
越前福井照手上町　岡崎左喜助
備前岡山　細謹社
雲州松江本町　園山喜三右衛門
因州鳥取火ノ見下　前島榮次郎
阿州徳島　阪井萬吉
陸奥弘前土手町　野崎九兵衛

地方自治法研究復刊大系〔第244巻〕

市町村制正解 附 理由〔明治21年 第4版〕

日本立法資料全集 別巻 1054

2018(平成30)年3月25日 復刻版第1刷発行 7654-1:012-010-005

註 釈 片 貝 正 晉
発行者 今 井 貴
稲 葉 文 子
発行所 株 式 会 社 信 山 社

〒113-0033 東京都文京区本郷6-2-9-102東大正門前
Ⓣ03(3818)1019 Ⓕ03(3818)0344
来栖支店〒309-1625 茨城県笠間市来栖2345-1
Ⓣ0296-71-0215 Ⓕ0296-72-5410
笠間才木支店〒309-1611 笠間市笠間515-3
Ⓣ0296-71-9081 Ⓕ0296-71-9082
印刷所 ワ イ ズ 書 籍
製本所 カ ナ メ ブ ッ ク ス
用 紙 七 洋 紙 業

printed in Japan 分類 323.934 g 1054

ISBN978-4-7972-7654-1 C3332 ¥39000E

日本立法資料全集 別巻

地方自治法研究復刊大系

改正 府県制郡制要義 第4版〔明治40年12月発行〕／美濃部達吉 著
判例挿入 自治法規全集 全〔明治41年6月発行〕／池田繁太郎 著
市町村執務要覧 全 第一分冊〔明治42年6月発行〕／大成会編輯局 編輯
市町村執務要覧 全 第二分冊〔明治42年6月発行〕／大成会編輯局 編輯比較研究
自治要義 明治43年再版〔明治43年3月発行〕／井上友一 著
自治之精髄〔明治43年4月発行〕／水野錬太郎 著
市制町村制講義 全〔明治43年6月発行〕／秋野沆 著
改正 市制町村制講義 第4版〔明治43年6月発行〕／土清水幸一 著
地方自治の手引〔明治44年3月発行〕／前田宇治郎 著
新旧対照 市制町村制 及 理由 第9版〔明治44年4月発行〕／荒川五郎 著
改正 市制町村制 附 改正要義〔明治44年4月発行〕／田山宗堯 編輯
改正 市町村制問答説明 明治44年初版〔明治44年4月発行〕／一木千太郎 編纂
改正 市制町村制〔明治44年4月発行〕／田山宗堯 編輯
旧制対照 改正市町村制 附 改正理由〔明治44年5月発行〕／博文館編輯局 編
改正 市制町村制〔明治44年5月発行〕／石田忠兵衛 編輯
改正 市制町村制詳解〔明治44年5月発行〕／坪谷善四郎 著
改正 市制町村制註釈〔明治44年5月発行〕／中村文城 註釈
改正 市制町村制正解〔明治44年6月発行〕／武知彌三郎 著
改正 市町村制講義〔明治44年6月発行〕／法典研究会 著
新旧対照 改正 市制町村制新釈 明治44年初版〔明治44年6月発行〕／佐藤貞雄 編纂
改正 町村制詳解〔明治44年8月発行〕／長峰安三郎 三浦通太 野田千太郎 著
新旧対照 市制町村制正文〔明治44年8月発行〕自治館編輯局 編纂
地方革新講話〔明治44年9月発行〕西内天行 著
改正 市制町村制釈義〔明治44年9月発行〕／中川健蔵 宮内國太郎 他 著
改正 市制町村制正解 附 施行諸規則〔明治44年10月発行〕／福井淳 著
改正 市制町村制講義 附 施行諸規則 及 市町村事務摘要〔明治44年10月発行〕／樋山廣業 著
新旧比照 改正市制町村制註釈 附 改正北海道二級町村制〔明治44年11月発行〕／植田鹽恵 著
改正 市町村制 並 附属法規〔明治44年11月発行〕／楠綾雄 編輯
改正 市制町村制精義 全〔明治44年12月発行〕／平田東助 題字 梶康郎 著述
改正 市制町村制義解〔明治45年1月発行〕／行政法研究会 講述 藤田謙堂 監修
増訂 地方制度之栞 第13版〔明治45年2月発行〕／警眼社編集部 編纂
地方自治 及 振興策〔明治45年3月発行〕／床次竹二郎 著
改正 市制町村制正解 附 施行諸規則 第7版〔明治45年3月発行〕福井淳 著
改正 市制町村制講義 全 第4版〔明治45年3月発行〕秋野沆 著
増訂 農村自治之研究 大正2年第5版〔大正2年6月発行〕／山崎延吉 著
自治之開発訓練〔大正元年6月発行〕／井上友一 著
市制町村制逐條示解〔初版〕第一分冊〔大正元年9月発行〕／五十嵐鑛三郎 他 著
市制町村制逐條示解〔初版〕第二分冊〔大正元年9月発行〕／五十嵐鑛三郎 他 著
改正 市町村制問答説明 附 施行細則 訂正増補3版〔大正元年12月発行〕／平井千太郎 編纂
改正 市制町村制註釈 附 施行諸規則〔大正2年3月発行〕／中村文城 註釈
改正 市町村制正文 附 施行法〔大正2年5月発行〕／林甲子太郎 編輯
増訂 地方制度之栞 第18版〔大正2年6月発行〕／警眼社 編集 編纂
改正 市制町村制詳解 附 関係法規 第13版〔大正2年7月発行〕／坪谷善四郎 著
改正 市制町村制 第5版〔大正2年7月発行〕／修学堂 編
細密調査 市町村便覧 附 分類官公衙公私学校銀行所在地一覧表〔大正2年10月発行〕／白山榮一郎 監修 森田公美 編著
改正 市制 及 町村制 訂正10版〔大正3年7月発行〕／山野金蔵 編輯
市制町村制正義〔第3版〕第一分冊〔大正3年10月発行〕／清水澄 末松偕一郎 他 著
市制町村制正義〔第3版〕第二分冊〔大正3年10月発行〕／清水澄 末松偕一郎 他 著
改正 市制町村制 及 附属法令〔大正3年11月発行〕／市町村雑誌社 編著
以呂波引 町村便覧〔大正4年2月発行〕／田山宗堯 編輯
改正 市制町村制講義 第10版〔大正5年6月発行〕／秋野沆 著
市制町村制実例大全〔第3版〕第一分冊〔大正5年9月発行〕／五十嵐鑛三郎 著
市制町村制実例大全〔第3版〕第二分冊〔大正5年9月発行〕／五十嵐鑛三郎 著
市町村名辞典〔大正5年10月発行〕／杉野耕三郎 編
市町村吏員提要 第3版〔大正6年12月発行〕／田邊好一 著
改正 市制町村制と衆議院議員選挙法〔大正6年2月発行〕／服部喜太郎 編輯
新旧対照 改正 市制町村制新釈 附 施行細則 及 執務條規〔大正6年5月発行〕／佐藤貞雄 編纂
増訂 地方制度之栞 大正6年第44版〔大正6年5月発行〕／警眼社編輯部 編纂
実地応用 町村制問答 第2版〔大正6年7月発行〕／市町村雑誌社 編纂
帝国市町村便覧〔大正6年9月発行〕／大西林五郎 編
地方自治講話〔大正7年12月発行〕／田中四郎左右衛門 編輯

信山社

日本立法資料全集 別巻

地方自治法研究復刊大系

仏蘭西邑法 和蘭邑法 皇国郡区町村編制法 合巻〔明治11年8月発行〕／箕作麟祥 閲 大井憲太郎 譯／神田孝平 譯
郡区町村編制法 府県会規則 地方税規則 三法綱論〔明治11年9月発行〕／小笠原美治 編輯
郡吏議員必携三新法便覧〔明治12年2月発行〕／太田啓太郎 編輯
郡区町村編制 府県会規則 地方税規則 新法例纂〔明治12年3月発行〕／柳澤武運三 編輯
全国郡区役所位置 郡政必携 全〔明治12年9月発行〕／木村陸一郎 編輯
府県会規則大全 附 裁定録〔明治16年6月発行〕／朝倉達三 閲 若林友之 編輯
区町村会議要覧 全〔明治20年4月発行〕／阪田辨之助 編纂
英国地方制度 及 税法〔明治20年7月発行〕／良保両氏 合著 水野遵 翻訳
鼇頭傍訓 市制町村制註釈 及 理由書〔明治21年1月発行〕／山内正利 註釈
英国地方政治論〔明治21年2月発行〕／久米金彌 翻譯
市制町村制 附 理由書〔明治21年4月発行〕／博聞本社 編
傍訓 市町村制及説明〔明治21年5月発行〕／高木周次 編纂
鼇頭註釈 市町村制俗解 附 理由書 第2版〔明治21年5月発行〕／清水亮三 註解
市制町村制註釈 完 附 市制町村制理由 明治21年初版〔明治21年5月発行〕／山田正賢 著述
市町村制詳解 全 附 市町村制理由〔明治21年5月発行〕／日鼻豊作 著
市制町村制釈義〔明治21年5月発行〕／壁谷可六 上野太一郎 合著
市制町村制詳解 全 附 理由書〔明治21年5月発行〕／杉谷庸 訓點
町村制詳解 附 市制及町村制理由〔明治21年5月発行〕／磯部四郎 校閲 相澤富蔵 編述
傍訓 市制町村制 附 理由〔明治21年5月発行〕／鶴聲社 編
市制町村制 並 理由書〔明治21年7月発行〕／萬字堂 編
市制町村制正解 附 理由〔明治21年6月発行〕／芳川顯正 序文 片貝正晉 註解
市制町村制釈義 附 理由書〔明治21年6月発行〕／清岡公張 題字 樋山廣業 著述
市制町村制釈義 附 理由 第5版〔明治21年6月発行〕／建野郷三 題字 櫻井一久 著
市町村制註解 完〔明治21年6月発行〕／若林市太郎 編輯
市町村制釈義 全 附 市町村制理由〔明治21年7月発行〕／水越成章 著述
市制町村制義解 附 理由〔明治21年7月発行〕／三谷軌秀 馬袋鶴之助 著
傍訓 市制町村制註解 附 理由書〔明治21年8月発行〕／鯰江貞雄 註解
市制町村制註釈 附 市制町村制理由 3版増訂〔明治21年8月発行〕／坪谷善四郎 著
傍訓 市制町村制 附 理由書〔明治21年8月発行〕／同盟館 編
市制町村制註釈 完 附 市制町村制理由 第2版〔明治21年9月発行〕／山田正賢 著述
傍訓註釈 日本市制町村制 及 理由書 第4版〔明治21年9月発行〕／柳澤武運三 註解
鼇頭参照 市町村制註解 完 附 理由書及参考諸令〔明治21年9月発行〕／別所富貴 著述
市町村制問答詳解 附 理由書〔明治21年 9 月発行〕／福井淳 著
市制町村制註釈 附 市制町村制理由 4版増訂〔明治21年9月発行〕／坪谷善四郎 著
市制町村制 並 理由書 附 直接間接税類別 及 実施手続〔明治21年10月発行〕／高崎修助 著述
市町村制釈義 附 理由書 訂正再版〔明治21年10月発行〕／松木堅葉 訂正 福井淳 釈義
増訂 市制町村制註解 全 附 市制町村制理由挿入 第3版〔明治21年10月発行〕／吉井太 註解
鼇頭註釈 市町村制俗解 附 理由書 増補第5版〔明治21年10月発行〕／清水亮三 註解
市町村制施行取扱心得 上巻・下巻 合冊〔明治21年10月・22年2月発行〕／市岡正一 編纂
市制町村制傍訓 完 附 市制町村制理由 第4版〔明治21年10月発行〕／内山正如 著
鼇頭対照 市町村制解釈 附理由書及参考諸布達〔明治21年10月発行〕／伊藤寿 註釈
市制町村制俗解 明治21年第3版〔明治21年10月発行〕／春陽堂 編
市町村制正解 明治21年第４版〔明治21年10月発行〕／片貝正晉 註釈
市制町村制詳解 附 理由 第3版〔明治21年11月発行〕／今村長善 著
町村制実用 完〔明治21年11月発行〕／新田貞橘 鶴田嘉内 合著
町村制精解 完 附 理由書 及 問答録〔明治21年11月発行〕／中目孝太郎 磯谷群爾 註釈
市町村制問答詳解 附 理由 全〔明治22年1月発行〕／福井淳 著述
訂正増補 市町村制問答詳解 附 理由 及 追輯〔明治22年1月発行〕／福井淳 著
市町村制質問録〔明治22年1月発行〕／片貝正晉 編述
傍訓 市町村制 及 説明 第7版〔明治21年11月発行〕／高木周次 編纂
町村制要覧 全〔明治22年1月発行〕／浅井元 校閲 古谷省三郎 編纂
鼇頭 市制町村制 附 理由書〔明治22年1月発行〕／生稲道蔵 略解
鼇頭註釈 町村制 附 理由 全〔明治22年2月発行〕／八乙女盛次 校閲 片野続 編釈
市町村制実解〔明治22年2月発行〕／山田顕義 題字 石黒磐 著
町村制実用 全〔明治22年3月発行〕／小島鋼次郎 岸野武司 河毛三郎 合述
実用詳解 町村制 全〔明治22年3月発行〕／夏目洗蔵 編集
理由挿入 市町村制俗解 第3版増補訂正〔明治22年4月発行〕／上村秀昇 著
町村制市制全書 完 〔明治22年4月発行〕／中嶋廣蔵 著
英国市制実見録 全 〔明治22年5月発行〕／高橋達 著
実地応用 町村制質疑録〔明治22年5月発行〕／野田籐吉郎 校閲 國吉拓郎 著
実用 町村制市制事務提要〔明治22年5月発行〕／島村文耕 輯解